KB260446

韓國古墳의  編年研究

## 필자소개(집필순)

**이동희** _ 순천대학교 박물관

**김성태** _ 경기문화재연구원

**이경미** _ 성균관대학교

**도형훈** _ 행정안전부

**이희인** _ 인천광역시립박물관

**김경선** _ 국립고궁박물관



## 韓國古墳의 編年研究

| | |
|---|---|
| 초판인쇄일 | 2010년 5월 10일 |
| 초판발행일 | 2010년 5월 15일 |
| 편 저 자 | 한국고고학연구소 |
| 발 행 인 | 김선경 |
| 책 임 편 집 | 김윤희, 김소라 |
| 발 행 처 | 도서출판 서경문화사 |
| | 주소 : 서울시 종로구 동숭동 199-15(105호) |
| | 전화 : 743-8202, 8205 ｜ 팩스 : 743-8210 |
| | 메일 : sk8203@chol.com |
| 등 록 번 호 | 제1-1664호 |

ISBN : 978-89-6062-052-0    93900

ⓒ 한국고고학연구소, 2010

* 파본은 본사나 구입처에서 교환하여 드립니다.

정가 : 20,000원

# 韓國古墳의 編年研究

韓國考古學研究所

서경문화사

# 간행사

성균관대학교 사학과의 孫秉憲 교수님은 2008년 8월 정년퇴직으로 교직생활을 명예롭게 마감하셨습니다. 교수님께서는 1981년부터 27년간 성균관대학교 사학과에서 고고학 전담교수로 재직하셨습니다. 교수님께서는 27년간 봉직하시면서 대내적으로는 박물관장, 계열학부장 등을 역임하셨고, 대외적으로는 문화재청 문화재위원으로 활동하셨으며, 학술적으로는 한국상고사학회 탄생의 주역이셨습니다. 재직 동안 50명의 대학원졸업생을 배출하셨고, 그중 선배격인 제자 30명은 국가 공공기관에서 문화재관련 업무에 중추적인 역할을 담당하고 있으며, 최근 졸업한 제자들은 인턴연구원으로 유관기관에서 근무하고 있습니다.

저희 제자들은 교수님의 정년을 맞이하여 지난 2008년 10월 25일 가족 분들과 지인을 모시고 정년기념식을 거행함으로써 교수님의 크신 가르침과 자애로운 보살핌에 감사의 마음을 부족하나마 전하였습니다. 저희 제자들은 정년기념식을 준비하면서 교수님의 평소 지론을 감안하여 기념논총은 간행하지 않기로 하였으나, 주변 선생님들의 애정 어린 충고가 있어 이렇게 늦게나마 정년기념논총을 간행하여 스승의 날에 봉헌하게 되었습니다. 교수님께서는 남에게 부담을 주는 것을 매우 꺼려하셨습니다. 그런 까닭에 고비용을 들여 간행되는 기념논총에 대하여 회의적인 입장이셨습니다. 이런 교수님의 뜻에 가능한 위배되지 않도록 본 논총은 '한국고분의 편년'이란 단일 주제로 기획되었으며 성균관대학교 고고학전공 제자들로만 집필자를 제한하여 소책자로 제작하였습니다.

본 논총은 선사시대부터 조선시대까지 한국고분의 발전양상과 편년을 간략하게나마 정리하는 데에 간행 목적을 두었습니다. 특히 한국고분연구에서 연구성과가 부족한 중세고분에 대하여 논문 3편을 수록하였습니다. 선사시대의 무덤에 대해서는 1편의 논문으로 신석기시대·청동기시대·초기철기시대의 묘제와 그 발전과정을 개괄적으로 정리를 하였습니다. 삼국시대고분의 편년과 관련해서는 기존의 편년연구에서 핵심쟁점이 되었던 태왕릉의 피장자 문제를 다룬

논문 1편과 수장급의 대형고분의 교차편년을 다룬 논문 1편으로 대신하였습니다. 본 논총에 수록된 논문 6편의 저자는 모두 성균관대학교 대학원에서 손병헌 교수님의 지도하에 학위를 마친 전공자들이고, 수록 논문들은 학위논문을 본 논총의 기획의도에 맞추어 재구성하였거나 학위논문의 일부분을 보강하여 작성한 것입니다.

손병헌 교수님은 1943년 5남 1녀 중 차남으로 태어나셨습니다. 유학시절을 제외하고는 인생의 대부분을 서울에서 보내셨습니다. 1961년 서울대학교 고고인류학과에 입학하신 교수님은 1965년 졸업과 동시에 국립박물관에 들어가셔서 65년부터 69년까지 만 4년 정도 근무를 하셨는데, 이 근무기간 동안 아시아 펀드의 연구지원을 받으셔서 일본 교토대학에서 약 1년 정도 연구에 전념하게 됩니다. 교수님은 1970년 문화재연구소로 직장을 옮기셔서 근무하셨는데, 이 시기에 그 유명한 무령왕릉 발굴에 참가하시게 됩니다. 1972년 교수님은 안정된 직장생활을 접고 큰 배움을 위해 하버드 대학(Harvard University)에 입학하여 고고학을 연구하셨습니다. 1981년 박사학위 취득과 함께 귀국하시어 그 해 성균관대학교에 교수로 취임하신 후 27년간 학문에 전념하시면서 제자들을 양성하셨습니다.

교수님은 올곧게 학자의 길을 걸어오셨습니다. 그 공부는 남에게 보이기 위한 학문이 아니라 진리 탐구 그 자체를 좋아하시어 爲己之學의 전형을 보이셨습니다. 교수님의 삶은 독서와 사색의 일생이었다고 할 수 있습니다. 그러기에 인문학의 바탕인 문학·역사·철학에 막힘이 없었던 것이라 생각됩니다. 교수님은 자기와의 약속에 철저하셨습니다. 교수님을 통해 자신을 속이지 않는 毋自欺의 모습을 엿볼 수 있습니다. 평생을 두고 제자들을 편애하지 않기, 휴강하지 않기, 원칙 지키기, 건광관리 하기 등등을 흔들림 없이 지켜오셨습니다. 교수님은 자신을 드러내기를 꺼려하셨습니다. 그러면서도 제자들에 대해서는 보이지 않는 애정으로 감싸고 격려해 주셨습니다. 한 마디로 眞光不輝라 할 수 있겠습니다. 교수 부임과 함께 사학과 내에 고고학 전공을 정식으로 개설하신 일, 제자들에게 안정적·공익적 진로를 유도하신 일, 어학공부·논리적 글쓰기와 같은 학문적 기초를 강조하신 점 등등은 그 본보기라 할 수 있겠습니다. 옆에서 볼 때 교수님은 五福을 갖추신 분입니다. 그런 오복은 삶에 대한 통찰력과 철저한 자기관리에서 온 것임을 제자들은 잘 알고 있습니다.

　저희 제자들은 그 동안의 학문 지도와 제자 사랑을 기리고, 앞으로도 계속 후학들을 위한 끊임없는 애정과 편달을 바라는 의미에서, 조그마한 정성을 모아 소박하나마 본서를 봉헌합니다.

2010년 5월 15일 스승의 날

제자들을 대표하여

이 일 용

손병헌 교수 제자들이 선생님의 정년을 기념하기 위해 마련한 논총에 평소 선생과 가장 가까운 사이인 나에게 기념이 될 만한 글을 부탁했다. 언제나 마음 한 구석에 뭔가 표현상의 문제가 있다고 생각하고 있는 것이 바로 '정년퇴임 기념'이란 말이다. 학문세계를 말하지 않아도 나이가 들면 자리를 버려야 될 때가 있으면 버리면 될 것을 강제로 버리게 하는 것이 정년이란 제도겠지만 학문이 완숙한 경지에 도달해서 정년을 맞아 옷을 벗는다는 것은 자신은 물론 학계에도 결코 득이 될 일이 아닌데 어떻게 정년이 반갑다고 기념하는 것인지 그래서 달리 표현 방법을 찾았으면 하는 근본 이유다. 어쨌거나 손 교수의 퇴임 축하 글을 몇 자 쓴다는 것이 영 마음에 와 닿지 않는다. 그것도 나와 손 교수와의 관계를 주위에서 바라보는 사람들의 말을 빌리면 '손과 발'의 관계라고까지 말하는 사람들이 많아 그만큼 가까운 사이라는 표현이겠지만 그러다 보니 평상의 생활을 가지고 뭘 특별히 말해 축하한다는 자체가 이상하지 않을 수 없다. 말하자면 그저 일상의 생활일 뿐이라 특별히 말할 게 없다고 해도 틀린 말이 아니다. 그저 축하고 뭐고 할 것 없이 지난 세월동안 있었던 몇 가지 생각나는 것을 얘기해 볼까 한다.

손 교수와 나는 대학에 입학하고 만나서 올해로 거의 반세기 동안 친교를 맺어왔다. 정말 끔찍이도 긴 세월이다. 나는 62학번이고 손 교수가 61학번이니까 나보다 1년 대학에 먼저 들어간 후 내가 이듬해 입학해 대학 선후배로 만나게 되었다. 그 해가 1962년 3월이었다. 지금도 마찬가지이겠지만 신입생 환영회가 따르게 마련이었고 그 때 처음 만나게 되었다. 당시 고고인류학과 학생 수는 한 학년에 10명이어서 2회생까지 다 모아도 20명에 지나지 않았다. 신생 학과지만 여학생은 통틀어 1명도 없었다. 나는 멀리 경상남도 마산고등학교를 졸업하고 그것도 대학 도전 3수만에 합격해서 들어갔다. 당시나 지금도 마찬가지지만 손 교수는 첫 인상이 말라깽이처럼 어떻게 보면 사람이 좀 신경질적이지 않을까 하는 외모를 갖추고 있었다. 60년대의 사회상과 대학은 4 · 19에 이은 5 ·

16군사 쿠데타 그리고 6·3 위술령 발동 등 박정희 정권에 대한 저항이 날로 심해져 가던 시대였다. 내가 62년 입학하고 강의 시간을 맞아 교수를 기다리는데 교수 대신 4·19 주역들이 들어와 데모선동을 했다. 결국 수업은 되지 않고 어수선한 교정이어서 이러한 여건에서 학교 강의가 잘 될 수가 없었다. 정말 어려운 시기였다. 대학시절 손 교수는 왕십리에 살고 있었다. 서울의 4대문 안에 살고 있는 사람과 밖에 살고 있는 사람은 우리는 몰랐지만 구분이 있었던 모양이다. 오죽 했으면 왕십리 일대는 밭농사를 많이 하고 있어 왕십리 X파리라고 했을까. 아마도 당시 농사는 비료 대신 인분을 많이 사용했기 때문에 파리가 많았음은 당연한 일이었다. 엉뚱한 얘기가 되었지만 동숭동 문리대 교정은 데모로 날이 새고는 있었지만 그래도 수업을 끝까지 하는 교수도 있었다. 물론 손 교수는 데모와 연관이 없는 어떻게 보면 소위 말하는 공부벌레였고 특히 인류학과 철학에도 관심이 많아 도서관에 주로 박혀 있었다. 나와는 가끔 만나 술자리를 하다 왕십리 손 교수 집까지 같이 가는 경우가 많았다. 사실 당시는 통행금지가 있어 시내에서 왕십리까지 가면 하숙방으로 돌아오는 것은 어떻게 보면 불가능했다. 그러니까 만나서 왕십리 집으로 가게 되면 저녁까지 먹고는 한옥의 문간방에서 잠도 자기도 했다. 아침에 일어나면 모친께서 콩나물해장국을 만들어 주신 기억이 생생하여 잊을 수 없다. 어쨌건 세월은 흘러 65년 고고인류학과 제1회 졸업생이 배출되어 10명 가운데 정영화·임천빈·권이구는 학군장교로, 오태환은 아르바이트로 가정교사를 계속하고, 김병모와 이익홍은 국방의 의무 때문에 군대로, 곽훈은 회사로, 임효재는 고고인류학과 조교로 남고, 손 교수는 국립박물관으로 진출했다. 한편, 안희준은 재학 중 국토방위임무를 위해 입대하여 함께 졸업을 하지 못했다. 2회도 66년 졸업했지만 10명 가운데 고고인류학과를 졸업한 것은 지건길·이종철·하간식·윤홍로·강영철·박종화·김건 그리고 나였다. 함께 입학한 황수택과 정기영은 2학년 때 타 학과로 옮기고 대신 서울 사범대학을 졸업한 김광언과 문리대 미학과를 졸업한 전영우가 2학년에 편입되어 같이 졸업하게 되어 모두 10명이 영광스럽게도 고고인류학과 2회 졸업생이 되었다. 손 교수는 졸업 후 곧바로 덕수궁에 있는 석조전 건물의 국립박물관(현 국립중앙박물관의 전신)에 근무하게 되었다. 세월이 흘러 나는 졸업 후 학군장교 생활 2년 3개월을 전방 GOP에서 근무하고

1968년 6월 사회로 다시 나왔다. 68년 1월 북의 124군부대 소속 김신조 일당이 청와대를 습격하기 위해 남파된 소위 '1·21' 청와대 기습사건으로 학군장교인 우리들은 3개월을 더 군대 생활을 하게 되었다. 말하자면 제대가 그 사건으로 3개월이나 늦어진 것이다. 나는 군복무를 마치고 반년을 쉰 후 이듬해인 1969년 정초부터 문화재관리국(현 문화재청) 연구실에 출근하게 되었다. 이 기간 손 교수는 대학을 졸업한 65년부터 69년까지 국립박물관에 근무하면서 일본 교토대학 연구생으로 1년을 다녀오기도 했다. 그런데 손 교수는 그보다 큰 뜻을 품어 미국으로 유학을 결심하고 어학공부에 매진하기 위해 박물관을 그만두고 두문불출 집에서 영어와 씨름하고 있었다. 이 무렵인 69년 11월 문화재관리국에 문화재연구실(현 국립문화재연구소 전신)이 정식 직제가 되면서 국립박물관에 고고과장으로 근무하고 있던 김정기 학예관을 초대 실장으로 발령 내고 김병모·이종철·지건길과 내가 연구실 창설멤버로 근무하게 되었다. 그러나 연구실 직제는 마련되었지만 경험이 있는 연구직은 구하기 어려웠다. 이듬해인 1970년에 들어와 유학준비로 두문불출하고 있는 손 교수를 당시 김정기 연구실장이 설득해서 연구실에 근무하게 하였다. 실장과 손 교수는 국립박물관시절 인연이 있었기 때문이기도 하지만 무엇보다도 미국유학에 필요한 경력은 현직에 있을 때가 유리하다는 것을 설득해 이루어지게 되었다. 이때부터 손 교수는 지건길, 나와 함께 미술공예담당실에서 근무하게 되었다. 이렇게 되어 1971년 저 유명한 무령왕릉의 발견으로, 어떻게 보면 광복 후 최고최대의 왕릉 발굴에 함께 근무하던 셋이 모두 참가하게 되었다. 결과적으로 졸속발굴이란 오명을 남기기는 했지만 스승인 삼불선생의 지시에 따라 왕릉발굴을 하룻밤 사이에 끝내는데 일조했던 것이다. 지금 생각하면 어이없는 일이지만 당시의 사정은 지금 생각하는 것과는 천양지차가 있었다. 여기에 일일이 말한다는 것은 어떻게 보면 변명에 지나지 않는다고 하겠지만 후일 기회가 있으면 변명하기로 하고 아무튼 밤 10시부터 다음날 8시까지 하룻밤을 왕릉 속에서 왕과 왕비의 부장유물을 수습하면서도 화장실 한번 가지 않고 손 교수는 그 일을 담당해 내었다. 이 무령왕릉은 우여곡절을 겪으면서 발굴이 완료된 후 유물이 서울의 국립박물관으로 옮겨와 손 교수는 유물정리 작업에 참가하는 기회를 가졌다. 이렇게 세월이 지나고 있었다. 드디어 손 교수는 1972년 미국 하버드 대학으로 유학의 길에 올랐다. 이때부터 손 교수와 나는 서로 잊고 살아가게 되었다. 우리는 원래 편지 왕래가 없었기 때문에 유학하고 돌아오게 되면 자연 만나게 될 것을 믿고 유학의 목적을 달성하고 오라고 송별연을 대폿집에서 소주 한잔 나눈 것이 고작이었다. 그런데 유학 이듬해 결혼을 했다는 것을 뒤에 알게 되었다. 그래서 결혼하기 위해 미국에 간 모양이구나 하고 웃어넘겼으면서도 한 가지 괘씸하게 생각한 것은 청첩장이 결혼 후 나에게 날아온 것이다. 물론 결혼 날짜를 미리 알았다고 해도 미국까지 축하하기 위해 방문한다는 것은 생각할 수 없었고 부모님에게도 뒤에 알린 불효자였다고 알았지만 남에게 부담주지 않으려는 성품의 한 단면이 아닐 수 없다. 당시 먼저 유학하고 있던 안희준 대학동기가 소위 중매를 해 전격적으로 결혼을 하게 되었다는 것을 후에 알게 되었지만 아무튼 지금의 부인에게 요즘 말로 '뽕' 갔던 모양이었다. 하버드 수학시절과 신혼생활을 옆에서 지켜보지 않아 알 길이 없지만 어쨌든 아기도 둘 낳아 기르면서 박사학위도 수득한 것을 보면 한편으로 놀라운 일이다. 그만큼 부인의 내조가 없었다면 불가능하지 않았을까 생각해 보면 행복을 타고난 사람이라고 해 두어야겠다.

하버드에서 학위를 취득하고 유학 10여 년만인 1981년 손 교수는 가족과 같이 귀국하지 않고 당분간 먼저 귀국해서 국내의 몇몇 대학과 교습하고 있었다. 지나간 말이지만 지금은 고인이 된 한병삼 전 국립박물관장은 당시 국립경주박물관장에 재직하면서 손 교수를 경북대학교의 교수되기를 기대했다. 나 역시 같은 생각이었으나 본인은 결국 성균관대학교를 택해 정년까지 제자를 가르쳤다. 손 교수가 귀국하고 나서부터는 유학기간 동안 만나지 못한 것을 벌충 하듯 둘은 정말 자주 만나게 되었다. 마치 바늘과 실과 같이, 아님 손과 발과 같이 술자리든 학술대회든 세미나장이든 대부분 둘은 같이 있는 일이 많았다. 그렇다보니 어언 30년을 함께하고 있는 것이고 앞으로 죽음이 둘을 갈라놓을 때까지 계속될 것이다.

유학을 마치고 그것도 결혼까지 하고서 귀국했을 때의 얘기가 있다. 자리가 정해지지 않고 대학의 문을 두드리는 일을 하면서 나와는 자주 만났다. 10여 년간의 외국생활에 따른 그간의 국내 사정도 듣고 우정도 나누기 위해서였다고 할까 반포에 아파트를 마련해서 가끔 내가 반포로 가서 대포를 마시곤 했다.

카페에서 맥주를 마시면서 얘기를 나누다 보면 자연 정권에 대한 비판이 나오기 마련이었다. 당시는 전두환이 통일주체국민회의라는 조직을 만들어 추대형식으로 최규하 대통령대행을 대신해서 정식으로 대통령이 되었다. 이것은 민주적인 방식이 아니다! 그 정통성이 문제가 된다고 술을 마시다보면 반드시 비판의 화살을 날렸다. 그것도 원색적인 비판이 계속되었다. 한두 번이 아닌 만났다하면 비판이니 옆자리에서 술 마시던 사람이 반체제인사들이라고 신고만 하면 틀림없이 뭔가 크게 당했을 것이다. 사실 함께 마시는 나는 일면 조마조마해서 술을 마셔도 취하지 않을 지경이었다. 당시 나는 명색이 학예연구관으로 국립문화재연구소 미술공예 담당관으로 있었기 때문에 준 고급 공무원에 속했다. 그랬기 때문에 손 교수가 술자리에만 앉으면 정권에 대한 비판의 날을 세우니 아무리 강심장이라도 걱정이 되지 않을 수 없었다. 그렇다고 벗을 피해 만나지 않는다면 진정한 벗이 아니기 때문이다. 역시 미국에서 수학하면서 미국사회의 진면목을 직접 눈으로 보고 생활했기 때문에 어떻게 보면 당연한 비판이었겠지만 당시 정권의 특수성으로 볼 때는 비판이 아닌 반체제 인사로 낙인찍힐 행동이었다. 뒤에 알게 된 사실이지만 하버드 대학 유학시절 도올 김용옥씨와 같이 "전두환 물러가라"고 피켓 들고 하버드 교정에서 데모를 했다는 사실이 있었다는 것이다. 자기 소신에 따라 한 행동이었겠지만 자칫 대학교수도 물 건너갈 뻔한 행동이기도 했다. 지금 생각하면 재미있는 일화이지만 당시 나는 내색은 하지 않았지만 잘못되면 목이 달아나는 것이 아닌가 해서 편한 마음은 아니었다.

또 술 마시는 얘기를 빼 놓을 수 없다. 30여 년의 사회생활 동안 서로 만나 술을 마신 것은 아마도 타의 추종을 불허할 것이라 생각한다. 둘이서 때로는 여러 사람의 모임에서 만나게 되어 마시게 되면 2, 3차를 가든 안가든 마지막에는 장소를 옮겨 둘이서만 술을 마시는 것으로 그날의 술자리를 마치는 것이 버릇처럼 되었다. 아무리 마셔도 마지막에는 뭔가 허전한 생각이기에 각자의 집으로 귀가하기 전 마셔서 그날의 술자리를 마감하는 버릇이 지금까지 계속되고 있다. 자제하자면서도 고치기 힘든 버릇이 되었다. 만남의 횟수를 줄이면 되겠지만 마음같지 않은 것이 버릇인 모양이다. 이런 저런 지난 에피소드를 말하자면 끝이 없겠지만 이제 손병헌이란 인간을 50여 년 가까이 옆에서 지켜본

소회를 몇가지로 요약하는 것으로 가름할까 한다.

첫째, 손 교수는 자신에 대해 철저한 사람이다.

사람으로 태어나 자신에 대해 얼마나 알까. 소크라테스가 한 말 "너 자신을 알라." 아마 이 말은 우리들이 금과옥조로 가슴에 새기고 있겠지만 과연 제 자신을 알고 있는 사람이 얼마나 될까 더구나 제자를 가르치는 스승으로서의 덕목에서 본다면 자신을 알라고 하는 것이 아니라 자신을 돋보이게 하려고만 했을 것이다. 아마 이것이 보편적인 삶의 현 주소가 아닐까한다. 그러나 손 교수는 자신에 대해 남 달리 철저하고 엄격한 사람이라는 것을 알 수 있다. 한 가지 예를 들면 자신이 정한 룰은 어떠한 경우에도 지킨다. 성균관대학에서 광화문통에 있는 국립문화재연구소에 회의가 있거나 만날 일이 있으면 반드시 걸어서 회의에 참가하고 또 정해진 시간에 약속장소로 왔다. 가정에서도 주말이면 관악산이나 기타 주변의 산행을 하는데도 정년이 지났거나 말거나 지금도 변함없이 하고 있음을 알고 있다. 그 만큼 자기 관리가 철저하지 않으면 불가능한 일이다. 버스나 택시를 이용하면 편할 것이고 가끔씩 산행을 포기하고 쉬면 더 좋을 것인데 건강상의 문제가 되었든 어쨌든 자신에게 한 약속은 반드시 지키는 사람이라는 것을 알 수 있게 하는 대목이다. 누구나 한번쯤 자신에게 한 약속을 철저하게 지키고 있는지 스스로 생각해 보면 알 것이다. 우리 대부분은 자기와의 약속을 잘 지키지 않는 경우가 허다하다. 왜냐하면 타인과의 약속이 아니라 자신과의 약속이기 때문이다. 어기든 지키든 알 바 아니기 때문이다. 이 말은 그만큼 타인과의 약속 또한 철저하게 지킨다는 것을 의미한다. 자신에게 철저하다 보면 인간미가 떨어지는 경우도 가끔은 있을 수도 있다. 물론 용서와는 개념이 다르겠지만 이러한 행위는 존경받아야 마땅하다.

둘째, 손 교수는 원칙에 대해 철저한 사람이다.

한번 정해진 원칙은 포기해서는 안 될 일이다. 물론 우리가 흔히 얘기하는 예외 없는 원칙이 어디 있느냐 반문하고 가끔은 예외를 인정하는 세상임은 분명하다. 그러나 원칙을 위해서라면 이를 관철시키기 위해 직위도 버릴 줄 아는 학자다. 무슨 말인가 의아해 할 것이지만 90년대 손 교수가 문화재청 매장문화재분과위원으로 위촉되어 회의에 참석할 때 항상 강조한 것이 발굴은 전공자의 손에 이루어져야 한다는 것이었다. 예를 들면 구석기 유적의 발굴은 구석기 전문 학자가 맡아야하고 신석기 유적은 신석기 전문 학자가 해야 한다고 주장해 왔다. 나와는 견해 차이가 있었지만, 왜냐하면 손 교수의 주장이 옳은 것이고 그렇게 되어야 마땅하겠지만 현실은 학자를 양산할 능력도 기능도 없고 개발은 빠르게 진행되어 소위 구제발굴이 전국곳곳에서 진행되다 보니 전문 학자에게 만 맡기고 있을 여건이 되지 않았다. 손 교수는 고고학을 전공했다고 구석기학 자가 삼국시대 고분유적을 발굴한다는 것은 곤란하다고 몇 번이나 문화재위원 에서 제동을 걸었지만 현실에 밀려 관철되지 않았다. 결국 소신을 굽히는 것보 다 문화재위원을 그만 두는 것이 자신을 속이지 않는 것이라 판단하고 다음 위 원회 구성에서는 그만 두었던 것이다. 간단한 일인 것 같아도 얼마나 중요한 것인가를 새삼 말하지 않아도 알 것이다. 지금 생각해 보면 매장유적의 고고학 적인 발굴조사가 손 교수의 주장대로 전공학자에 따라 진행되었다면 지난 2007 년도에 휘몰아친 문화재 발굴비리라는 치욕을 맞지 않았을 것이다. 이제는 고 고학이란 학문이 학문이기에 앞서 직업으로서의 위치가 강해 고고학의 풍토가 자연 변화하였다. 말하자면 학문은 뒷전이고 발굴수주라는 건설공사나 사업자 의 용어가 사용되고 있는 것을 보면 손 교수는 학문에 대한 선견지명이 있었던 것이라 생각하지 않을 수 없다.

셋째, 손 교수는 학문과 토론을 즐기는 사람이다.

손 교수는 대학시절부터 인류학과 철학에도 관심이 많아 스스로 타 학문을 섭렵했고 지금도 외국의 문학 서적이나 철학서를 읽기를 좋아하고 있다. 하버 드대학 유학시절 중국에 2년 여를 유학해 중국대륙 문화의 바탕을 나름으로 들 여다보았고 성균관대학 교수시절 평소에 원했던 러시아에도 1년 여를 다녀왔 다. 정말 못 말리는 학자다. 일본, 중국, 러시아, 미국의 문화를 스스로 섭렵했 으니 학문의 깊이가 얼마인가를 미루어 짐작할 수 있다. 제자들은 그만큼 행복 한 스승을 만난 것이다. 그것은 한마디로 말해서 학문의 깊이가 깊기 때문에 삶을 살아 갈수록 그리고 학문에 정직 할수록 자신도 모르는 사이에 학문이 풍 부해 진 것이다.

사실 우리들의 만남은 학문적인 세미나를 위해 만난 것은 없고 그저 대포 잔 이나 비우면서 서로의 의견을 주고받는 것이 고작이긴 하지만 지금껏 살아오고 있다. 그러나 한 가지 얘기가 술상에 올려 지면 대부분 나와는 의견이 반대가

된다. 어떻게 보면 현실에 대한 주장은 주로 내가 하고 원칙과 이상은 손 교수가 하기 때문에 결론이 합치되는 것은 없다고 해도 틀린 말은 아니다. 아마 학문 세계에 몸담고 있는 손 교수와 대학을 떠나 직업 전선에서 그것도 공직생활을 평생 해 온 나와는 근본적으로 시각차가 있었고 그것이 오늘날 스스로를 만든 바탕이었기 때문에 자연 평행선을 달렸지만 결론을 공유하기 위한 토론은 아니기 때문에 문제는 없었다. 다만 이러한 차이에서 주변에서 볼 때 전혀 어울리지 않는 타입들인데 어떻게 두 사람이 손과 발이라는 관계를 유지하고 있는지 의아하게 생각하는 사람이 많다는 것이다. 우리가 아무리 의견이 달라도 얼굴을 붉히면서 주장을 통한 입 싸움을 할 때도 있지만 결과적으로는 웃고 끝나기 때문에 아무런 문제가 없는 것이다.

넷째, 손 교수는 제자만은 끔찍하게 위하는 사람이다.

자기에게 엄격한 사람이 제자에게는 더 엄격해야 마땅하다. 그래서인지 30여 년의 대학교수 시절은 물론이고 지금도 강의를 하면서 단 한 차례의 휴강도 없었고 앞으로도 변함이 없을 것이다. 학부 학생들의 입장에서는 가끔은 휴강이라도 하면 기뻐할 것인데 손 교수의 사전에는 없다보니 요행으로 공부할 엄두는 근본부터 없었고 결과는 졸업하고 나타난다는 소신을 가지고 있었다. 나는 손 교수에게 가끔 대학이라는 곳이 학문의 전당이긴 하지만 수강생 모두를 학문세계로 이끌거나 모두 교수로 만들 것이 아니라면 가끔은 인생도 가르쳐야 하지 않느냐고 충고 아닌 충고를 했지만, 아무튼 제자들에게 엄격한 것은 아마도 미국 하버드 유학에서 선진대학의 학문풍토를 몸소 체험하고 터득한 결과로 생각된다. 바로 그렇게 가르쳐야 학문하는 진정한 길임을 알았기 때문이리라. 그런 한편, 제자에게는 스승에게 의지하지 말고 철저하게 자기노력으로 세상을 개척해 나갈 것을 무언중에 강조하였다. 한마디로 제자의 입장에서는 매우 섭섭한 일이다. 그러나 내면은 전혀 다르다. 흔히 "자식에게는 항우장사가 없다"는 말이 있는 것과 같이 아마도 제자에게도 항우장사가 없는 법인가 보다. 제자들이 고고학 관련 공직자 시험을 치루면 나름으로 걱정해서 보이지 않게 최선을 다하고 있다는 것을 옆에서 보았기 때문에 하는 말이다. 제자들에게 냉정하게 스스로 헤쳐 나가게 가르쳤지만 내면적으로는 지극히 인간적인 면을 숨길 수 없는 것이다.

끝으로 손병헌 교수에 대해 한마디로 표현 한다면 '진정한 학자이자 교수'라고 결론하지 않을 수 없다. 부모는 자식을 기르듯 교수는 제자를 기르고 학문을 전수하는 것이 사명일 것이다. 과연 오늘날 제자를 가르치면서 학문을 학문답게 배우게 하는 교수가 얼마나 될까? 어떻게 하면 돈 되는 곳에 눈을 돌려 이것저것 가리지 않고 학문을 무슨 사업 수주하듯 하는 풍토 속에 초연하게 제자들만을 위해 심혈을 기울이는 교수가 과연 몇이나 될까? 과문한 탓인지 몰라도 주위에는 그렇게 많이 보이지 않는다. 이러한 면에서 본다면 손 교수야 말로 학문을 지켜가고 있는 학자이자 교수라 단언할 수 있다. 이것이 바로 "진정한 학자이자 교수다"라는 표현으로 가름된다고 생각된다.

축하의 글을 쓴다는 것이 손 교수가 살아온 학문과 학자의 길에 오히려 누가 되는 소리가 되지 않을까 심히 걱정된다. 주변에서 본 것을 마음에 담고 있으면 그것으로 내 스스로에게는 만족이겠지만 나와 손 교수가 가까운 사이에 있다는 것을 고고학의 학문세계에서 알고 있는 사실이라 자칫 필요 없는 말로 오히려 손 교수의 인생에 누가 될 소지도 있기 때문이다. 차라리 낭패의 에피소드 정도로 가름하는 것이 오히려 부담이 덜 되겠지만 부담을 무릅쓰고 감히 말하고자 한 것이다. 손 교수에게 조금이라도 누가 된다면 모든 것은 바로 나의 책임임을 강조하면서 이제 70을 바라보는 나이에 너무 제자에게만 매달리지 말고 인생을 즐기면서 살기 바란다. 항상 건강하고 항상 즐거운 인생이길 바라면서 …

2010년 5월
경기문화재연구원에서
평생의 동학이자 벗인  조 유 전

# 목차

# 선사시대 무덤의 변천과 편년
## -남한지역을 중심으로-

이동희 _ 순천대학교 박물관

## Ⅰ. 머리말

우리나라 고고학상, 先史時代는 구석기시대, 신석기시대, 청동기시대, 초기철기시대 등으로 구분된다.

이 가운데 분묘유적이 확인되는 시대는 신석기시대 이후이다. 따라서 본고는 신석기시대부터 초기철기시대에 걸친 시간적 범위 내에서 묘제의 변천과 편년에 대해 살펴보았다. 절대연대상으로는 기원전 6,000년경부터 기원전후한 시기까지이며, 공간적 범위는 남한지역을 대상으로 하였다.

본고는 기본적으로 선사시대 분묘를 통시적으로 살펴봄으로써 형식변화와 편년을 다룬다. 그 외에 각 시대별 묘제가 상호 계통적으로 연결되는지, 동시기 묘제간에 계층차나 지역성이 보이는지, 묘제의 변화에 어떠

한 외부요인이 작용하였는지 등에 대해서도 부분적으로 검토해 보려고
한다.

신석기시대는 시간적 범위는 넓지만, 분묘유적이 희소하여 본격적인
연구가 진행되지 않은 실정이다. 따라서 본고에서는 지금까지의 자료를
정리하고 분묘의 종류와 편년에 대해 개괄하려고 한다.

청동기시대는 선사시대 분묘 중에 가장 많이 조사되었고, 연구성과도
풍부한 편이다. 기원전 1000년경부터 기원전 300년경까지의 분묘의 종류
와 변천, 편년에 대해 살펴볼 것이다.

초기철기시대 묘제는 그 존속기간이 짧은 만큼 청동기시대와 긴밀한
연계성을 가진다. 한편으로 적석목관묘와 같은 외래 묘제도 등장하므로
이러한 묘제의 유입 배경과 전개 양상에 대해서도 조망할 필요가 있다.


## II. 신석기시대


신석기시대 무덤은 토광묘, 옹관묘, 세골장, 동굴무덤 등으로 구분된다.
세골장과 동굴무덤은 그 성격과 편년이 명확하지 않고 희소한 예로 본다
면, 토광묘와 옹관묘가 일반적인 무덤으로 파악된다. 아직까지 신석기
시대 무덤은 조사례가 많지 않아 연구가 활성화되지 않은 실정이며,[1]

---

1) 신석기시대 묘제와 관련하여 현재까지 발표된 대표적인 논문은 다음과 같다.
   이상균, 2000, 「한반도 신석기인의 묘제와 사후세계관」, 『고문화』제56집, 한국대
   학박물관협회 ; 임학종, 2008, 「신석기시대의 무덤」, 『한국신석기연구』제15호,
   한국신석기학회.

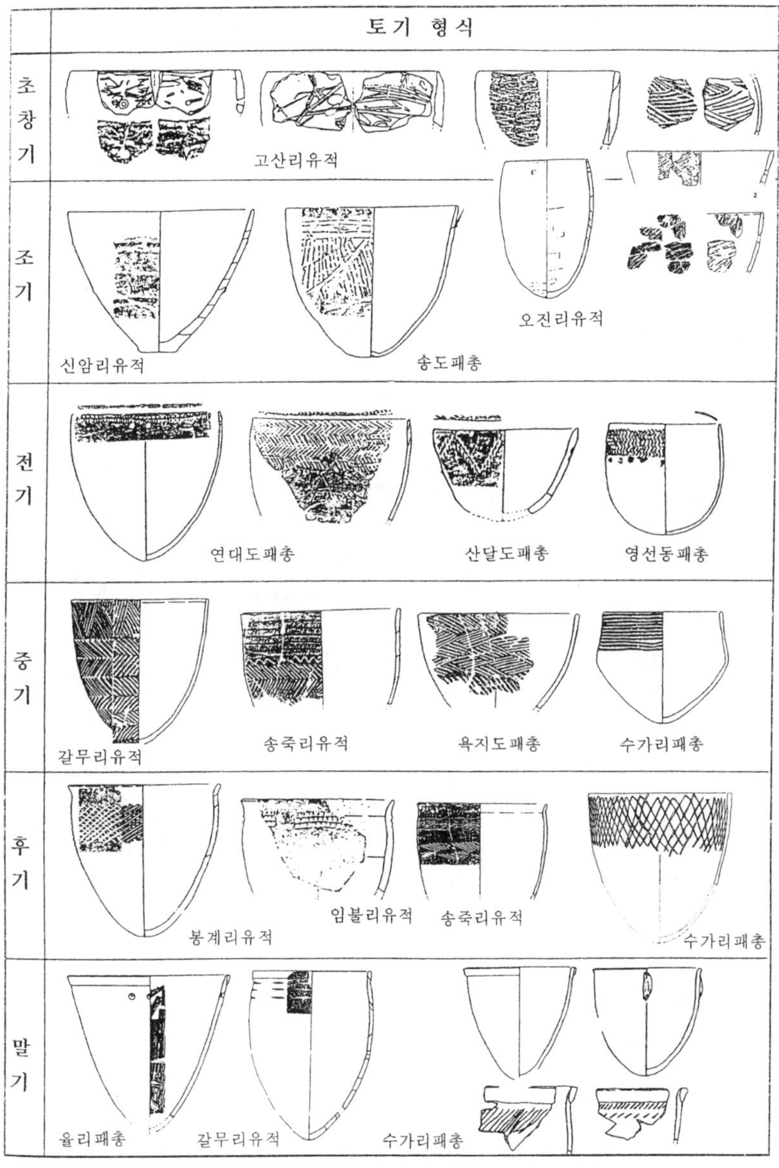


〈도면 1〉 남부지역 신석기시대 토기 편년표(하인수·안성희 2009)

발견된 신석기시대무덤도 남해안지역에서 주로 확인되는 지역적 편중성
이 있다.

발굴조사된 신석기시대 무덤은 남해안에서 빈출되고 있어, 본고에서는
남해안지역의 단계설정과 편년을 주로 참고하였다(도면 1).[2]

<표 1> 신석기시대 토기문화 편년안(남해안지역)

| 구분 | 출토유물(토기류) | 대표유적 | 편년 |
|---|---|---|---|
| 조기 | 융기문토기 | 울산세죽패총, 범방유적, 연대도패총, 동삼동패총8~9층, 송도패총 | 기원전 6000~4500년 |
| 전기 | 자돌·압인문토기를 중심으로 한 영선동식토기가 주류 | 동삼동패총3호주거지, 하동목도패총, 부산영선동패총, 창녕비봉리, 밀양살내유적 | 기원전 4500~3500년 |
| 중기 | 침선문토기(수가리Ⅰ식토기) | 김해수가리패총, 동삼동패총, 범방유적, 신암리, 욕지도패총 | 기원전 3500~2700년 |
| 후기 | 퇴화된 침선문과 자돌점열문, 압인문을 주요 문양으로 하는 수가리Ⅱ식토기와 봉계리식토기 | 수가리제2문화층, 동삼동3,4층(제4문화층), 진주 상촌리유적 | 기원전 2500년 전후 |
| 말기 | 이중구연토기와 단사선문토기 | 부산율리패총, 사천구평리패총, 동삼동패총제2층, 금천리, 오진리유적 | 기원전 2000년 전후 |

## 1. 土壙墓

토광묘는 지면을 간단히 파고 그 내부에 시신을 안치한 후 흙 또는 小
石을 덮은 구조이다.

지금까지 알려진 토광묘는 패총에서 주로 확인된다. 어느 정도 무덤의
구조를 알 수 있는 유적은 통영 연대도(13기), 부산 범방(1기), 여수 안도

---

2) 하인수, 2006, 「경남지역의 신석기문화」, 『경남의 선사문화』, 국립창원문화재연
   구소, 100~102쪽 ; 하인수·안성희, 2009, 「남해안지역의 신석기문화」, 『한반도
   신석기시대 지역문화론』(동삼동패총전시관 학술총서 제Ⅳ권), 23~68쪽.

(4기), 통영 욕지도(2기), 통영 산등(1기) 등이다.

통영 연대도와 부산 범방 유적이 조기로 편년되고, 여수 안도와 통영 욕지도는 전기 말에서 중기, 통영 산등은 후기로 추정된다.


## 1) 통영 연대도 유적(도면 2-2)[3]

연대도 '가'지구에서 인골이 공반된 유구는 1, 2, 4, 5호, 7-15호 등의 13기이다. 연대도 무덤유적의 특징을 요약하면 다음과 같다.

①생활공간과는 구별되는 무덤군이 형성.

②무덤구덩이를 수직각이 아니라 비스듬하게 판 것. 유구가 비교적 양호한 1호 무덤구덩이의 규모는 길이 200, 너비 150, 깊이 15cm.

③인골의 하부에는 불규칙하지만 납작한 돌들을 깐 것으로 파악됨(4, 5, 7-11, 14, 15호).

④모두 신전장하였으나 5호는 엎어묻기(俯身葬)함.

⑤의도적인 부장품의 매납의식이 보임. 조가비팔찌, 뼈작살, 이음낚시바늘, 돌도끼, 숫돌, 뼈장식, 숫돌, 발찌. 특히 7, 11, 14호 등의 부장품은 그 양과 질에서 다른 유구의 것과 현격한 차이가 보이므로 신분상 혹은 집단내의 사회적 역할을 반영하는 것으로 보임.

⑥인골상부에는 인골을 따라 토기편을 덮어 준 흔적이 보임.

⑦인골과 부장품을 매납한 후 그 상부에는 작은 돌들을 적석.

⑧인골의 침향은 모두 서침으로 정형성이 있음.

⑨모두 1인씩 매장하였으나 2호에서는 3인 이상이 매장되어 합장의 풍습도 보임.

⑩융기문토기와 무문양토기가 공반되어 조기 후반대로 편년되는데, 방사성탄소연대측정에 의해 기원전 5328~4660년경으로 밝혀짐.

---

3) 한영희·임학종, 1993, 『연대도』Ⅰ, 국립진주박물관.

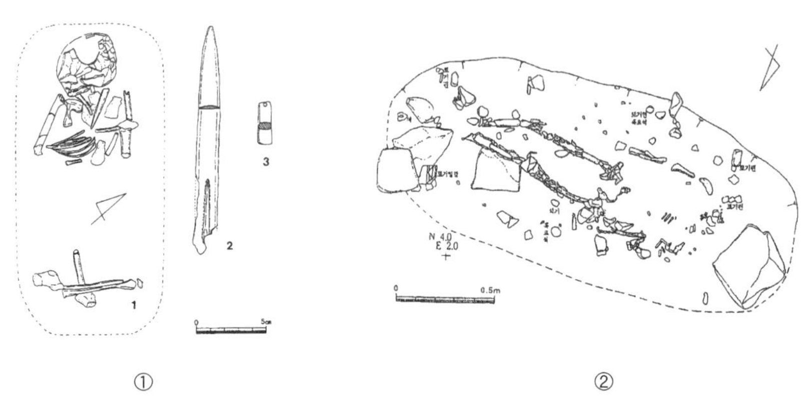

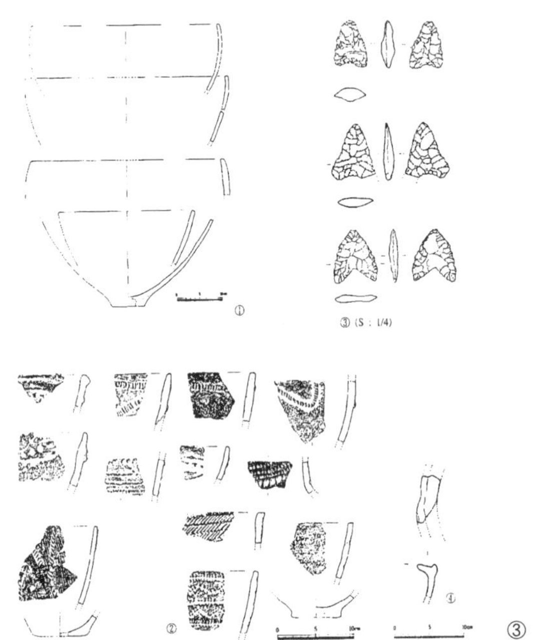

〈도면 2〉 신석기시대 초기(1・2) 및 중기(3) 토광묘 및 출토유물
① 부산 범방 토광묘 및 유물    ② 통영 연대도 4호 토광묘
③ 통영 욕지도 3, 4호 토광묘 유물(임학종 2008)

## 2) 부산 범방유적(도면 2-1)[4]

토광묘로 추정되는 분묘가 1기가 확인되었다. 두향은 서북향이고, 묘광은 확인되지 않았다. 묘광은 패총의 퇴적에 의해 자연 유실된 듯하다. 시신은 신전장 형태이나 다리부분은 ×자형 상태로 꼬아져 있으며 발치부분이 바다를 향하는 상태이다. 부장품은 골각기 1점과 연옥제 경식 1점이다. 인골의 신장은 130~140cm, 연령은 11~12세 전후이며 성별은 불명이다. 하층에서 두개골과 다리뼈 등이 확인되고 있어 더 많은 수의 분묘가 존재했을 것으로 판단되므로, 패총이 본격적으로 형성되기 전에는 이 주위가 당시 신석기인들의 공동매장지로 이용되었을 것이다.

분묘가 폐기되고 난 후 융기문토기를 標式으로 하는 패총이 퇴적되고 있어, 피장자는 융기문토기문화와 관련되며 조기전반대로 볼 수 있다.

## 3) 여수 안도 유적[5]

모두 4기의 무덤이 확인되었다. 규모는 1호 160×250(현)×5cm, 2호 135×240(현)×12cm이다. 무덤은 얕은 구덩이를 파고 시신을 넣은 뒤 패각이 섞인 흙으로 덮은 토광묘인데, 상부에는 30~40cm 크기의 큰 돌이 적석되었다. 얇은 판석을 2~3겹으로 덮었는데 산돌이어서 바닷돌과 쉽게 구분이 된다.

1호에서 앙와신전장으로 합장된 2구의 인골이 매장되어 있었으며 3호에는 팔목에 5개의 팔찌를 낀 인골이 확인되었다.

보고자에 따르면, 전기 말·중기 초인 기원전 4000~3000년경으로 편년된다.

---

4) 부산시립박물관, 1993, 『범방패총』Ⅰ.
5) 윤온식, 2007, 「여수 안도패총 발굴조사」, 『호남지역 문화유적 발굴성과 2006·2007』, 호남고고학회, 12쪽.

## 4) 통영 욕지도 유적(도면 2-3)[6]

2기의 무덤에서 뚜렷한 무덤구덩이나 기타 봉토의 유무가 확인되지 않아 구조는 명확하지 않다. 2기 출토 인골 모두가 서침하고 있어 머리가 바다를 바라보게 안치된 것은 당시의 신앙과 관련될 듯하다. 이는 연대도 유적에서도 동일하다.

1호 출토 인골은 장년기의 남성이다. 2호에서는 2개체분이 확인되었는데, 1개체는 장년기의 남성이고, 다른 1개체는 20세 전후의 여성일 가능성이 높다.

충위적으로 교란이 심하고 융기문토기, 압인문토기, 태선침선문토기 등 여러 시기의 유물들이 혼재하지만 여기서 주체를 점하는 토기 형식이 태선침선문계토기임을 감안한다면 분묘 조성 시기는 중기로 볼 수 있을 것이다.


## 5) 통영 산등 유적[7]

산등 패총의 묘 구조는 명확하지 않으나 출토 정황으로 보아 토광묘로 보인다. 인골은 13~15세의 여성으로 추정되며, 매장형태는 동침의 신전앙와장을 취하고 있다. 인골의 왼팔에는 3개의 조개팔찌가 끼워져 있다. 신석기시대 후기로 편년된다.

---

6) 국립진주박물관, 1989, 『욕지도』.
7) 김동호·박구병, 1989, 『산등 패총』, 부산수산대학교박물관 ; 하인수·안성희, 2009, 앞의 글.

## 2. 甕棺墓

옹관묘는 부산 동삼동유적(초기)과 진주 상촌리유적(중기)에서 확인되었다.

### 1) 부산 동삼동 유적

옹관묘는 길이 65cm, 너비 50cm, 잔존깊이 20cm가량의 얕은 묘광을 파고 2개의 대형토기를 횡치한 형태인데, 구조와 매납방법은 명확하지 않다.

옹관묘의 시기는 층위상으로 보아 조기의 융기문토기문화단계에 속하며, 8층의 방사성탄소연대치를 참고하면 기원전 5500~5000년경으로 편년된다.[8]

### 2) 진주 상촌리 유적(도면 3)[9]

상촌리 유적에서는 옹관묘 2기가 주거지 속에서 직치된 채로 확인되었다. 옹관의 시기는 토기의 형식적 특징으로 미루어 중기 후반대로 추정된다.

1호 옹관묘는 높이 34.5, 구경 39.7cm이며 화장한 성인의 인골편이 옹관내에 위치하는데, 부장품은 점판암제의 타제석부이다. 2호는 높이 47.5, 구경 42cm로서, 내부에서 화장된 인골편이 출토되었고 점판암제 타제석창이 공반되었다.

---

8) 부산박물관, 2007, 『동삼동패총정화지역 발굴조사보고서』, 146쪽.
9) 심봉근, 1998, 「진주 상촌리유적 출토 신석기시대 옹관」, 『문물연구』제2호, 동아시아문물연구학술재단, 12~14쪽.

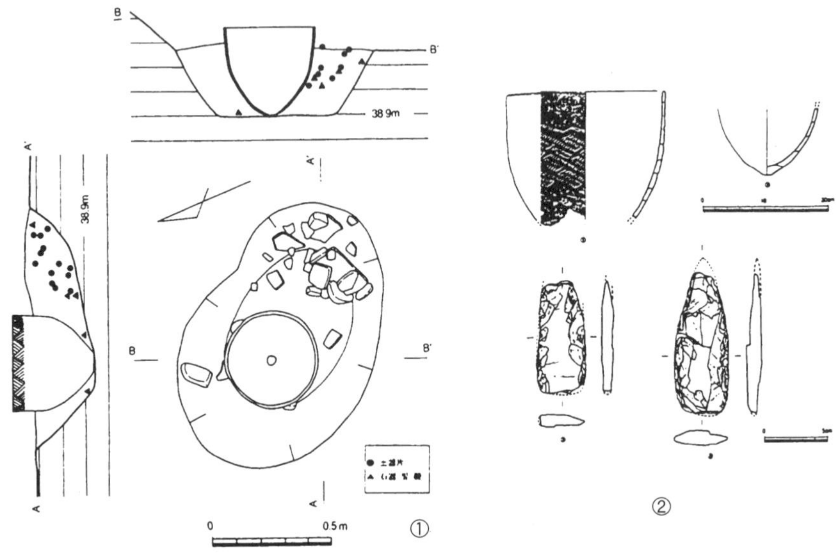

<도면 3> 신석기시대 중기 옹관묘 및 출토유물

① 진주 상촌리 1호 옹관묘　② 진주 상촌리 2호 옹관묘 출토유물

　　옹관이 주거지 내부에서 출토된 점이 주목되는데, 일본에서는 '埋甕'이
라고 칭해진다. 日本 埋甕의 특징을 감안한다면 상촌리 옹관은 屋內, 正
位, 底部 穿孔, 鉢形 등 古式으로 생각되는 요소를 내포하고 용도가 옹관
임이 밝혀졌다. 시기적으로도 선행하는 형식이어서 오히려 매옹 풍습이
우리나라에서 일본 구주지방에 전파된 것으로 보인다. 그리고 과거에 조
사된 궁산리 4호, 지탑리 2호 주거지에서도 모두 逆位로 매설된 옹관이
있어, 옹관과 화장행위는 빗살문토기단계에는 광범위하게 유행하였던 것
으로 볼 수 있다.

## 3. 洗骨葬

### 1) 울진 후포리 유적(도면 4)[10]

무덤은 동해안 바닷가 해발 40m 정도의 등대산 정상부에 위치한다. 유적은 7개의 대형 화강암덩어리가 돌려진 4.5×3.5m 정도의 긴 타원형 자연 구덩이를 이용한 집단 묘지이다. 시신 뼈를 추려서 구덩이 안에 매장하고 그 위를 길이가 긴 돌도끼들로 덮은 형식인데 매장을 구덩이 아래쪽에서 위쪽으로 순차적으로 진행해 매장부가 위아래로 겹쳐져 있는 것이 특징이다. 최소 40구 이상이 세골장 형식으로 구덩이에 매장되어 있었다. 발굴된 인골을 통해 본 성비는 남녀가 비슷하고 연령은 20대를 전후한 젊은 층이었다. 머리는 모두 동쪽을 향해 놓여 있다.

바로 묻는 무덤에 비해 절차가 복잡하고 노동비용이 많이 드는 세골장은 피장자가 보통 사람들이 아니라 특별한 무덤으로 여겨진다.[11]

부장품은 토기는 없고 길이가 긴 돌도끼(長大形 石斧) 180여 점, 소형 도끼류, 장신구, 대롱구슬, 돌송곳끝 등이다. 돌도끼들은 일부 사용했던 것도 보이나 대부분 비실용적인 대형의 의기로 밝혀져 무덤에 넣기 위해 특별히 제작된 것으로 보인다.

춘천 교동유적에서 출토된 인골, 대롱구슬, 긴도끼 등과 비교해 볼 때 신석기시대의 늦은 시기에 속하는 것으로 추측되지만 청동기시대초까지 내려올 가능성도 배제하지 못한다.

---

10) 국립경주박물관, 1991, 『울진 후포리 유적』 ; 한영희, 1994, 「신석기시대의 사회와 문화」, 『한국사 1』(원시사회에서 고대사회로(1)), 한길사 ; 이건무·조현종, 2003, 『선사유물과 유적』, 솔.
11) 신숙정, 1994, 『우리나라 남해안지방의 신석기문화 연구』, 학연문화사, 262쪽.

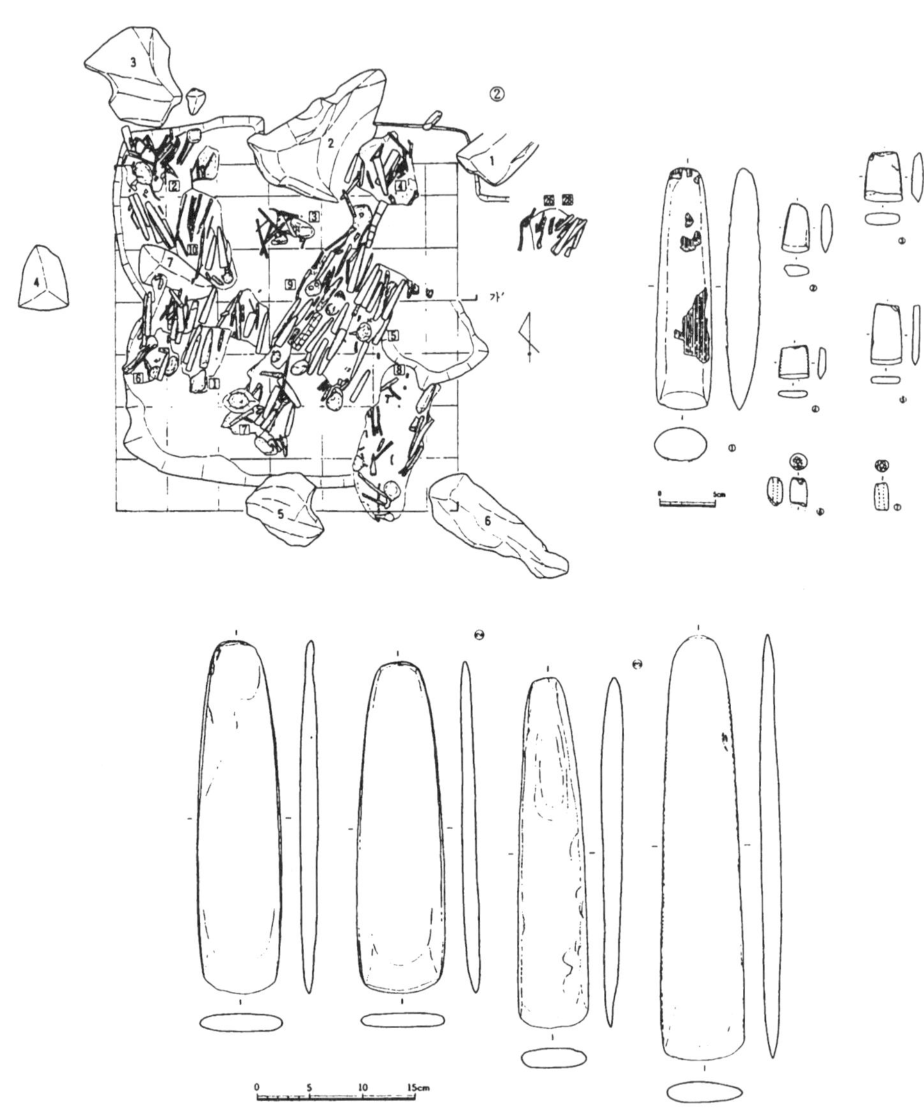

〈도면 4〉 신석기시대 후·만기 세골장 및 출토유물(울진 후포리 유적)

## 4. 동굴무덤

### 1) 춘천 교동 유적(도면 5)[12]

유적은 해발 302m의 봉의산 산 사면에 위치하는데, 해발 약 150m 지점이다. 동굴은 자연 동굴이 아니고 인공으로 파 들어간 것이다. 굴의 입구는 偏西한 北向이다. 굴의 평면은 직경 4m 정도의 원형이고 그 위에 반원형의 天井이 있는 것인데 천정의 높이는 가장 높은 중앙부에서 2.1m이다. 천장은 그을음이 새까맣게 묻어 있었다.

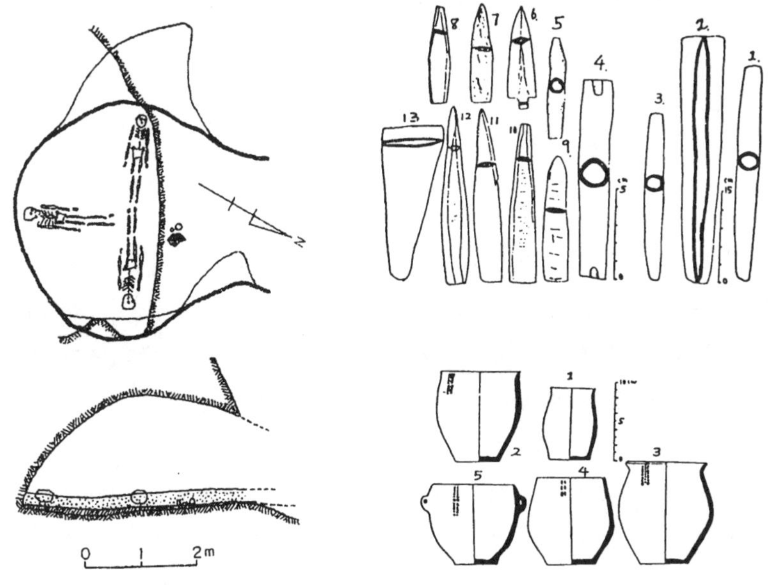

〈도면 5〉 신석기시대 후기 동굴무덤 및 출토유물(춘천 교동)

---

12) 김원룡, 1963, 「춘천 교동 혈거유적과 유물」, 『역사학보』20 ; 국립문화재연구소, 2001, 「교동 유적」, 『한국고고학사전』, 102~103쪽.

이 동굴은 처음에 거주동굴이었다가 어떠한 이유로 주거로서의 용도가 끝나고 묘로서 재사용된 것이다. 3명이 머리를 각각 벽쪽으로, 足部를 중앙으로 향하면서 수레바퀴살 모양으로 누운 채로 발견되었다.

출토유물은 대형의 돌도끼 1점, 외날의 작은 도끼 5점, 작은 돌칼 2점, 공이 2점, 화살촉 7점, 묶음낚시 1점, 조갯날의 삼각형자르개 1점, 대형 관옥 1점, 토기 5점, 수정조각 1점, 백마노편 1점 등이다.

유적은 처음에 신석기시대 후기로 보았다. 이후, 1980년대에 양양 오산리유적이 발굴되면서 묶음낚시와 토기에 근거해 교동유적을 오산리유적과 비슷한 시기로 올려 보려는 견해도 나오게 되었다. 오산리유적과 후포리유적에 대한 논의가 끝나지 않은 만큼, 교동유적의 연대에 대해서는 당분간 논의가 계속될 것으로 보인다.


## 5. 小結


신석기시대 무덤은 아직까지 정형성이 없어 집단 세골장과 동굴무덤 같은 특이한 예도 있다. 토광묘와 옹관묘가 주된 묘제이면서, 조기부터 중후기까지 지속적으로 확인되고 있어 청동기시대와 계기성을 가진다.

하지만, 신석기시대에는 석관묘, 석곽묘, 고인돌 같은 돌로 축조한 무덤이 없어 청동기시대와는 구분이 된다. 청동기시대에 돌무덤이 주류였다면 신석기시대의 무덤은 토광묘계통이 다수를 점하고 있었다고 하겠다. 이는 토광묘가 축조에 유리하다는 실용성이 있고, 청동기시대에 비해 신석기시대 단계에 계층의 분화가 미약한 것과도 무관하지 않을 것이다. 아울러 토광묘가 조기부터 후기까지 지속되고 있지만, 형식에 큰 차이가 없다는 것은 신석기시대가 역동적이지 않은 사회였음을 의미한다고 하겠다.

토광묘는 대개 신전장하였으며, 의도적인 부장품의 매납의식이 보인다.

대개 1명씩 매장하였으나 간혹 2인 이상이 매장되어 합장의 풍습도 확인 된다. 서침이 많고 머리가 바다를 바라보게 안치한 것은 당시의 신앙과 관련될 듯하다. 즉, 바다를 향하고 있는 인골들의 두향을 보면 바다를 생업의 터전으로 한 당시의 내세관을 엿볼 수 있다.[13]

한편, 옹관묘는 조기의 횡치한 형태에서 중기에 직치한 형태로 변화하는데, 청동기시대에 직치한 옹관묘가 신석기시대 중기의 옹관묘 형식과 계통적으로 연결될 가능성이 높다.

정리해 보면, 신석기시대 무덤은 특별한 장소에 쓰여지고 있어 신분의 차이를 시사하기도 하지만, 무덤을 쓰는 방식이 아직 정형화되지 못하고 있다. 즉, 고인돌같이 무덤에 많은 비용을 지출할 수 있는 역량을 가진 사회가 아니며, 부장품에 특별한 위세품이 보이지 않는다.[14]

〈표 2〉 신석기시대 무덤의 특징과 편년

| 구분 | 토광묘 | 옹관묘 | 세골장 | 동굴무덤 |
|---|---|---|---|---|
| 입지 | 해안변 대지 | 충적대지 | 야산 정상부 | 산 사면부 |
| 침향 | 서침이 다수, 일부 동침 | ? | 동침 | ? |
| 장법 | 신전장 | 화장 | 세골장 | 신전장 |
| 피장자 | 성인남자가 다수, 일부 성인 여자와 신생아 | 화장한 성인 | 성비는 비슷하고 20대를 전후한 젊은층 | ? |
| 군집성 | 군집성 높음 | 군집성 낮음 | 단독 | 단독 |
| 합장여부 | 단장이 다수, 일부 합장 | 단장 | 합장(집단장) | 합장 |
| 출토유물 | 토기, 돌도끼, 흑요석, 조가비팔찌, 낚시바늘, 그물추, 갈판 | 타제석부, 타제석창 | 돌도끼, 소형도끼, 관옥, 돌송곳끝 | 돌도끼, 돌칼, 화살촉, 묶음낚시, 관옥, 토기 |
| 편년 | 조기~만기 | 조기~중기 | 후·만기 | 후기(?) |
| 實例 | 조기(범방, 연대도) 전기 말~중기 초(안도) 중기(욕지도) 후기(산등) | 조기(동삼동) 중기(상촌리) | 후·만기(후포리) | 후기(교동) |

---

13) 이건무·조현종, 2003, 『선사유물과 유적』, 솔, 74~76쪽.
14) 신숙정, 1994, 『우리나라 남해안지방의 신석기문화 연구』, 학연문화사, 261~264쪽.

# Ⅲ. 청동기시대

## 1. 시대구분 및 묘제의 변천

### 1) 시대구분

초기철기시대를 청동기시대에서 분리시킬 것인가의 여부에 대한 견해 차로 인해 한국 청동기시대 시기구분에는 용어상의 혼란이 존재한다. 세형동검과 원형점토대토기가 나타나는 시기를 청동기시대에 포함시킬 경우, 청동기시대는 (조기)→전기(역삼동식, 가락동식, 흔암리식 토기단계)→중기(송국리식 토기단계)→후기(원형점토대토기 단계)로 구분된다. 그러나 일부에서는 세형동검과 원형점토대토기의 시기를 청동기시대에서 제외하여 초기철기시대로 보아, (조기)→전기(역삼동식, 가락동식, 흔암리식 토기단계)→후기(송국리식 토기단계)를 설정하기도 한다.[15]

본고에서는 최근 학계의 의견[16]을 수용하여 후자를 채택하여 청동기시대를 전기와 후기로 구분하는 견해를 따르기로 한다.

전·후기의 획기는 복수의 노지를 갖춘 세장방형, 장방형 주거지의 소멸과 작업공을 갖춘 휴암리형·송국리형 주거지의 채택, 심발형토기문양에서 복합문이 소멸되고 단순문·무문으로 점차 변화, 마제석검은 이단병식에서 일단병식으로 변화, 무경식석촉·이단경식 석촉에서 일단경식 석촉으로의 변화를 기준으로 한다. 무덤은 독립 혹은 소군을 이루어 조성되다가 군집하는 형태로 변하는데, 후기에는 매장주체부가 다양하며 초대형 묘역이 등장하며 복열의 열상으로 배치되어 공동묘지화된다. 복열의

---

15) 김장석, 2007, 「청동기시대」, 『한국고고학 강의』, 75~94쪽.
16) 한국고고학회, 2007, 『한국고고학 강의』.

구조는 전기에 이미 합천 저포리 E지구에서 나타나지만 후기에 본격적으로 조성된다.[17]

남한지역 청동기시대 후기를 대표하는 송국리형 문화는 방형과 원형의 평면형태의 수혈주거지 중앙에 타원형 수혈과 그 양단에 배치된 주공을 특징으로 하는 주거지, 석관묘·석개토광묘·옹관묘 등의 묘제, 외반구연호의 기형·플라스크형의 적색마연토기(홍도) 등의 토기, 일단병식마제석검·삼각형석도·유구석부 등의 석기로 대표되는 고고학적인 특징을 가진다.[18]

송국리형 문화의 중심연대는 종래 기원전 6~4세기로 보았지만, 최근에는 탄소연대에 근거하여 기원전 10세기[19]까지 올려보는 경향도 있다.

절대연대의 취신문제 외에, 지역별로 시대구분과 편년이 상이할 수 있다는 점 등은 검토의 여지가 있지만 남한지역의 대체적인 청동기시대 시대구분과 중심연대는 다음과 같이 정리해 볼 수 있다.[20]

<표 3> 청동기시대 시대구분

| 구분 | 청동기시대 조기 | 청동기시대 전기 | 청동기시대 후기 |
|---|---|---|---|
| 중심연대 | 기원전 1500~1000년 | 기원전 1000~600년 | 기원전 600~300년 |
| 대표적 유물 | 돌대문토기, 이중구연토기 등 | 가락동식·역삼동식·흔암리식 토기, 이단병식 석검, 무경식·이단경식 석촉 등 | 송국리식·검단리식 토기, 일단병식석검, 일단경식석촉, 삼각형석도, 유구석부 등 |
| 주거지의 평면형태 | 방형 또는 장방형 (위석식노지 등의 사용) | 장방형 또는 세장방형 (위석식노지 등의 사용) | 방형 또는 원형 |

---

17) 이수홍, 2007, 「경남지역의 청동기시대 묘제와 고인돌」, 『아시아 거석문화와 고인돌』(제2회 아시아권 문화유산(고인돌)국제심포지움), (재)동북아지석묘연구소, 396~398쪽.
18) 이건무, 2006, 「송국리유형에 대하여」, 『송국리형문화의 형성과 발전』, 호남·호서고고학회 합동학술대회.
19) 김규정, 2007, 「청동기시대 중기설정과 문제」, 『한국청동기학보』창간호.
20) 김권구, 2008, 「압독국의 성립전야」, 『한국 고대사속의 경산』, 대구사학회, 60쪽.

## 2) 묘제의 변천

### (1) 전 기

남한지역에서 청동기시대 유물과 주거지의 상한은 기원전 15세기까지 소급되고 있지만,[21] 무덤의 상한은 그에 못 미쳐는 것 같다. 조기 청동기시대 주거지와 관련된 묘제가 확인될 가능성에 대해서는 향후 연구성과를 기다려야 하겠다.[22]

현재까지의 자료에 근거해 보면, 청동기시대 묘제의 등장은 전기로 보는 것이 무난하다.

청동기시대 전기의 분묘는 이단병식 석검과 무경식 석촉, 채문토기, 이른 형식의 적색마연토기 등이 출토된다. 전기의 분묘는 집단적으로 조성되는 후기와는 달리 단독으로 존재하거나 3~4기 정도가 小群을 이룬다. 입지에서도 충적지와 같은 평지에 입지하기도 하지만, 주위를 조망하기 좋은 구릉정상부, 구릉사면, 그리고 구릉사면에서도 능선과 이어지는 말단부에 입지하는 특징을 보인다. 매장주체부는 반지하식의 진안 안자동 1호묘를 제외하고는 대부분 지하식이다.[23]

하지만, 전기단계의 분묘유적은 희소한 편이다. 예컨대, 호서지역의 경우, 전기의 확실한 유물이 출토된 것으로는 대전 비래동(비파형동검, 적색마연토기, 삼각만입촉), 대전 신대동(적색마연토기, 이단병검, 이단경촉, 삼각만입촉), 청원 황탄리(적색마연토기, 이단병검, 삼각만입촉)유적 등 소수에 한한다. 이들은 인근 취락과의 관계 등을 통하여 모두 가락동

---

21) 각목돌대문토기의 탄소연대를 인정할 경우, 상한은 기원전 15세기까지 상향조정 될 가능성이 있다(김장석, 2007, 「청동기시대」, 『한국고고학 강의』, 한국고고학 회, 74~80쪽).

22) 남부지방의 예를 보면, 송국리형 주거지를 파괴하고 지석묘들이 축조되고 있어 일반적으로 묘제가 주거지보다 좀 더 늦은 시기에 활성화되었을 가능성을 상정 할 수 있다.

23) 배진성, 2007, 『무문토기문화의 성립과 계층사회』, 서경문화사, 192~193쪽.

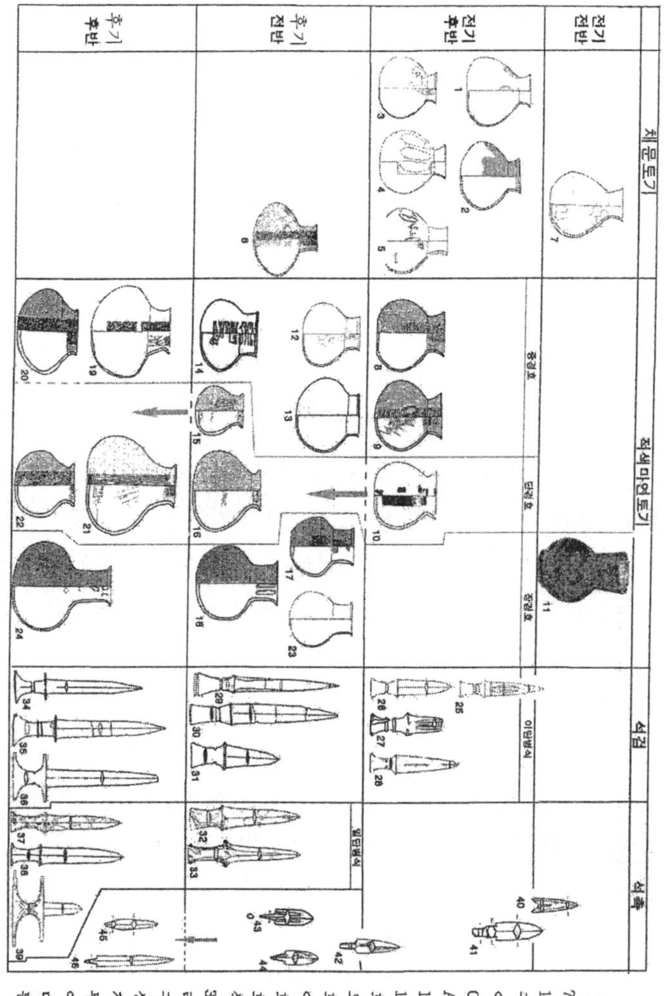

〈도면 6〉 청동기시대 무덤의 부장유물 편년(김현 2005)

유형에 속하는 분묘로 추정된다. 하지만 그 수가 많지 않은데, 이에 대해서는 가락동유형 취락가운데 분묘가 존재하는 경우는 극소수에 불과하다는 점이 이미 지적된 바 있다.[24) 호서지역 전기단계의 또 다른 유형인 역삼동유형에 대해서도 다수의 주거지가 확인되는데 비해 고인돌 또는 기타 묘제의 조사예가 거의 없는 점을 볼 때 가락동유형과 마찬가지로 무덤의 사용이 일반화되지 않은 시기라 할 수 있다.[25)

### (2) 후 기

전기의 토광묘와 상형석관묘들이 단독 혹은 2~3기가 넓은 지역에 흩어진 상태로 배치되는 데 비해 후기 무덤들은 대부분 1기 혹은 수기의 지석묘들을 중심으로 하여 군집을 이루는 것이 특징이다.[26)

송국리유형의 등장 이후 충청·호남·영남지역에서 묘제는 매우 다양화된다. 특히 금강유역을 중심으로 석관묘·옹관묘·석개토광묘 등이 활발히 축조되고, 다른 지역으로 확산되면서 지석묘와 공존하거나 대체 또는 변형시킨다.[27)

송국리문화와 관련한 묘제를 송국리형 묘제로 설정하기도 한다. 즉, 석관묘·석개토광묘·옹관묘 등을 '송국리형 묘제'로 보고, 청동기시대 전기 말에서 후기에 걸쳐 한반도 중부지방에서 유행하기 시작하여 남부 전역에 영향을 미쳤다고 보았다.[28)

금강유역권은 소위 송국리형 묘제의 주분포지역이다. 호서지역에서 발

---

24) 이형원, 2007, 「호서지역 가락동유형의 취락구조와 성격」, 『호서고고학』17, 56쪽.
25) 손준호, 2007, 「호서지역 청동기시대 묘제와 고인돌」, 『아시아 거석문화와 고인돌』(제2회 아시아권 문화유산(고인돌)국제심포지움), (재)동북아지석묘연구소, 301~303쪽.
26) 김현, 2005, 『경남지역 무문토기시대 무덤에 대한 연구』, 부산대학교 석사학위논문, 79쪽.
27) 김장석, 2007, 앞의 글, 94쪽.
28) 김승옥, 2001, 「금강유역 송국리형 묘제의 연구」, 『한국고고학보』45.

굴조사된 송국리형 묘제는 38개 유적 328기로서, 석관묘 205기, (석개)토광묘 73기, 옹관묘 50기 등으로 세분된다.[29] 전북지역의 송국리형 묘제는 군산과 익산을 중심으로 한 금강 하류역에 가장 밀집하여 분포하여 약 18개소 110여 기가 조사되었다.[30]

한편, 전남지역에서는 서해안지역에 국한하여 송국리형 묘제가 분포하고 있다. 즉, 함평 용산유적, 함평 월야 순촌유적에서 석개토광묘와 석관묘가 묘역의 구분이 없이 혼재하고 있고, 나주 영천유적과 함평 송산유적에서는 석관묘가 확인되었다.[31]

그리고, 전기부터 축조된 지석묘가 후기에 와서는 송국리형 묘제군의 중심묘로 등장하여 상징적인 의미를 가진 것으로 파악되고 있다.[32]

전기보다는 후기로 갈수록 무덤의 종류와 형태가 다양해지고 무덤의 축조방법이나 구조, 유물의 부장양상 등이 다변화된다.

### (3) 전·후기 묘제 변천 사례 — 진안 용담댐(도면 7·8)

최근에 발굴조사된 금강상류역의 진안 용담댐에서는 전기에서 후기로의 지석묘 변천을 잘 보여준다. 진안 용담댐 지석묘에서는 청동기시대 전기에 해당하는 이단병식과 삼각만입석촉이 출토된 바 있고, 청동기시대 후기에 최대의 전성기를 누린다.[33]

---


29) 손준호, 2007, 앞의 글, 303쪽.

30) 김진, 2007, 「전북지역의 청동기시대 묘제와 고인돌」, 『아시아 거석문화와 고인돌』(제2회 아시아권 문화유산(고인돌)국제심포지움), (재)동북아지석묘연구소, 332쪽.

31) 김승근, 2007, 「전남지역의 청동기시대 묘제와 고인돌」, 『아시아 거석문화와 고인돌』(제2회 아시아권 문화유산(고인돌)국제심포지움), (재)동북아지석묘연구소, 359쪽.

32) 손준호, 2002, 「금강유역 송국리문화단계의 지석묘 검토」, 『고문화』60.

33) 김승옥, 2004, 「전북지역의 고인돌의 특징과 보존현황」, 『아시아권에서의 문화유산(고인돌)보존과 활용』(제1회 세계문화유산(고인돌)국제심포지움), (재)동북아지석묘연구소, 173쪽.

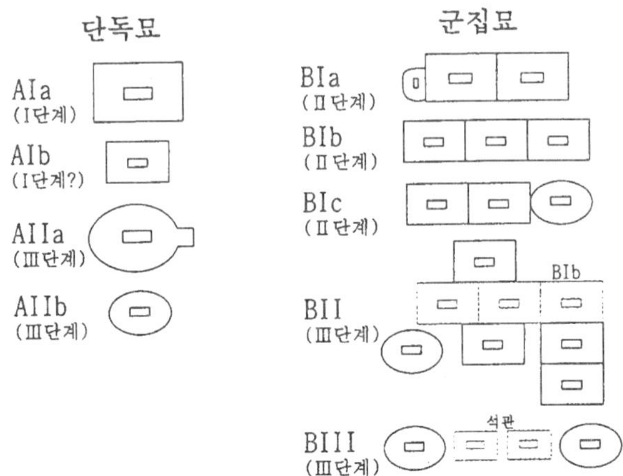



〈도면 7〉 진안 용담댐 묘역식 지석묘 형식분류 모식도(김승옥 2003)

　진안 여의곡유적은 충적대지상에 묘역식 고인돌이 가장 많이 분포하고 그 주위로 석관묘와 석개토광묘, 옹관묘 등 송국리형 묘제가 열을 이루면서 조성되어 있다. 송국리형 묘제는 고인돌 축조시기와 상당부분 겹친다.

　용담댐의 무덤유구는 유구의 중복관계와 공간적 분포, 층위, 출토유물에 따라 크게 3단계로 나누어진다. I단계는 무문토기시대 전기에 속하는 무덤유적으로서 AIa형 단독 지석묘가 이에 해당하며, 상한은 기원전 10세기 무렵이다. 가장 많은 수의 무덤이 축조되는 II단계는 BI형의 일자형 연접지석묘가 주로 축조되는데 중심시기는 기원전 8~7세기에 해당된다. III단계는 기원전 5~4세기에 해당되는데 이 단계의 무덤은 BII형 지석묘, AII형의 단독지석묘, 석관묘나 석개토광묘와 일렬로 축조되는 BIII형 지석묘, 석관묘·석개토광묘·옹관묘를 들 수 있다.[34]

---

34) 김승옥, 2003, 「금강 상류 무문토기시대 무덤의 형식과 변천」, 『한국고고학보』49.

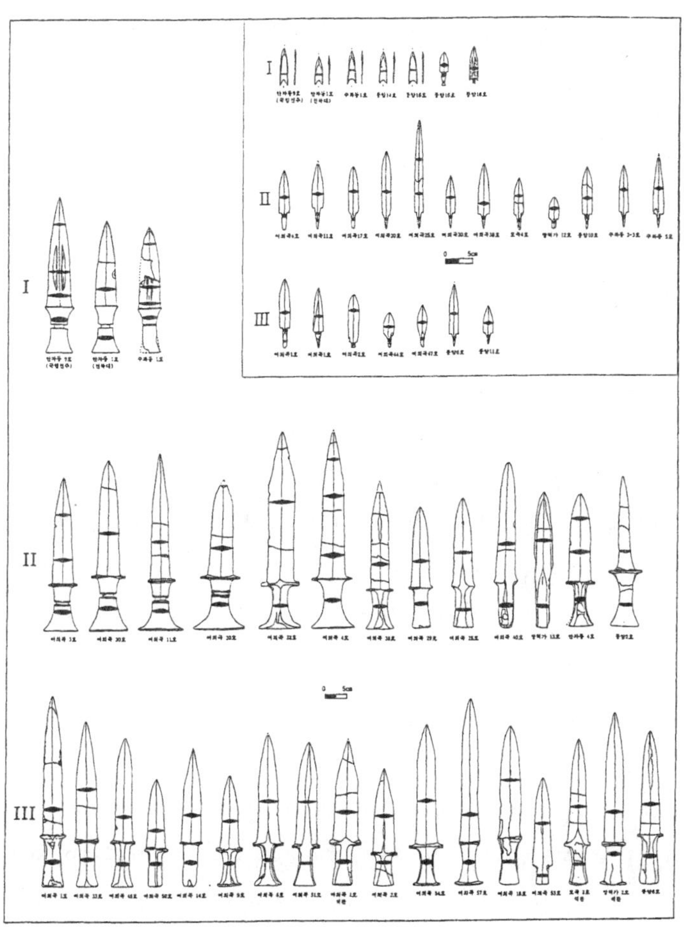

〈도면 8〉 진안 용담댐 수몰지구의 석검과 석촉 단계별 출토현황(김승옥 2003)

〈표 4〉 용담댐 지석묘의 형식분류(김승옥 2003)

| A형<br>(단독묘) | I 형<br>(방형계) | a형: 저분구형태의 묘역부를 갖춘 지석묘 |
| | | b형: 평탄한 묘역부를 갖춘 지석묘 |
| | II 형<br>(원형계) | a형: 제단시설이 부착되고 저분구형태의 묘역부를 갖춘 지석묘 |
| | | b형: 평탄한 묘역부를 갖춘 지석묘 |

| B형<br>(군집묘) | I형<br>(일자형연<br>접묘) | a형: 3기로 구성되고 저분구형태의 묘역부를 갖춘 방형계 지석묘열 |
| | | b형: 2기 이상으로 구성되고 평탄한 묘역부를 갖춘 방형계 지석묘열 |
| | | c형: 2기 이상으로 구성되고 평탄한 묘역부를 갖춘 방형과 원형의<br>지석묘열 |
| | II형(연접<br>부가묘) | 일자형연접묘에 연접하거나 근접하여 부가되는 방형과 원형의 지석묘 |
| | III형 | 석관묘·석개토광묘와 일렬로 배치되거나 근접하는 방형과 원형의<br>지석묘 |

상기한 내용은 다음과 같이 재정리해 볼 수 있다.

금강상류역의 안자천 일대에서 저분구형태의 묘역식 고인돌이 가장 이른 시기에 조성된 것으로 파악된다. 묘역시설은 단독형의 저분구형태(방형)→연접형의 적석시설형태(방형, 원형)→단독형부석시설(원형)→무시설형으로 변화한다. 묘역시설이 축소되고 형식적 형태로 변화함은 송국리형 묘제의 영향으로 생각되고, 역으로 고인돌의 영향으로 인해 송국리형 묘제에서는 부석형의 묘역시설이 확인되기도 한다. 묘실은 지하견고한 석곽형→지상과 지하의 석곽형, 석관형, 혼축형→지하에 엉성한 석곽형→송국리형묘제인 석관형, 토광형으로 변화한다.

금강하류역에서 형성·발전된 송국리형 문화가 기존의 고인돌문화지역으로 확산되면서 두 문화가 상호 혼합한다. 송국리형 문화의 영향으로 고인돌군에서 상석의 비율이 떨어지고 묘실위치가 지상에서 지하로 이동되며 뚜껑시설로 개석이 사용되는 무덤도 확인된다. 고인돌문화는 청동기시대 전기후반이나 후기 전반부터 송국리문화를 부분적으로 수용하여 주거지나 출토유물 등에서 송국리문화의 요소가 등장하며 이후 송국리문화와 결합단계를 거쳐 유적 전반적인 곳에서 과도기적 문화현상이 나타난다.[35]

---

35) 김승옥, 2003, 앞의 글, 5~46쪽 ; 김승옥, 2006, 「송국리문화의 지역권 설정과 확

〈표 5〉 청동기시대 전·후기 묘제의 구분

|  | 전기 | 후기 |
|---|---|---|
| 주요유물 | 가락동식·역삼동식·흔암리식토기, 이단병식석검, 이단경식·무경식 석촉, 채문토기 등 | 송국리식·검단리식토기, 일단병식석검, 일단경식석촉, 삼각형석도, 유구석부 등 |
| 군집도 | 단독 혹은 3~4기 정도의 소군집 | 열을 이루며, 군집성이 강함 |
| 묘광 | 얕은 묘광 | 깊은 묘광, 2단 토광 |
| 묘역 | 개별 묘역시설 | 연접묘역시설 |
| 유물부장풍습 | 劍, 鏃, 壺의 정형화된 유물부장 조합. 관외에 별도의 부장공간을 마련 | 전기에 비해 유물조합의 정형성이 떨어짐. 다양한 위치(관내 중앙, 관 상부나 주위)에 유물 부장. |
| 중심연대 | 기원전 10~7세기 | 기원전 6~4세기 |

## 2. 각 묘제의 특징과 편년

청동기시대 묘제의 유형으로는 지석묘, 석관묘, 토광묘, 주구묘, 옹관묘 등으로 구분된다. 이 가운데 주구묘를 제외하고는 모두 전기부터 후기까지 지속적으로 사용되고 있다. 주구묘는 청동기시대 전기에만 주로 축조된 것으로 보인다.

### 1) 支石墓

#### (1) 분포현황

1999년을 기준으로 한 우리나라 지석묘의 분포현황을 각 지역별로 살펴보면 다음과 같다.[36]

---

산과정」,『금강·송국리형 문화의 형성과 발전』, 호남·호서고고학회 합동 학술대회발표요지 ; 김진, 2007, 앞의 글, 332~338쪽.
36) 최몽룡 외, 1999,『한국 지석묘유적 종합조사·연구(Ⅱ)』, 문화재청·서울대학교

<표 6> 각 지역별 지석묘 분포현황

| | 강원도 | 경기도 | 충북 | 충남 | 전북 | 전남 | 경북 | 경남 | 제주도 | 북한 | 합계 |
|---|---|---|---|---|---|---|---|---|---|---|---|
| 유적 | 91 | 259 | 78 | 129 | 185 | 2,208 | 533 | 304 | 37 | · | 3,824 개소 |
| 유적 비율 | 2.4% | 6.8% | 2% | 3.4% | 4.8% | 57.7% | 13.9% | 8% | 1% | · | 100% |
| 유구 | 338 | 502 | 189 | 478 | 1,660 | 19,058 | 2,800 | 1,238 | 140 | 14,000 | 40,403기 |
| 유구 비율 | 1.1% | 1.8% | 0.6% | 1.7% | 6.2% | 73% | 10.6% | 4.6% | 0.4% | · | 100% |

분포현황에서 주목되는 것은 전남지방의 지석묘가 남한전체 지석묘 수의 73%라는 점이다. 전남 지방의 지석묘가 다른 지방에 비해 특이하게 많다는 점은 다음과 같은 몇 가지 관점에서 접근해 볼 수가 있다.

우선, 지석묘 축조단계에 전남지방이 다른 지역에 비해서 많은 사람이 거주하였을 가능성이 제기될 수 있다. 전남지역은 타 지역과 비교하여 인간이 거주하기에 양호한 자연 조건이기에 상대적으로 인구밀도가 높았을 것이다. 하지만 이러한 점은 전남지역의 지석묘 숫자가 다른 지역에 비해 너무나 월등하게 많기 때문에 부분적인 요소로만 간주되어야 할 것이다.

둘째, 지석묘가 비교적 장기간에 걸쳐 사용되었다는 점이 거론될 수 있을 것이다. 남한 지역의 지석묘 상한 연대는 최근에 기원전 10세기까지 소급되고 있다. 그런데 타지역에 비해 전남지역에서의 전기 지석묘나 주거지는 희소하고 송국리유형의 주거지와 무덤이 대부분을 차지하고 있으므로, 전남지방의 지석묘가 장기적으로 축조되었다는 점과 관련해서는 지석묘의 하한에 대해 살펴보는 것이 합리적이다. 즉, 전남지방의 청동기시대 묘제가 타지역에 비해 늦은 시기까지 사용되었을 가능성이 높다는 점

---

박물관 ; 윤호필, 2004, 「경남지역 고인돌과 보존현황」, 『아시아권에서의 문화유산 보존과 활용』(제1회 세계문화유산 국제심포지움), (재)동북아지석묘연구소, 213쪽.

이다.

전남지역 지석묘에서 위석식의 묘곽이 가장 늦은 단계라고 보고 있다.[37] 이와 관련하여 산간 내륙지대인 보성강유역에서 위석식이 다른 지역보다 상대적으로 많다는 것은 주목할 만하다.[38] 이와 같이 전남지방에서 지석묘가 집중된 동부지역에 가장 늦은 형식인 위석형이 많다는 것은 보성강유역을 비롯한 전남동부지역이 한반도에서 가장 늦게까지 지석묘가 축조되어 지석묘가 많다는 것을 뒷받침하고 있다.

셋째, 다른 지역에서 빈출되는 청동기시대의 석관묘나 토광묘·옹관묘가 전남지방에서는 매우 희소하다는 점에 비추어 보면 청동기시대에 전남지방에는 지석묘만이 주묘제로 사용되었을 가능성이 높다.[39] 예컨대, 금강유역이나 낙동강유역에는 송국리형 묘제인 석관묘, 옹관묘, 석개토광묘 등이 상대적으로 빈출된다.

전남지역에서 지석묘가 청동기시대의 주된 묘제로 사용된 이유는 한반도의 끝이어서 새로운 문화의 변화에 둔감하였다는 점과 더불어 폐쇄성이 오래 지속되었다는 점과도 무관하지 않을 것이다. 이는 삼국시대에 이르면 다른 지역에서는 청동기시대나 초기철기시대 이래의 甕棺墓가 다른 墓制의 부수적인 墓制로 전락하는데 비해, 전남지역에서는 옹관묘가 대형화될 정도로 한 墓制가 쉽게 바뀌지 않는 특성과도 궤를 같이 할 것이다. 같은 한반도의 남단이지만 청동기시대의 묘제로 지석묘 이외에 석관묘나 토광묘가 적지 않게 사용된 영남지방과는 차이점을 보이고 있다. 즉, 문화가 호서지역에서 영남지역으로 흐름은 어느 정도 확인되나 한반도 서남부 끝인 전남지역에는 그러한 양상이 미미하다는 점이다. 이는 지

---

37) 최몽룡, 1978, 「전남지방 지석묘 형식과 분류」, 『역사학보』78.
38) 이영문, 1993, 『전남지방 지석묘사회의 연구』, 한국교원대 박사학위논문, 130~131쪽.
39) 전남 서북부지역을 중심으로 한 영산강유역의 일부지역을 제외하고는 지석묘가 청동기시대의 지배적인 묘제인 점은 부인할 수 없다.

정학적으로 경남지방이 일본열도로 넘어가는 문화흐름의 통로역할을 한
데 비해, 전남지역은 그러한 배출구가 없었다는 점에서 한번 들어온 묘제
문화가 쉽게 바뀌지 않고 오랫동안 지속되는 특징을 나타낸다고 볼 수 있
다.

### (2) 형식분류

#### ① 외형적인 형태

지석묘의 외형적인 형태로 구분해 보면 탁자식과 기반식, 개석식, 위석
식 등으로 분류되는데, 이를 정리해 보면 다음과 같다.[40)

탁자식 지석묘는 요녕지방과 북한지역에 많이 보이는 형태이어서 북방
식이라고도 한다. 탁자식 중 초대형급의 지석묘는 요동반도와 대동강유
역에서만 나타나고 구릉이나 산중턱에 1기씩만이 있는 것이 특징이다. 탁
자식 지석묘는 남쪽으로 올수록 분포양상이 희박해지고 상석도 기반식과
같이 두터워지고 지석도 1m 이내로 매우 낮아지고 있다. 남한계선은 경
남 거창과 전남 영암 강진을 잇는 선이다.

대형의 기반식 지석묘는 호남과 영남에서만 보이고 뚜렷한 석실이 없
는 것이 대부분이다. 북한에서는 아직 알려져 있지 않은 형식이기에 남방
식 지석묘라 칭하고 있다. 대형의 기반식 지석묘는 산기슭이나 구릉상,
계곡끝 평지에서 1기씩만이 존재하는 것이 보통이나 지석묘 군집상에서
는 군집 중심부나 얼마간 떨어져 독립적인 위치에 있다. 거의 석실이 확
인되지 않기에 집단공공의 제단이나 기념물로 보고 있다. 여수 적량동이
나 창원 덕천리처럼 석실이 나타나는 경우는 위세품이 부장되기도 하여
지배자급의 무덤으로 파악된다. 길이 1~2m의 소형의 기반식 지석묘는 뚜
렷한 석실이 없어 위석형 석실로 보고 있다. 소형의 상석규모나 지석의

---

40) 이영문, 2007, 「한국지석묘의 특징」, 『아시아 거석문화와 고인돌』(제2회 아시아
권 문화유산(고인돌)국제심포지움), (재)동북아지석묘연구소, 33~37쪽.

배치 등은 일본 지석묘와 통한다.

굄돌이 없는 개석식 지석묘는 요동반도, 한반도, 일본 구주 등 널리 분포하고 있어 가장 보편적인 형식이다.

위석식 지석묘는 제주식이라 할 수 있는 독특한 구조이다. 석실이 지상에 노출되어 있는데 10여 매 내외의 판석이 상석의 가장자리를 따라 돌려져 세워진 형식이다. 상석의 평면형태와 유사하게 석실형태를 하고 있어 대개 타원형이나 방형에 가까운 석실형태가 특징이다. 장방형이 기본형태인 다른 지상 석실과는 큰 차이를 보이고 있다. 제주도 외에 전남·북과 중국 절강성지역에서도 유사한 석실구조가 발견되고 있다.

각 지역별로 지석묘의 형식별 비율에 대해 요약해 보면 다음과 같다. 강원지역에서는 강릉 난곡동 지석묘 2기만 기반식이고, 나머지는 대부분 탁자식과 개석식이다.[41] 경기도에서 형식분류가 가능한 고인돌은 583기로서, 개석식 430기(73.8%), 탁자식 144기(24.7%), 기반식 2기(0.3%)이며, 이 밖에 변형지석묘가 7기이다.[42] 호서지역은 개석식의 비율이 가장 높고, 탁자식 또한 적지 않은 수를 차지한다. 즉, 호서지역 지석묘 형식별 분포를 보면 탁자식 30기(6.5%), 기반식 161기(34.8%), 개석식 271기(58.7%) 등 462기(형식파악가능기수. 총 고인돌수는 814기)이다.[43] 한편, 전북지역에서는 탁자식 지석묘가 동부(장수, 진안)와 서부(고창, 익산)에서 모두 확인되는데, 전체 지석묘에서 1.1% 정도로 극소수이다. 기반식

---

41) 김권중, 2007, 「강원지역 청동기시대 묘제와 고인돌」, 『아시아 거석문화와 고인돌』(제2회 아시아권 문화유산(고인돌)국제심포지움), (재)동북아지석묘연구소, 272쪽.

42) 이형원, 2007, 「경기지역의 청동기시대 묘제와 고인돌」, 『아시아 거석문화와 고인돌』(제2회 아시아권 문화유산(고인돌)국제심포지움), (재)동북아지석묘연구소, 248쪽.

43) 박순발, 2004, 「충청지역의 고인돌과 보존현황」, 『아시아권에서의 문화유산(고인돌)보존과 활용』(제1회 세계문화유산(고인돌)국제심포지움), (재)동북아지석묘연구소, 155쪽.

지석묘는 익산을 제외한 전역에서 720기 정도로 전체의 58%이고, 전북 대부분지역에서는 개석식 지석묘가 발견된다(30%).[44] 경남지역에서 탁자 식 고인돌은 거창 내오리 지석묘만이 확인된다. 기반식 고인돌은 구릉의 정상부나 사면 등에 단독 혹은 몇 기씩 모여서 띄엄띄엄 분포하며, 개석 식고인돌은 경남에 가장 많이 분포하며 매장주체부의 형태도 가장 다양 하다.[45]

이와 같이 중부지방에서 남부지방으로 오면서 탁자식의 비율이 떨어지 고, 기반식의 비율이 높아지는 것을 알 수 있다.

한편, 영호남의 경우, 일정한 묘역시설을 갖춘 매장시설이 전기 청동기 늦은 시기부터 등장하는데 송국리유형이 등장하면서 증가한다. 최근 이 들 묘제를 구획묘[46] 혹은 묘역식 지석묘라는 명칭으로 일괄해 부르려는 움직임이 있다. 구획묘라는 개념은 매장주체부의 위치나 구조보다는 묘 역시설에 초점을 두어, 이를 갖춘 지석묘, 석관묘, 토광묘, 옹관묘 등을 포괄한다.[47] 특히, 경남 남해안 지역을 중심으로 거대한 묘역 지석묘가 분포하고 있어 주목되는데, 지역성과 계층성에 대한 정밀한 검토가 요구 된다.

묘역식 지석묘는 금강상류역, 섬진강과 보성강, 황강, 남강 그리고 전 남 일부지역에서 확인되는데, 남해안지역의 묘역식 지석묘는 금강 상류지 역과의 문화교류를 통한 문화적 접변현상으로 파생되었다고 보는 견해가

---

44) 김진, 2007, 「전북지역의 청동기시대 묘제와 고인돌」, 『아시아 거석문화와 고인 돌』(제2회 아시아권 문화유산(고인돌)국제심포지움), (재)동북아지석묘연구소, 329쪽.
45) 윤호필, 2004, 「경남지역의 고인돌과 보존현황」, 『아시아권에서의 문화유산(고인 돌)보존과 활용』(제1회 세계문화유산(고인돌)국제심포지움), (재)동북아지석묘연 구소, 221쪽.
46) 이상길, 2006, 「구획묘와 그 사회」, 『금강·송국리형 문화의 형성과 발전』, 2006년 호남·호서고고학회 합동학술대회.
47) 김장석, 앞의 글, 94쪽.

있다.[48]

② 墓室의 형태

묘실구조로 보면 石棺形, 石槨形, 圍石形, 土壙形 등으로 구분할 수 있으며, 그 내용을 요약해 보면 다음과 같다.[49]

석관형은 장방형의 묘실을 5cm 내외의 얇은 판석 수매로 짜 맞춘 형식으로, 각 벽석을 1매씩 한 것과 장벽석을 2매 또는 그 이상 판석을 잇대어진 것이 있다. 기본적으로 석관묘와 같은 구조를 가지고 있어 두 무덤 간에 친연성은 매우 높다. 규모는 보통 길이가 140~150cm, 너비가 40~50cm로 屈葬을 할 수 있는 공간이다. 지역적으로 유행도의 차이가 있다. 평안·황해도지방의 개석식 지석묘의 묘실 주류를 이루고 있으며, 한강유역과 전남 영산강유역, 전북 고창, 경북지방 등지에서도 상당수의 지석묘 묘실로 축조된다. 하지만 경남지방과 전남의 보성강유역, 전남남해안지역에서는 그 예가 드물다. 한강유역과 경북 낙동강유역에서는 유물이 부장되나 전북, 전남지방에서는 유물부장예가 드문 것이 특징이다.

석곽형은 할석이나 납작한 자연석 등으로 쌓아서 축조한 것이다. 이 형식은 크기가 석관형과 비슷한 것도 있지만, 대개 규모가 더 크다. 이 석곽형은 요동지역을 포함한 한반도 전역에서 발견되지만 보성강유역과 낙동강유역, 남해안지역에서 그 빈도수가 많다. 이 구조에서는 다른 묘실보다는 부장유물이 많이 발견된다. 특히 남해안과 보성강유역에서 청동기나 옥, 석검 등 신분을 상징할 수 있는 유물은 대부분 이 형태에서 출토된다.

위석형은 상석 밑에 자연석으로 된 支石이 둘려져 그 자체가 묘실을 겸한 형태이나 외형적으로는 支石이 上石을 고이고 있는 것처럼 보인다. 지석묘가 군집을 이룬 곳에서 1기씩만 보이고 있는 것은 상석 규모가 크

---

48) 김승옥, 2003, 「용담댐 무문토기시대 문화의 전개과정과 특징」, 『용담댐수몰지구의 고고학』, 제11회 호남고고학회 학술대회.

49) 이영문, 2007, 앞의 글, 37~38쪽.

지만, 여러 기가 발견된 곳은 소형 상석인 것에서 차이가 있다. 위석형 묘실에서는 부장유물이 매우 빈약하나 경북 안동 지례동에서는 상석 밑에 깐 시설물 위에 석검을 부장한 예도 있다.

토광형은 상석 밑에 아무런 묘실 흔적이 없는 형식이다. 토광형의 예로는 전남 순천 우산리 내우 19호를 들 수 있는데, 출토유물은 없다. 장방형의 토광형 묘실을 한 충남 부여 비당리에서는 석검이 바닥에 부장된 예도 있다.

### (3) 형식간의 선후관계

#### ① 외형적인 형태

일반적으로 탁자식이 먼저 나타나고 그것이 지하 석관묘와 결합되면서 기반식과 개석식이 형성되었다고 생각하여 왔다.[50] 이는 지석묘가 북쪽에서 남쪽으로 전파되었다는 설과 지석묘의 출토유물 중 탁자식에서는 석기류가, 개석식에서 청동기가 출토된 점을 들고 있다. 부언하면, 탁자식이 선행하였다고 보는 데는 요동지방의 탁자식 주변 혹은 석실 내에서 춘추시대 유물이 발견되고 있으며 개석식에서는 비교적 늦은 시기의 유물들이 출토하고 있다는 점이 논거로 제시되고 있다. 한반도 전역에서 기반식과 개석식의 지하묘실에서는 무문토기 중후기 유물들이 출토되고 있어 결국 지석묘의 마지막 형태는 개석식임을 입증하고 있다. 반면, 북한에서는 개석식 지석묘가 앞선 것으로 보고 있다.[51]

---

50) 대표적인 견해는 다음과 같다.
　　임병태, 1964, 「한국 지석묘의 형식 및 연대문제」, 『사총』9 ; 최몽룡, 1978, 「전남지방 소재 지석묘의 형식과 분류」, 『역사학보』78 ; 하문식, 1985, 「금강과 남한강유역의 고인돌문화의 비교 연구」, 『손보기박사정년기념 고고인류학논총』.
51) 임병태, 1995, 「후기 지석묘사회의 성격」, 『동아시아의 청동기문화-묘제와 주거-』(제4회 문화재연구국제학술대회 발표논문집), 문화재연구소, 8~9쪽 ; 이영문, 2002, 『한국 청동기시대 연구』, 주류성, 90쪽.

② 하부구조

지석묘의 매장주체부는 대개, 지하식에서 지상식으로, 석곽형에서 석관형으로 변하는 것으로 알려져 있다. 지석묘가 가장 밀집되고 조사가 많이 이루어진 전남지역의 경우를 검토해 보자.

전남지방 고인돌의 묘곽구조는 지하석곽형에서 지하 석관형이나 반지하 석관형, 지상 위석형으로 변하는 것으로 파악된다. 토광은 장방형에서 2단세장방형이나 세장방형으로 변해가는데 크기가 축소됨에 따라 묘곽은 석곽형에서 석관형으로 변해가며 묘역시설은 적석형에서 포석형이나 무묘역형으로 변화된다. 그리고 지석은 묘역시설이 간략화되면서 매장주체부를 보호하기 위해 그 형태가 뚜렷해지는 경향이 있다.[52]

### (4) 단계의 구분(도면 9 · 10)

전기 지석묘는 전기 주거지에서 확인되는 특징적 유물 즉 이중구연단사선문토기, 구순각목공열토기, 채문토기와 적색마연토기 등의 토기, 삼각만입과 이단경식 석촉과 이단병식 석검 등의 석기가 출토되는 무덤으로 일반적으로 설정하고 있다.[53] 대전 비래동과 신대동, 진안 안자동과 수좌동, 여의곡, 합천 저포 8호묘, 진주 이곡리 30호 지석묘 등의 예가 있다. 전기 지석묘는 거대한 개별묘역시설, 정형화된 유물의 부장풍습,[54] 단독 또는 독립되어 조성된 점 등이 특징이다.[55]

---

52) 조진선, 2004, 「전남지역 고인돌의 특징과 보존현황」, 『아시아권에서의 문화유산(고인돌)보존과 활용』(제1회 세계문화유산(고인돌)국제심포지움), (재)동북아지석묘연구소, 185쪽.
53) 이 중 적색마연토기와 공열토기는 송국리형문화단계까지 지속되는 유물이다.
54) 전기 묘제의 부장유물은 검, 촉, 호 즉 이단병식 석검, 삼각만입 또는 이단경촉, 적색마연호가 세트를 이루는 경우가 많다.
55) 이영문, 2006, 「송국리문화와 그 묘제」, 『송국리유적 조사 30년, 그 의의와 성과』(송국리유적 국제학술대회), 부여군 · 한국전통문화학교, 66~68쪽.

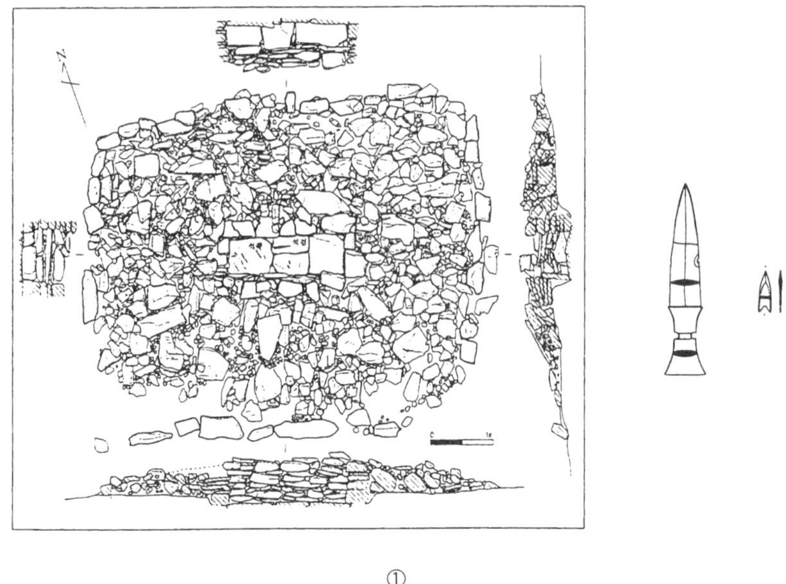

①

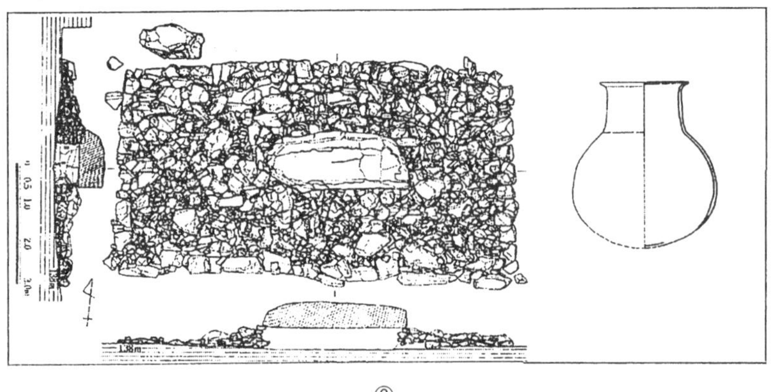

②

〈도면 9〉 청동기시대 전기 지석묘 및 출토유물
① 진안 안자동 1호(전북대)　② 합천 저포 E지구 5호

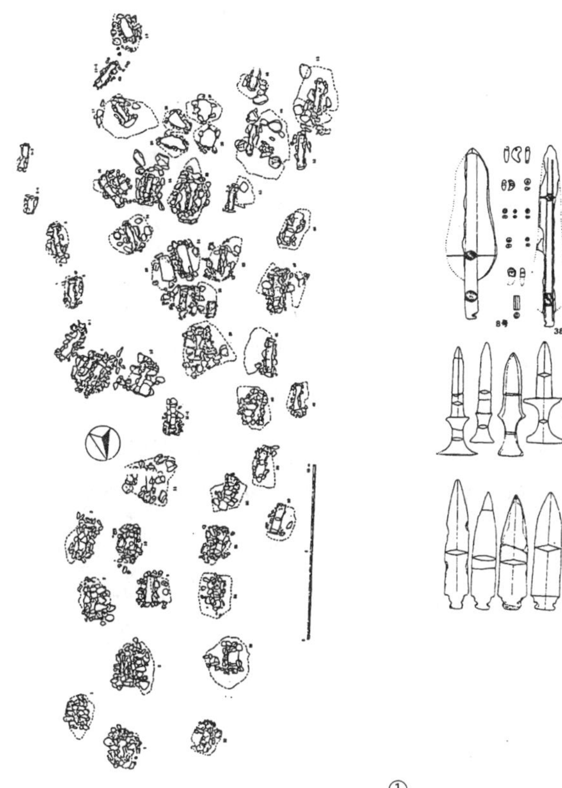

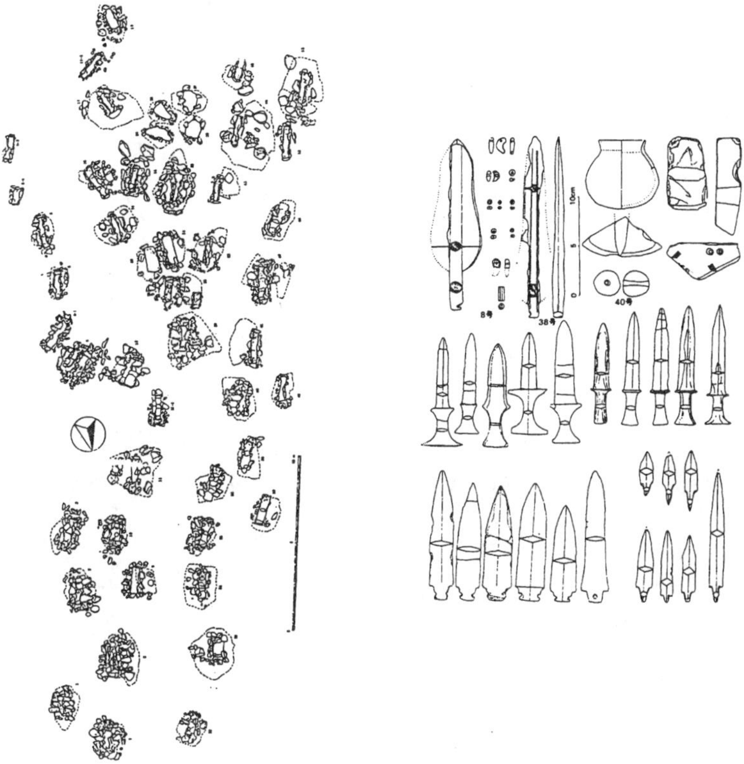

①

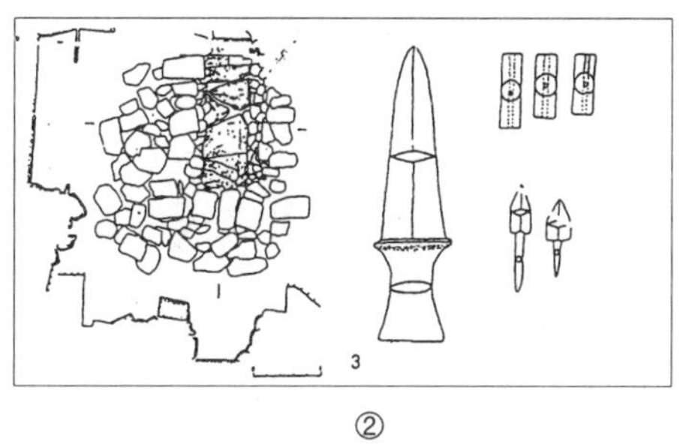

②

〈도면 10〉 청동기시대 후기 지석묘 및 출토유물
① 순천 우산리 내우(이영문 1993)   ② 진주 대평리 2호

초기단계의 지석묘는 특정 소수 계층의 묘제로 한정될 것으로 보이는데, 이는 후기 지석묘와 달리 군집성이 없고 규모가 크고 정연한 점 등으로 뒷받침된다.[56]

절대연대측정치 중에서 신빙성이 가장 높은 자료는 비래동 지석묘로서 기원전 10세기 이상 올라가는 연대이다. 이러한 연대를 근거로 최근에는 기원전 11~10세기경까지 지석묘 築造始點을 소급하고 있다.[57]

후기에 오면 지석묘들이 집단으로 조성되고 열상배치, 규모의 다양화 등으로 특징지어지기에 한국지석묘는 후기에 가장 발달된 형태로 나타난다고 할 수 있다.[58]

청동기시대 전기의 집단중심의 공동생활 양식이 송국리문화단계로 접어들면서 주거생활과 생업활동이 世帶별로 이루어지는 개별 생활양식으로 바뀌는 변화가 발생하는데 이러한 변화가 지석묘의 축조에 반영되어 나타난 것이 지석묘의 개별화이고 군집성을 가지는 배경이라고 할 수 있다. 매장시설의 기본구조는 전단계의 것과 비슷하나 묘역이 축소되고 규모가 작아지는 경향을 보인다.[59]

영남지방의 경우, 후기 후반부(송국리형 문화의 후반부)가 되면 지석묘는 일부 상위계층에 한해 이용되는 등 그 수가 현격히 줄어들고,[60] 남강유역에서는 석관묘가 집단성원의 묘로 성행한다. 석관묘·토광묘·석곽

---


56) 하인수, 2003, 「남강유역 무문토기시대의 묘제」, 『진주 남강유적과 고대일본』, 인제대학교 가야문화연구소, 209쪽.

57) 이영문, 2007, 「한국지석묘의 특징」, 『아시아 거석문화와 고인돌』(제2회 아시아권 문화유산국제심포지움), (재)동북아지석묘연구소, 46쪽.

58) 이영문, 2007, 앞의 글, 46쪽.

59) 하인수, 2003, 앞의 글, 212쪽.

60) 경남지역 지석묘의 경우, 후기로 갈수록 지하식 매장주체부는 더 깊게(창원 덕천리 1호), 지상식 매장주체부는 더 높이(마산 진동리 A1호) 축조되며, 유물의 부장도 관내에서 벗어나 다양한 위치에서 출토되고 있다(윤호필, 2007, 「경남지역의 청동기시대 묘제와 고인돌에 대한 토론문」, 『아시아 거석문화와 고인돌』(제2회 아시아권 문화유산(고인돌)국제심포지움), (재)동북아지석묘연구소, 411쪽.

묘 등이 양적으로 증가하면서 지석묘 주위에 배치되거나 단독으로 묘군을 형성하는 특징을 나타낸다.[61]

후기에 지석묘들이 집단으로 조성되면서 규모가 차별성을 보이는 것은 농경의 본격화에 따른 정착생활과 계층화의 진전이 가장 큰 요인일 것이다.


### 2) 石棺墓(도면 11-1, 12-1)

석관묘는 시베리아, 중국 동북지방, 한반도, 일본 등 넓은 지역에서 발견되지만, 주로 한반도 북부 이북지역에서 크게 유행한 북방계통의 무덤 형식이다. 석관묘의 형식은 매장주체부의 축조 석재에 따라 판석조와 할석조로 구분된다.[62] 남한에서는 진주 남강댐유역에서 200여 기의 석관묘가 조사되어 밀집분포상을 보인다.[63]

석관묘는 청동기시대 이른 시기부터 축조되기 시작하여 초기철기시대까지 지속된 것으로 보인다. 진주 옥방 8지구와 강원도 방내리·우두동 등지에서 전기 석관묘가 조사된 바가 있다.

전기 석관묘의 구조는 경남지방에서 잘 드러난다. 전기 석관묘는 부분 판석조 석관묘(대평리형 석관)와 상형 석관묘로 구분된다. 신석기시대이래의 토착 묘제는 토광묘이고 여기에 무문토기문화가 정착된 후 등장하게 된 석관묘가 확산되면서 부분 판석조 석관묘가 나타나게 된 것으로 추정된다. 관 한쪽 단벽 외측에 채문토기 부장양상은 동일하며,[64] 적색마연토기, 이단병식 석검, 무경식 석촉 등이 공반된다. 부분판석조 석관묘는 진주 옥방 8지구3·5호, 진주 신당리, 고성 교사리 1·2호묘 등이며, 판

---

61) 하인수, 2003, 앞의 글, 212~214쪽.
62) 이영문, 2002, 『한국 청동기시대 연구』, 주류성, 91~94쪽.
63) 하인수, 2003, 앞의 글, 198쪽.
64) 석관의 단벽과 묘광 사이에 부장공간 칸을 마련한 표자형 평면구조를 가지며 특히 채문토기를 관외 부장공간에 1~2점 매납하고 있다(하인수, 2003, 앞의 글, 200쪽).

석조의 상형 석관묘는 고성 두호리 2호, 옥방 8지구 7·15·16호 등에서
확인된다. 무덤의 배치 형태에 있어서는 단독으로 확인되거나 1기의 중심
무덤과 2~3기의 소아용 무덤군으로서 가족 묘지적인 성격을 띤다.[65]

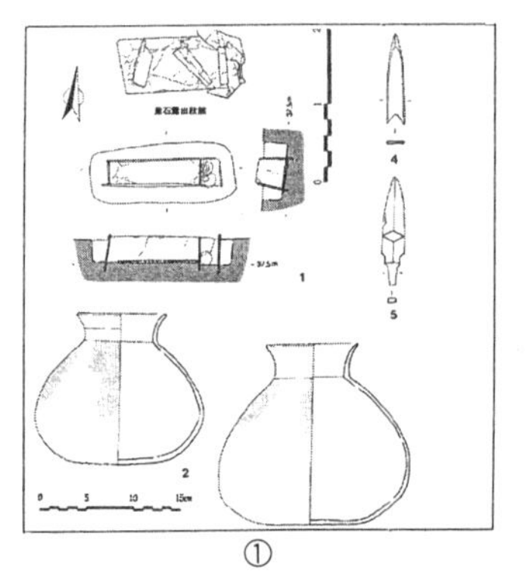
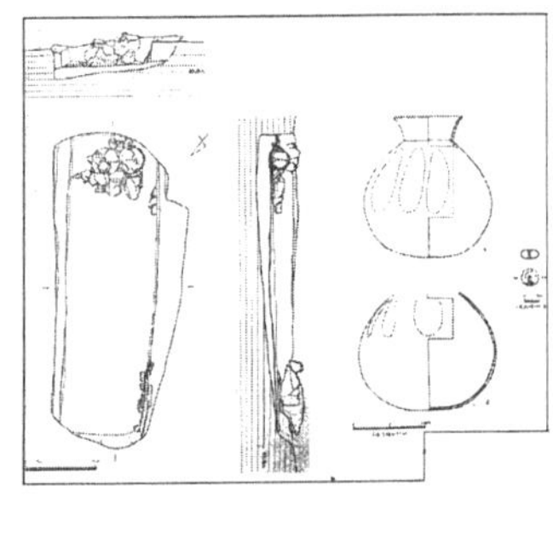

〈도면 11〉 청동기시대 전기 석관묘(1) 및 토광묘(2)
① 진주 옥방 8지구 15호　② 고성 두호리 1호

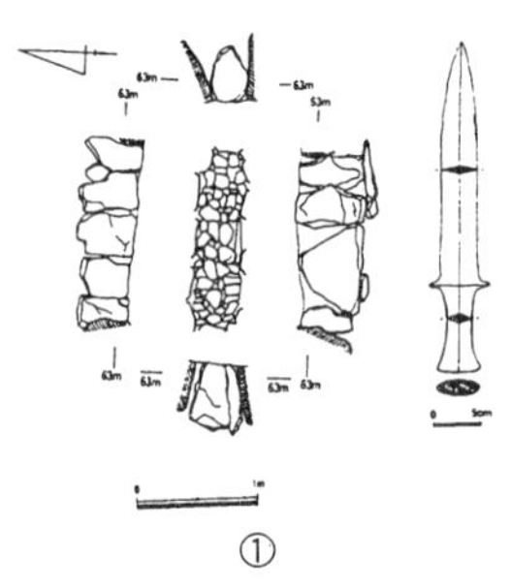
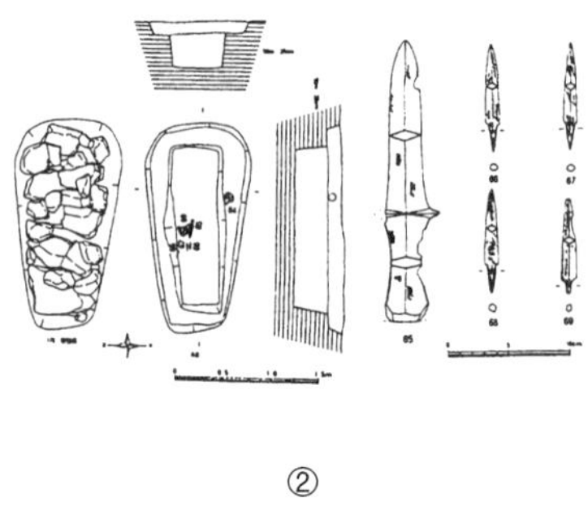

〈도면 12〉 청동기시대 후기 석관묘(1) 및 석개토광묘(2)
① 분강·저석리 1호　② 함안 오곡리 8호

---

65) 김현, 2005,『경남지역 무문토기시대 무덤에 대한 연구』, 부산대학교 석사학위논
문, 75쪽.

호남·호서·영남지방의 경우, 송국리형 문화 형성 이후 석관묘가 성행한다. 영남지방에서 후기의 석관묘는 완전 밀폐형의 장판석조 상형석관, 송국리형 석관,[66] 판석과 할석을 혼용해서 조립한 석관, 치밀하게 조립한 할석조 석축석관, 위석형 석축석관 등으로 다양화된다.[67]

후기단계의 석관묘는 개별보다는 군집된 양상을 보이는 경우가 많다. 그 예로는 서천 오석리, 보령 관산리, 공주 분강리, 부여 송국리, 함평 해보리, 보령 평라리, 논산 마전리, 완주 반교리, 진주 남강댐 수몰지구(진주 옥방 등) 등의 유적이다. 석관묘와 타 묘제가 공존하는 경우는 지석묘보다는 옹관묘·토광묘와 더 혼재되어 나타난다. 이러한 예로는 공주 분강리, 부여 송국리, 서천 오석리가 있는데 토광묘나 옹관묘보다는 그 중심적인 위치에 석관묘가 입지해 있다. 특히 송국리 석관묘에서는 청동기, 석검, 옥 등 위세품이 많아 수장급의 분묘로 파악된다. 석관묘는 지석묘와 상당히 유사한 문화적인 성격을 가지고 있어 지역을 달리하여 병존하거나 공존하면서 각 집단들에 의해 축조되었다. 지석묘와 공존 시에는 석관묘에 유물이 부장되지 않아 신분적 또는 가족 내의 서열이나 성별의 차이가 있었던 것으로 보인다.[68] 묘제가 동시기라고 가정하면 지석묘-석관묘-토광묘 순으로 신분이나 계층구조를 보인다.[69]

---

66) 전형적인 송국리형 석관묘는 길이 40~50cm 크기의 판석들을 네 벽을 따라 돌아가며 묘광 벽면에 종향으로 세워 조립한 상형석관이다.
67) 김현, 2005, 앞의 글, 81~82쪽.
68) 안성 만정리의 경우, 지석묘는 1기만 존재하는데, 그 주변에 4기의 석관묘가 부채꼴 형태로 지근거리에 분포한다. 지석묘가 중심적인 위치에 있고 석관묘는 주변에 작은 규모로 배치되는 형상이다(기전문화재연구원, 2005, 「안성 공도 택지개발사업지구내유적 발굴조사 4차 지도위원회의자료(2지점)」).
69) 이영문, 2002, 앞의 글, 91~94쪽.

3) 토광묘(도면 11-2, 12-2)

토광묘는 장방형이나 타원형의 묘광을 파고 그 위에 석개나 목개로 덮은 구조인데, 내부에 뚜렷한 매장주체시설이 보이지 않는 형태이다.[70]

전기 단계의 토광묘는 그 예가 희소한 만큼, 일정지역에 편재하지 않고 산발적으로 축조되고 있다. 묘광 내부에 돌을 충전한 형태로 놓여 있지만 돌의 노출양상이 엉성하여 정형성이 없다. 화천 용암리, 화성 동화리, 구미 월곡리, 왜관 낙산리, 칠곡 복성리, 울산 굴화리, 진주 이곡리, 광양 용강리 등의 예가 있다.

울산 굴화리 토광묘에서는 홍도 1점, 이단병식 마제석검 1점, 삼각만입촉 1점 등이 출토되었고,[71] 구미 월곡리 1호 토광묘에서는 이단병식 석검과 홍도 각 1점, 삼각만입촉 6점이 출토되었다. 진주 이곡리 토광묘에서는 삼각만입촉, 이단경식석촉, 채문토기 등이 출토되어 청동기시대 전기 후반 정도로 편년된 바 있다.[72] 화성 동화리 토광묘에서는 삼각만입촉 2점이 출토되었고 탄소연대가 기원전 10세기를 전후한 시기로 비정된다.[73]

한편, 송국리형 문화 단계의 후기 토광묘에서는 유물이 석촉, 무문토기편, 홍도편 등으로 지석묘나 석관묘에 비해 매우 빈약하고 종류도 단순하다. 토광묘가 타묘제와 공존하는 경우 그 주변적인 위치에 배치되는데, 공주 남산리 유적만 토광묘가 주를 이루고 있다.[74] 청동기시대 전기보다 후기에 들어 토광묘의 수가 증가한다.

---

70) 이영문, 2002, 앞의 글, 95쪽.
71) 중앙문화재연구원, 2006, 『울산 굴화리・율리 유적』.
72) 배덕환, 2008, 「진주 이곡리유적의 청동기시대 분묘에 대한 일고찰」, 『동아문화』 4호, (재)동아세아문화재연구원, 44쪽.
73) 기호문화재연구원, 2008, 『화성 동화리 유적』.
74) 이영문, 2002, 앞의 글, 95쪽.

토광묘는 묘광의 축조방법에 따라 단순토광형과 이단토광형으로 구분
된다. 이단토광형 구조는 공주 남산리, 전주 여의동, 부여 송국리, 완주
반교리, 보령 관당리, 논산 마전리 등 중서부지역에 주로 분포한다. 최근
낙동강하류역의 김해 화정, 함안 오곡리유적에서도 확인되는데, 이러한
토광묘가 이단묘광의 구조를 가지는 지석묘보다 이른 점으로 보아 이단
토광을 가지는 지석묘의 묘광구조는 토광묘의 영향을 받은 것으로 볼 수
있다. 영남지방의 이단 토광묘는 자생한 것이라기보다는 송국리형문화의
영향으로 출현하였을 가능성이 높다.[75]

금강유역에는 송국리형문화단계의 석개토광묘가 밀집하고 있어 주목된
다. 대표적인 유적으로는 부여 송국리, 공주 남산리, 논산 마전리, 완주
반교리, 서천 오석리, 보령 관창리, 보령 관당리, 진안 여의곡 등이다. 이
러한 유적의 토광묘는 대개 장방형의 묘광을 파고 묘광 상단에 판석재의
뚜껑돌을 덮는 석개토광묘일 확률이 높다.[76]

석개토광묘는 송국리문화와 관련하여 청동기시대 후기에 한반도 남부
에 특징적으로 나타나는 형태의 무덤으로 파악하는 것이 일반적인데, 사
천 이금동 51호묘에서 무경식 석촉, 이단경식석촉, 유경식 석검, 그리고
이른 시기로 편년되는 적색마연토기 등이 출토되어 석개토광묘가 무문토
기시대 전기부터 존재했음을 시사한다.[77]

보령 관산리 KM-408호 석개토광묘는 다른 묘제들과 떨어져 단독 입지
하며 삼각편평촉이 출토되고 있어[78] 점토대토기문화단계에도 지속적으
로 석개토광묘가 축조되고 있음을 알 수 있다.

---


75) 하인수, 2003, 앞의 글, 203~204쪽.
76) 김승옥, 2001, 「금강유역 송국리형 묘제의 연구」, 『한국고고학보』45집, 51~53쪽.
77) 김현, 2005, 앞의 글, 47쪽.
78) 손준호, 2007, 「호서지역 청동기시대 묘제와 고인돌」, 『아시아 거석문화와 고인
    돌』(제2회 아시아권 문화유산(고인돌)국제심포지움), (재)동북아지석묘연구소,
    304쪽.

### 4) 옹관묘(도면 13)

구연이 외반된 항아리형 토기의 옹관 저부에 구멍을 뚫고 납작한 돌로 덮은 것이 청동기시대 옹관묘의 특징이다.[79]

옹관묘의 묘광은 석관묘, (석개)토광묘와 마찬가지로 일단과 이단으로 이루어졌을 가능성이 있지만, 현재까지의 조사성과로 볼 때 옹관묘의 묘광은 대부분 이단으로 축조되었던 것으로 보인다.[80]

옹관의 안치에 따라 直置, 斜置로 구분된다. 직치 옹관은 수직으로 세우고 개석을 덮은 것으로 대부분의 청동기시대 옹관이 이에 해당된다. 곡성 연화리, 익산 석천리, 무형리, 부여 송국리, 공주 남산리, 공주 송학리, 거창 대야리 등에서 발굴되었지만 금강유역에 집중되어 있다. 사치 옹관은 70° 정도 비스듬히 안치하고 개석을 덮은 것으로 부여 송국리 52지구 옹관과 공주 남산리 옹관이 있다. 유아나 소아의 무덤으로 사용된 옹관은 일상생활용기를 그대로 사용하고 있다. 토기 형태로 보아 송국리형 토기가 주를 이루고 있어 송국리문화와 매우 밀접한 관계가 있는 것으로 파악되고 있지만 익산 석천리의 경우, 직립구연에 口脣刻目된 토기는 청동기시대 전기의 무문토기에 속하여 송국리형 토기보다는 이른 시기로 편년되기에 전기부터 옹관이 무덤으로 사용되었다고 생각된다.[81]

이와 같이, 청동기시대의 옹관묘는 계통적으로 신석기시대와 연결되고 있음을 알 수 있다.

---

79) 이건무·신광섭, 1994, 「익산 석천리 옹관묘에 대하여」, 『고고학지』제6집 ; 이현숙, 1999, 「송국리형 옹관의 검토」, 『역사와 역사교육』3·4호, 웅진사학회.
80) 김승옥, 2001, 앞의 글, 52~54쪽.
81) 김승옥, 2001, 앞의 글, 52~54쪽 ; 이영문, 2002, 『한국 청동기시대 연구』, 주류성, 96~98쪽.

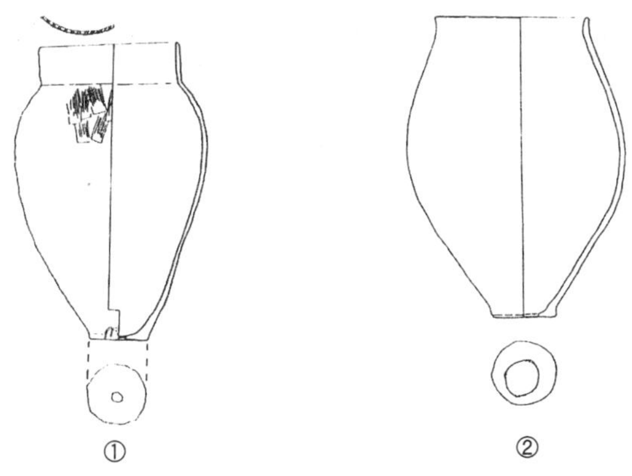

〈도면 13〉 청동기시대 전기(1) 및 후기 옹관묘(2)
① 익산 석천리 2호    ② 공주 남산리 3호

## 5) 周溝墓(도면 14)

청동기시대 주구묘는 매장주체분 주위에 일종의 묘역시설로서 방형계통이나 원형계통의 주구를 두른 묘제로 최근에 와서야 알려졌다. 연구성과가 일천한데, 주요내용을 요약해 보면 다음과 같다.[82]

국내에서 현재까지 주구묘로 파악되는 것은 11개 유적에서 37기 정도이다. 4개 지역군으로 구분되는데, 강원 영서지역에서 가장 많은 2개 유적 25기가 확인되었고, 영남동남부지역 4개 유적, 영남서남부지역 3개 유적, 호서지역 2개 유적으로 각각 1~3기씩의 주구묘가 조사되었다.

가장 밀집되어 나타난 강원 영서지역의 경우, 주구의 규모와 형태에서는 소형의 방형에서 대형의 세장방형으로 변화한다. 결국 1인 매장의 개인묘에서 혈연을 기반으로 하는 가족묘 내지 집단묘역화로 진전된다.

---

82) 김권중, 2008, 「청동기시대 주구묘의 검토」, 『청동기시대 주구묘 및 구획묘 검토』, 청동기학회 묘제분과 워크숍.

주구내의 매장주체부는 상형석관, 석축형 석관, 석개토광, 토광 등으로 다양하다.[83] 출토유물은 채문토기, 적색마연토기, 공렬토기 등의 토기류, 석촉, 석검, 석도, 환상석부, 비파형동검, 옥 등이다. 이단병식 석검, 채문토기, 무경·이단경식 석촉 등의 유물양상을 보면, 대부분 전기의 늦은 단계에 한정된다. 진주 옥방 8지구의 절대연대는 기원전 8~6세기대로 추정되고 있다.

한편, 강원 영서지역 주구묘는 3단계로 구분되는데, 2단계인 춘천 천전리 유적 5호 주구묘의 절대연대는 기원전 8~7세기대이다. 천전리 주구묘는 천전리 지석묘군과 묘역을 달리하고 있다. 천전리에서는 세장방형 주거지를 파괴하고 방형계통의 주거지가 설치된 것이 확인되는데, 세장방형 주거지에서 출토된 유물과 주구묘에서 출토된 유물이 동일하고, 천전리 지석묘군에서 출토된 유물과 방형주거지 출토 유물이 동일하여 주목된다.[84] 따라서 주구묘가 가장 밀집된 강원 영서지역의 경우, 주구묘 단계 이후에 지석묘가 축조됨을 알 수 있다.

주구의 형태는 세장방형(옥방8지구, 사천 이금동, 춘천 천전리, 서천 오석리), 원형(옥방8지구), 방형(천전리), 일주하지 않고 한쪽만 감싼 것(이금동, 운전리) 등의 4종류인데, 이것이 일정한 묘역을 구획하는 의미가 있다면 부석을 간 묘역의 초기형태일 가능성도 있다.[85]

---

83) 청동기시대 주구묘의 매장주체부가 석관이나 토광이라는 점에서, 청동기시대 전기의 석관묘와 토광묘에 외부 묘역 시설(周溝)이 강조된 것이 주구묘로 변형되었을 가능성이 있다. 향후 조사와 연구성과를 기대해 본다.

84) 김권중, 2007, 「강원지역 청동기시대 묘제와 고인돌」, 『아시아 거석문화와 고인돌』, (제2회 아시아권 문화유산국제심포지움), 동북아지석묘연구소, 280쪽.

85) 배진성, 2007, 『무문토기문화의 성립과 계층사회』, 193쪽.

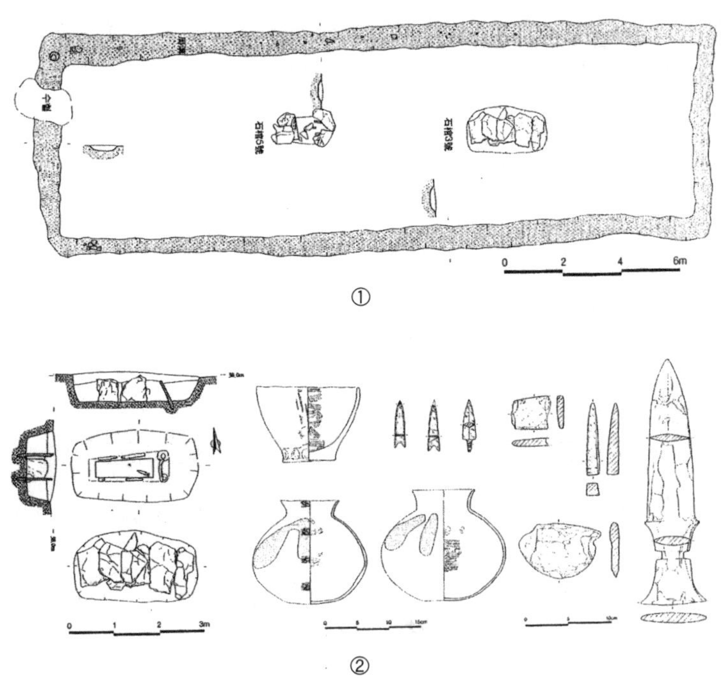

〈도면 14〉 청동기시대 전기 주구묘(김권중 2008)

① 진주 옥방 8지구 3·5호묘    ② 진주 옥방 8지구 3호묘와 출토유물

# Ⅳ. 초기철기시대

　　초기철기시대는 대체로 기원전 300년경부터 기원전 100년경 燕나라의
영향으로 주조철기가 보급되는 단계까지로 한정하고, 그 이후 기원후 300
년경까지 한군현의 영향으로 단조철기가 대량 보급되는 단계를 원삼국시
대라고 규정하는 견해가 최근 제시된 바 있다.[86] 하지만, 이러한 초기철

기시대의 편년관은 한반도 북부지역까지 확대하여 적극적으로 해석했을 때 적용할 수 있다는[87] 한계점이 있다. 예컨대, 남부지역에서는 기원전 2~1세기가 되어서야 철기시대로 접어든다. 따라서 본고에서는 종래 견해[88]와 같이 기원전 300년경부터 기원 전후시기까지로 하여 초기철기시대 묘제를 살펴보기로 한다.

초기철기시대의 대표적인 묘제로는 적석목관묘와 토광(목관)묘를 들 수 있는데, 늦어도 기원전 3세기대에 등장한다. 청동기시대부터 사용되던 지석묘도 지역적으로 잔존하고 있는데 하한시기는 기원전 3~2세기대로 볼 수 있다. 그리고 기원전 2세기 이후로는 옹관묘와 주구묘도 확인된다. 이 가운데 주구묘는 한반도 서남부지역의 馬韓 故地에서 주로 출토되는 지역성이 있다.


## 1. 적석목관묘와 토광(목관)묘(도면 15~17)


초기철기시대의 적석목관묘와 토광(목관)묘는 시기차라기보다는 계층차를 의미하는 것으로 파악된다.

충남지역의 대전 노은동과 궁동, 금산 수당리 유적 등의 단면원형점토대토기 토광묘 또는 토광위석묘들의 특징은 규모가 작고, 묘광의 깊이가 얕다는 것이다. 이들 유적에서의 출토유물은 점토대토기와 흑색마연토기

---

86) 이청규, 2007, 「초기철기시대」, 『한국 고고학 강의』, 사회평론, 108쪽.
87) 한반도에서 초기철기시대의 시작은 북부지역의 경우 기원전 4~3세기경, 남부지역의 경우 기원전 2~1세기경으로 볼 수 있다(최성락, 2000, 「호남지역의 철기시대」, 『호남지역의 철기문화』, 제8회 호남고고학회 학술대회발표요지).
88) 한반도의 초기철기문화는 고고학적으로 세형동검, 점토대토기, 철기 등의 일련의 새로운 물질문화들을 표식으로 하고 있으며, 그 존속 시기는 대략 기원전 300~0으로 제시된 바 있다(김원룡, 1986, 『한국고고학개설』, 일지사).

에 불과하다. 이 무렵의 대전 괴정동, 아산 남성리, 부여 연화리, 함평 초포리, 화순 대곡리 등 적석목관위석묘 또는 적석목관묘는 깊이가 깊으면서 묘광 내에 돌을 채우고 상부에도 적석을 하고 있다. 여기에서는 동검, 동모 등의 무기류 외에 동경, 동령 등을 비롯한 각종 청동의기가 다량으로 출토되어 피장자의 위상이 전자와 달랐음을 보여준다.[89] 요컨대, 적석의 유무와 묘광의 규모·깊이는 피장자의 계층차를 반영한다고 하겠다.

적석목관묘는 매장주체시설이 목관일 가능성이 많아 붙여진 명칭이다. 적석목관묘는 할석으로 벽석을 축조한 석관묘의 한 유형 즉 석곽묘로 분류되기도 하지만, 벽석이 정연하지 못하여 내부의 공간이 매우 좁고 석개와 같은 뚜껑이 보이지 않는 점에서 목관의 주위와 위를 할석으로 채운 것으로 상정한 분묘 유형이다. 이 분묘는 토광을 깊게 판 후 할석으로 4벽을 만든 것이지만, 벽석이 불규칙하여 원래 토광과 목관 사이를 메꾼 할석으로 추정되고 바닥에서 목질과 목판 흔적이 확인되어 관과 뚜껑을 나무로 만들었을 가능성이 많고 목관 또는 나무뚜껑 위에 적석하였을 것으로 추정한다. 지하 2m 정도의 깊이에서 바닥이 확인되는 묘광의 규모가 길이 2m 이상이고 폭 0.7~0.9m로 큰 점이 적석목관묘의 특징이다. 이런 무덤에서는 세형동검을 표지로 하는 무기류와 검파형동기, 방패형동기, 자팔형동기, 동령구 등 청동의기가 공반되는 특징이 있다. 부장방법을 잘 알 수 있는 함평 초포리의 경우 관 내부에서는 동검, 동경, 곡옥만이 출토되고, 무기류, 공구류, 동령구와 같은 의기류 등은 묘광의 상부 혹은 묘광과 벽석 사이에서 출토되었다. 아산 남성리의 경우 점토대토기가 관 상부에 부장품으로 매납되었다. 이와 같은 부장 양상은 경주 조양동이나 창원 다호리의 목관묘에서도 확인된다.[90]

---

89) 박순발, 2002, 「점토대토기 부장 토광위석묘에 대하여」, 『금산 수당리유적』, 충남대학교 백제연구소, 82~83쪽.
90) 이영문, 2002, 『한국 청동기시대 연구』, 주류성, 98~99쪽.

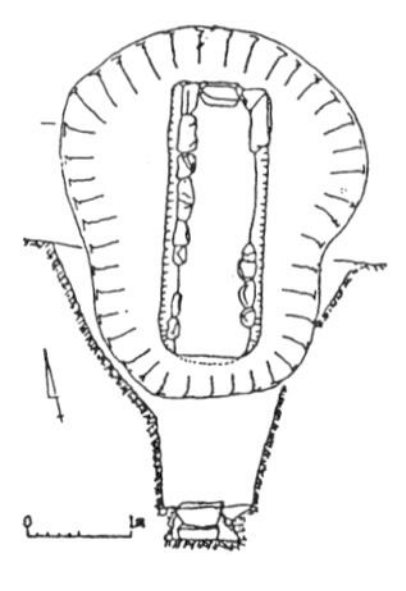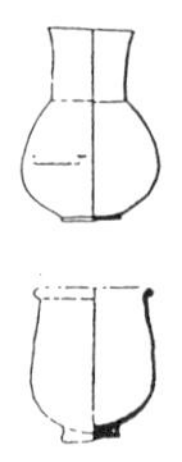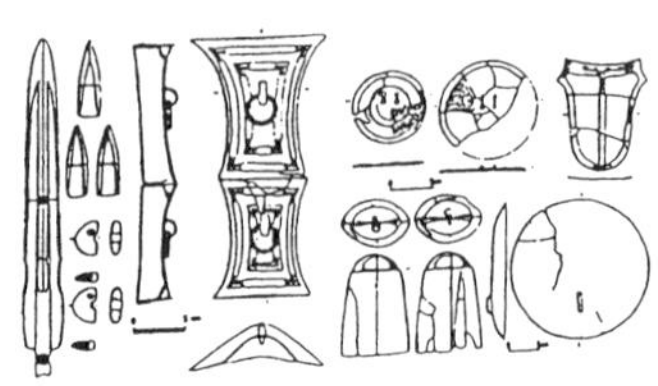

①

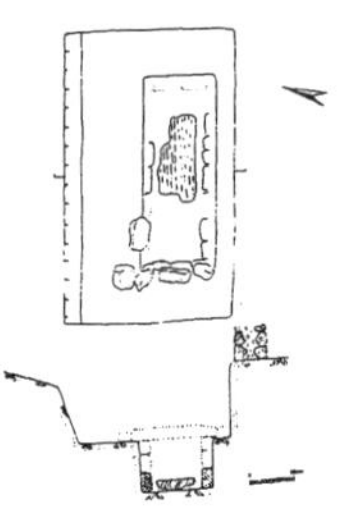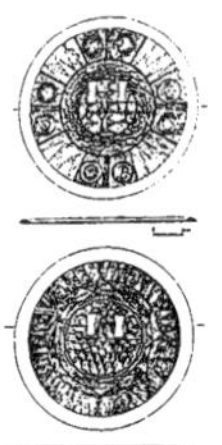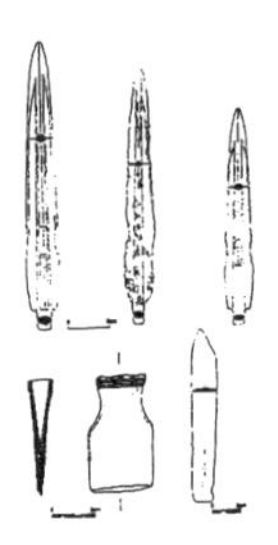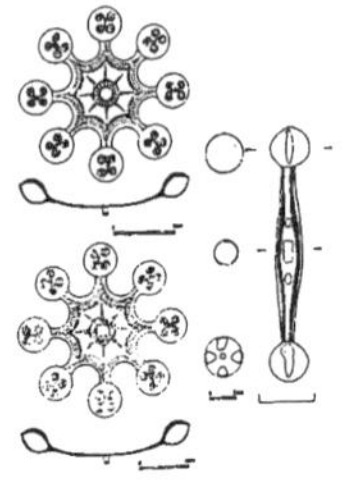

②

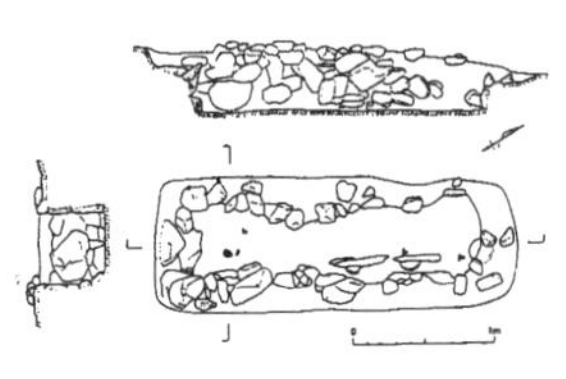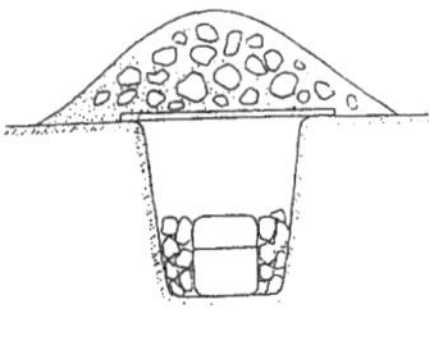

③

〈도면 15〉 초기철기시대 적석목관묘와 출토유물(Ⅰ~Ⅱ)
① 대전 괴정동(Ⅰ단계)　② 화순 대곡리(Ⅱ단계)
③ 함평 초포리 적석목관묘 및 추정 복원도(Ⅱ단계)

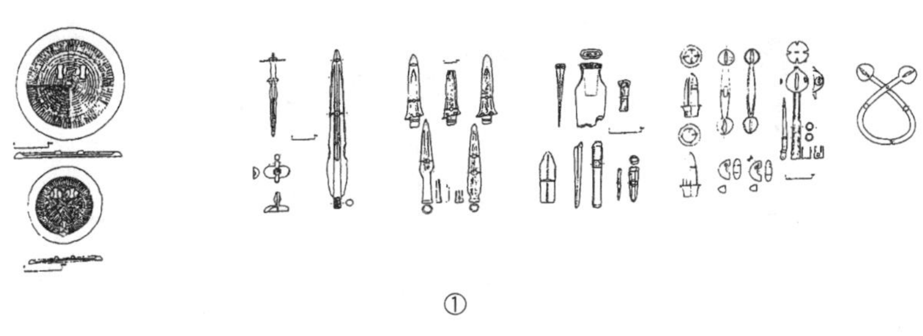

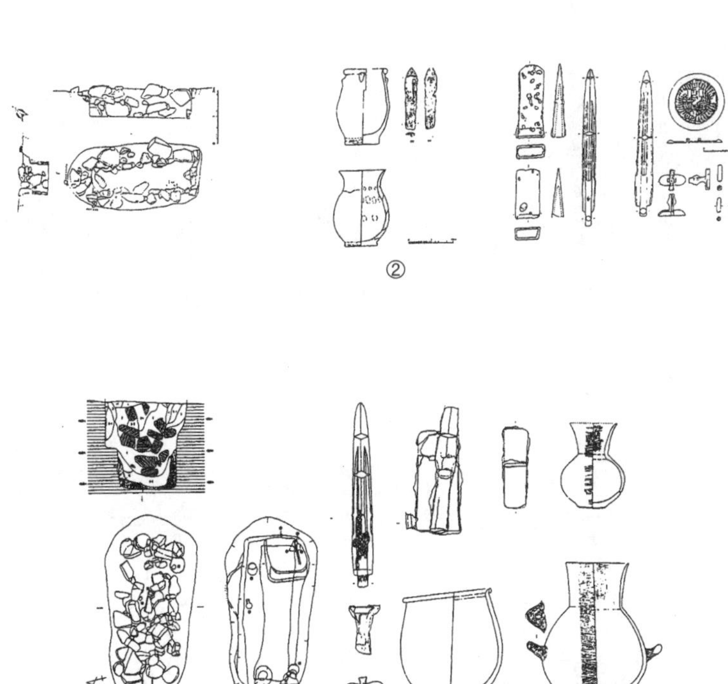

〈도면 16〉 초기철기시대 적석목관묘와 출토유물(Ⅱ~Ⅳ)

① 함평 초포리(Ⅱ단계)   ② 장수 남양리 2호(Ⅲ단계)   ③ 대구 팔달동 45호(Ⅳ단계)

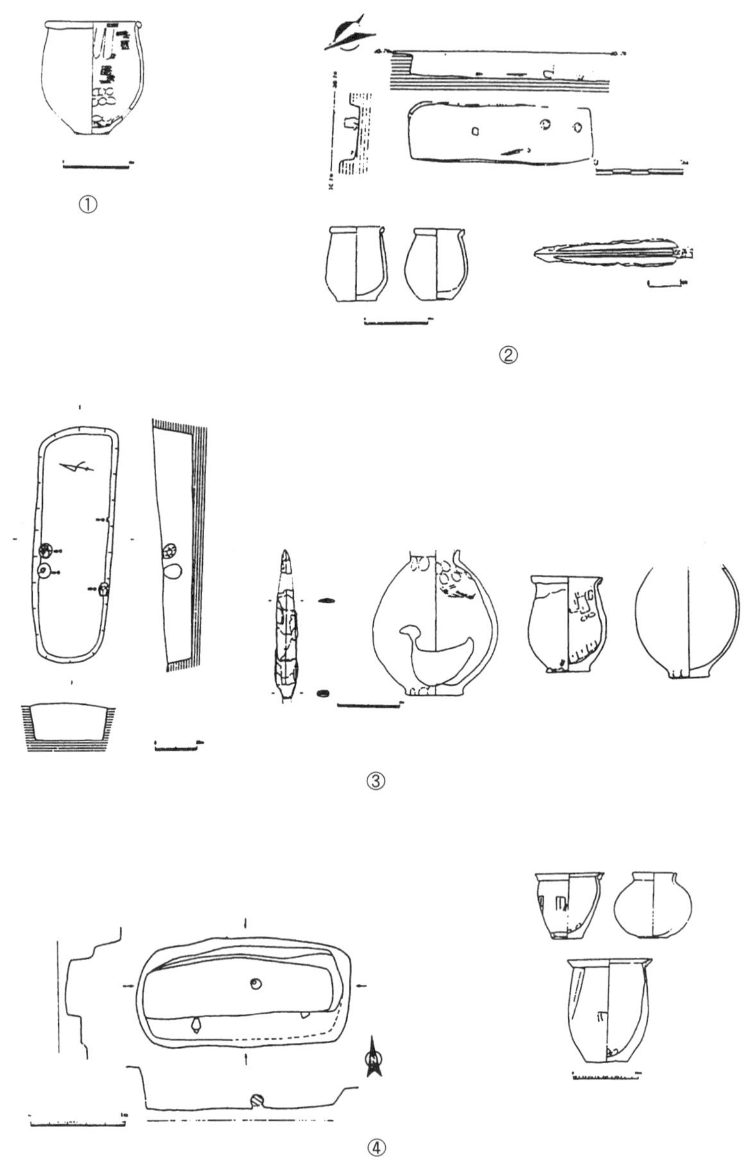

〈도면 17〉 호남지방 초기철기시대 토광묘와 출토유물

① 영광 군동 B지구 4호　② 익산 신동리 1호　③ 영광 군동 B지구 3호　④ 순천 용당동

금강유역에는 늦어도 기원전 3세기경에 세형동검관련 적석목관묘 집단이 등장한다.[91] 이들 무덤에는 세형동검을 비롯하여 중국 요녕성 지역에서 보이는 청동의기(검파형동기, 방패형동기, 자팔형동기, 동령구 등)와 조문경이 부장되어 있어 요령성지역과의 관계가 주목되어 왔다. 대전 괴정동, 예산 동서리, 부여 남성리 무덤 등이 대표적인 예이며, 國의 최고 지배자급 무덤으로 파악된다.[92]

적석목관묘의 기원은 尹家村 12호 무덤과 같은 요녕지역의 돌돌림무덤(土壙圍石墓)과 관련이 있으며, 한반도지역에 등장하는 계기는 대체로 고조선과 戰國 燕의 충돌에 따른 요녕지역 점토대토기문화의 파급 그리고 세형동검의 등장과 궤를 같이 한다.[93]

한국식동검문화기 II 기에 속하는 화순 대곡리와 함평 초포리 적석목관묘에서는 細文鏡과 細形銅劍, 有肩銅斧, 靑銅鈴, 天河石製 飾玉 등이 출토되었다.[94] 편년상으로는 기원전 3세기~2세기 초·전반경이다. 화순 대곡리 적석목관묘는 묘곽의 상면에 판상의 석재가 있는 것으로 보아 그것이 없는 초포리보다 이른 시기로 보인다. 석개는 청동기시대의 지석묘나 석관묘의 잔존 형태이므로, 같은 적석목관묘이지만 석개한 적석목관묘가 이른 양식이다. 이는 유물조합상에서도 뒷받침된다. 초포리유적에서는 동령류 중 팔주령이 소멸하고 간두령이 잔존하는 단계로서 대곡리유적보다는 늦은 시기이다.[95]

---

91) 세형동검이 처음 나타나는 괴정동 단계를 기원전 4세기대로 보는 견해도 있다(박진일, 2007, 「점토대토기, 그리고 청동기시대와 초기철기시대」, 『한국청동기학보』 1호).

92) 이청규, 1997, 「성립단계의 마한의 모습」, 『삼한의 역사와 문화-마한편-』, 자유지성사, 76쪽.

93) 박순발, 1993, 「우리나라 초기철기시대문화의 전개과정에 대한 약간의 고찰」, 『고고미술사론』3, 충북대학교 고고미술사학과.

94) 이건무, 1999, 「호남지역의 청동기문화」, 『호남지역의 청동기문화』(제7회 호남고고학회 학술대회 발표요지).

기원전 2세기대로 편년되는 장수 남양리와 부여 합송리, 당진 소소리 유적도 적석목관묘이지만 규모가 상대적으로 작고 주조철부·철착·유리제 관옥 외에 세형동검 등의 청동기와 점토대토기·흑도장경호 등과 공반되고 있어 시기적인 차이를 보여준다.[96] 이들 주조철부는 위만조선단계의 단조철기보다는 시기적으로 선행하는 것이다. 주조철부와 관련된 고조선의 準王 南來지역은 충남, 전북일대로 비정된다.[97]

장수 남양리 유적의 편년에 있어서는, 철기문화 등장의 직접적인 동인으로 고조선 준왕의 남천(기원전 195~180년)을 상정할 수 있어 기원전 2세기 초를 제외한 2세기 전반으로 편년하고 있다.[98] 앞 단계인 대곡리나 초포리에서는 의기화된 청동기로서 동령이나 간두령이 부장되지만 남양리나 신동리에서는 이러한 유물이 보이지 않는다. 그리고 초포리나 대곡리에서 보이는 동부나 동사 대신에 남양리와 신동리에서는 철부나 철사로 부장양상이 변화된다.[99]

한편, 積石木棺墓의 세부 구조를 보면 상이한 양상들이 관찰된다.

적석목관묘의 토광 깊이와 段을 살펴보면, 대곡리가 이단토광이어서 전북지역의 여의동 석개토광묘나 호서지역의 이른 시기의 적석목관묘인 대전 괴정동 유적과 관련지어진다. 대곡리 다음 단계의 초포리와 남양리는 1단토광으로 변화한다. 그리고 토광의 깊이는 이른 시기인 대곡리유적이 130cm에 달하여 비교적 깊고, 상대적으로 늦은 초포리와 남양리는 50~60cm에 불과하다. 초포리와 남양리 단계에는 깊이가 얕아짐으로써 이단

---


95) 이건무, 1992, 「한국 청동의기의 연구-이형동기를 중심으로」, 『한국고고학보』28.

96) 이영문, 2002, 『한국 청동기시대 연구』, 주류성, 98~99쪽.

97) 박순발, 1998, 「전기 마한의 시·공간적 위치에 대하여」, 『마한사 연구』, 충남대학교 출판부, 17~23쪽.

98) 박진일, 2000, 『원형점토대토기문화연구－호서 및 호남지방을 중심으로』, 부산대 석사학위논문.

99) 최완규, 2000, 「호남지방의 분묘유형과 그 전개」, 『호남지방의 철기문화』, 제8회 호남고고학회 학술대회.

토광이 아니라 거의 수직에 가깝게 굴광하고 있다.

목관의 구조는 명확치 않다. 다만, 화순 대곡리유적유적의 목관은 통나무관으로 밝혀졌는데, 이러한 통나무관은 남부지역 다호리유적같은 원삼국시대 초기의 목관묘에서도 확인된다.[100] 매장주체부의 뚜껑시설을 보면 대곡리유적이 판석형의 개석이 상정되기에 여의동 석개토광묘나 다송리 적석석곽묘와 연결된다. 아울러 청동기시대 이래의 지석묘나 석관묘의 石蓋와도 관련되어, 전남지방의 이른 시기의 적석목관묘는 재지적인 무덤양식이 어느 정도 가미되었음을 의미한다. 이는 호서지방의 이른 시기의 대전 괴정동 적석목관묘와는 상이한 것이다. 그리고 목관 외부의 벽석을 보면 상대적으로 이른 대곡리유적의 경우가 초포리나 남양리에 비해 좀 더 정연하여 전 시기의 석관묘나 지석묘의 영향이 잔존하였던 것으로 보인다. 한편 초포리나 남양리 단계에는 石蓋가 없이 木棺이나 木蓋 시설로 판단된다. 이와 같이 石蓋가 퇴화되는 것은 토광묘의 파급과 무관하지 않을 것이다. 적석목관묘는 대개 낮은 구릉에 입지하고 있지만, 상대적으로 늦은 시기로 비정되는 장수 남양리 유적은 강변의 넓은 평야지대에 자리하고 있다.

영남지방에서는 호서·호남지역에 비해 적석목관묘가 늦게 나타난다. 하지만, 적석목관묘와 목관묘의 계기적인 변천은 영남지방에서 잘 드러난다.

대구 경북지방 목관묘의 변화는 후기무문토기단계(Ⅰ단계)와 와질토기단계(Ⅱ단계)로 크게 구분된다.[101]

Ⅰ단계는 적석목관묘와 일반 목관묘가 공반하고 흑도장경호, 두형고배, 점토대옹 등의 후기무문토기가 주류를 이룬다. 묘광은 깊고 말각장방형을 이루고 군집을 형성한다. 이 단계는 중서부·호남지방의 적석목관묘

---

100) 이건무, 1999, 앞의 글.
101) 박승규, 2000, 「대구·경북지방의 목관묘 자료소개」, 『고고학으로 본 변·진한과 왜』(영남고고학회·구주고고학회 제4회 합동고고학대회), 267~269쪽.

다음 단계로서 동령 등의 의기성 청동유물이 사라지고 동검·동과·동모의 청동유물이 철기류와 함께 부장된다. 이 단계의 연대는 기원전 2세기 후반-기원전 1세기 후반에 해당하며 경주 조양동 5호묘와 대구 팔달동유적의 적석목관묘 자료가 해당된다. 이 단계의 전단계 적석목관묘유적으로는 유구가 확인되지는 않았지만 동령·간두령의 의기성 청동유물이 출토된 점으로 보아 경주 죽동리·입실리유적, 대구 신천동 유적의 일부[102]가 해당될 것이다.

Ⅱ단계는 전형적인 적석목관묘가 사라지고 후기로 갈수록 묘광이 얕아지고 대형화를 이루어 목곽묘적인 양상을 보인다. 부장유물은 무문토기가 일부 공반되지만 조합식우각형파수부호, 주머니호 등의 와질토기가 주를 이루게 되는 소위 고식와질토기가 해당되며 한식동경과 방제경 등의 청동유물이 수장급의 묘에 부장되는 양상을 보인다. 이 단계는 기원전 1세기 후반부터 기원후 2세기 전반까지 전개되며, 창원 다호리 1호, 경주 조양동 38호, 경주 사라리 130호묘가 대표적인 예이다.

한편, 호남지역에서 조사된 토광(목관)묘로는 익산 신동리 2기, 순천 용당동 1기, 영광 군동 2기, 익산 평장리 1기 등이 있다. 목관의 존재여부는 논란의 여지가 있지만, 영광 군동 3호 토광묘의 경우 유물이 토광묘의 양쪽 장벽 가장자리에 위치할 뿐만 아니라 바닥면에서 회백색의 찰진 점토가 깔려 있어 목관의 존재를 시사한다. 이들 토광묘는 대개 구릉 사면부에 입지한다.

출토유물을 보면 신동리유적에서 細形銅劍과 鐵斧·鐵鉇 등의 鐵器類, 삼각구연점토대토기 등이 공반되었고, 군동 3호 토광묘에서는 삼각구연

---

102) 위만조선이 성립이후 대동강유역에는 보다 발달된 단조철기가 주류를 이루면서 철검, 철모 등의 철제무기류가 등장한다. 이런 철기문화는 위만조선 멸망전후 유이민들의 남하와 더불어 남부지방에 확산되는데, 경주 입실리, 구정동, 대구 평리동 등의 유적들이 대표적인 예이다(박순발, 1998, 「전기 마한의 시·공간적 위치에 대하여」, 『마한사 연구』, 충남대학교 출판부, 17~23쪽).

점토대토기와 鐵鉾가, 군동 4호 토광묘에서는 원형점토대토기와 석착 등이, 순천 용당동 유적에서는 삼각구연점토대토기와 홍도가 확인되었다. 토광묘 유적의 축조순서 및 편년은 영광 군동 4호(기원전 3세기 전반)[103] →익산 신동리(기원전 2세기 중엽)→영광 군동 3호(기원전 1세기 2/4분기)→순천 용당동(기원전 1세기 후반) 순으로 볼 수 있다(도면 17 참조).[104]

## 2. 지석묘(도면 18)

초기철기시대가 도래하였음에도 지석묘 축조는 지역에 따라 존속된 것으로 파악된다. 특히, 남부지역에서 지석묘의 축조가 더 오랫동안 지속된 것으로 보인다.

지석묘의 하한은 지역에 따라 편차가 보이는데, 대체로 충청 서해안 및 금강유역은 송국리문화의 확산에 따라 지석묘가 소멸 또는 감소하는 것으로 보이며, 전남지역과 경남지역은 초기철기시대까지 지속된다.[105]

말기 지석묘로는 한국식 동검이 출토되는 영암 장천리 1호 지석묘, 양평 상자포리 1호 지석묘, 김해 내동 지석묘 등을 들 수 있다. 부산 장전동 유적과 안동 지례리 19호 지석묘에서는 석제 검파두식이 출토되었는데, 지례리 19호는 매장주체부가 지하가 아닌 지상에 자리하여 늦은 시기임을 추정케 한다. 거제 아주동 4호 지석묘에서 원형점토대토기가 출토되었고, 의령 석곡리 4호 지석묘 상석 주변에서도 원형점토대토기가 검출된 바 있다.[106]

---

103) 박진일, 2000, 『원형점토대토기문화연구－호서 및 호남지방으로 중심으로－』, 부산대학교 석사학위논문.
104) 이동희, 2002, 「호남지방 점토대토기문화기의 묘제와 지역성」, 『고문화』제60집, 한국대학박물관협회.
105) 김장석, 2007, 「청동기시대」, 『한국 고고학 강의』, 한국고고학회, 92쪽.

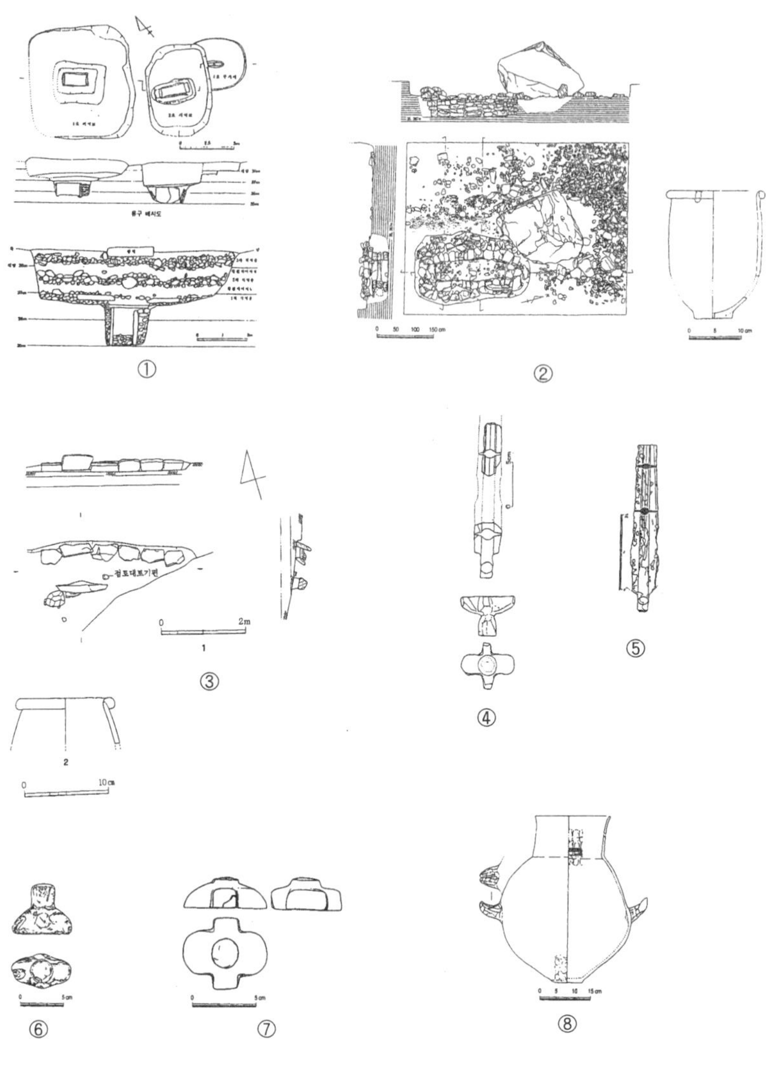

<도면 18> 초기철기시대 지석묘 및 출토유물

① 보성 동촌리 1·2호　② 의령 석곡리 6호　③ 보성 송곡리 1호

④ 영암 장천리　⑤ 순천 평중리　⑥ 곡성 공북리　⑦ 부산 장전동　⑧ 안동 지례리

---

106) 국립김해박물관, 2003, 『변진한의 여명』, 8~9쪽.

지석묘의 하한과 관련하여 가장 주목되는 지역이 전남지역이다. 전남의 일정지역(동부지역)에서는 기원전 2세기대까지 세형동검부장의 적석목관묘 축조집단이 들어서지 못한 채, 지석묘사회가 지속된 것으로 파악된다.[107] 현재까지 호남지방에서 원형점토대토기문화와 관련지을 수 있는 지석묘는 보성 송곡리·동촌리, 순천 평중리, 영암 장천리, 강진 영복리 지석묘 등이 있다.

이 가운데 보성 송곡리 지석묘군이 주목된다.[108] 이 지석묘군은 낮은 고개마루의 능선에 자리하는데, 20기의 지석묘와 상석이 없는 5기의 매장주체부가 확인되었다. 지석묘군 사이에서 상석이 없는 3기의 묘곽이 확인되었는데, 이 중 1기의 석관형 묘곽 내부(1호)에서 원형점토대토기편이 출토되었다. 1호 묘곽은 上石과 積石이 없고 매장주체부가 석관형이라는 점에서 지석묘군에서 상대적으로 늦게 축조되었다고 판단된다. 지석묘군은 입지적 조건과 하부구조에 사용된 석재와 하부구조의 축조방법의 변화로 보아 시간적 선후관계를 가지는 것으로 파악되고 있다. 즉 대체로 고개마루에서 구릉정상으로 올라가면서 고인돌을 축조된 것으로 보인다. 1호 묘곽이 구릉정상부에 가까운 곳에 있어 늦은 시기에 축조되었음을 알 수 있다. 구릉정상부쪽에서 후대의 옹관묘(1기)와 토광묘(3기)가 확인된 것도 이러한 가능성을 뒷받침하는 것이다.

이와 같이 송곡리지석묘군에서 원형점토대토기가 출토된 1호는 석관형이며, 가장 늦게 축조된 것이다. 이러한 예는 보성강유역의 지석묘 가운데 상대적으로 그 비율이 높고, 늦은 매장주체부 형식인 위석식·토광형·석관형 등의 연대를 추정하는데 도움이 된다.[109] 원형점토대토기의

---

107) 이청규, 1997, 「성립단계의 마한의 모습」, 『삼한의 역사와 문화-마한편-』, 자유지성사, 80쪽.
108) 조진선, 1997, 「보성 예당리·송곡리유적」, 『호남지역 고분의 내부구조』(제5회 호남고고학회 학술대회 발표요지), 호남고고학회.
109) 보성강유역의 위석식 묘곽에서는 출토유물이 거의 없어 편년에 어려움이 있다.

편년이 기원전 4세기(후반)~2세기(중엽)로 비정된다면,[110] 전남동부지역
의 늦은 단계의 지석묘는 기원전 3~2세기까지 지속된 것으로 보아도 무
리가 없겠다. 전남동부지역의 지석묘에서 위석형이나 석관형, 토광형의
묘곽 배치를 보면 기존의 석곽형 묘곽열의 가장 끝에 있거나 석곽형 묘곽
사이에 들어가 있다. 위석형 묘곽의 上石은 小形이어서 기존의 석곽형 묘
곽이 축조된 다음에 나중에 배치된 것임을 알 수 있다. 보성 죽산리나 순
천 우산리 지석묘가 대표적이다.

　지석묘의 소멸 배경에 대해서는 다음과 같은 관점에서 접근이 가능하
다.

　철기문화의 수용으로 농경문화가 발달함에 따라, 무덤축조보다는 농업
생산에 치중한 수장층에게는 더 많은 생산력이 요구되었고 이런 사회배
경에서 지석묘 축조는 소모적인 것으로 인식되었다. 지석묘 축조에 동원
된 인력이 생산활동에 투입되는 과정에서 많은 인원이 필요없는 목관묘
나 토광묘로 변화하는데, 이러한 始點이 기원전 200년경이므로 지석묘의
소멸시기는 기원전 3~2세기대로 추정되는 것이다.[111]


## 3. 옹관묘(도면 19-① · ② · ③)


　초기철기시대의 옹관묘는 1개의 토기를 세워 묻는 청동기시대와는 달
리, 크고 작은 2~3개의 토기를 맞물려 옆으로 누인 형식이다.[112]
　남한지역에서 가장 이른 시기의 합구식 옹관묘는 보령 관창리 F-42호

---

110) 박진일, 2000, 『원형점토대토기문화연구 ─ 호서 및 호남지방을 중심으로 ─』, 부
　　산대 석사학위논문.
111) 이영문, 2007, 앞의 글, 47쪽.
112) 이건무 · 조현종, 2003, 『선사유물과 유적』, 솔, 44쪽.

옹관묘이다.[113] 원형점토대토기의 마지막 단계에 해당하므로,[114] 기원전 2세기대에 편년할 수 있다.

초기철기시대 옹관묘는 호남지역, 특히 영산강유역에 집중해서 분포하는 지역성이 있다. 즉, 광주 신창동 53기,[115] 광주 운남동 2기,[116] 무안 인평 1기,[117] 함평 장년리 3기,[118] 익산 어양동 1기[119] 등이 조사되었는데, 익산 어양동을 제외하고는 영산강유역이나 전남 서부지역에 집중되고 있다.

單甕式과 三甕式도 소수 있으나 대개 合口式이다. 합구식은 대부분 송국리형 토기와 삼각구연점토대토기가 결합된 것이 다수이다. 옹관의 장축은 동-서 방향이 주류를 이루고, 頭向은 동쪽이 많다. 대형이 아닌 소형 옹관이 집단적으로 분포하는 경우가 대부분이어서 상위신분의 묘제는 아닌 것으로 판단된다. 부장유물은 거의 없거나 토기에 한하는 薄葬이어서 그러한 추정을 뒷받침하고 있다.

옹관묘에 사용된 삼각구연점토대토기는 토광묘에 부장된 삼각구연점토대토기에 비해 대형이며, 대부분 동체대경이 중위에 있다. 또한 기고에 대한 구연의 비가 1:0.3~1:0.6 정도인 경우가 많아 상한이 기원전 2세기 후엽까지 올라갈 가능성이 있다. 반면 운남동 4호 옹관묘인 경우에는 器高에 대한 口緣의 比가 1:0.79이고, 구연이 동체대경보다 넓은 형식이어서 비교적 늦은 기원전 1세기 후반으로 비정된다.[120]

---

113) 오상탁·강현숙, 1999, 『관창리유적-A·F구역 발굴조사보고서』, 아주대학교 박물관.
114) 이재현, 2003, 『변진한사회의 고고학적 연구』, 부산대학교 박사학위논문, 70쪽.
115) 김원룡, 1964, 『신창리옹관묘지』, 서울대학교 고고인류학총간 제1책.
116) 조현종·신상효·장재근, 1996, 『광주 운남동 유적』, 국립광주박물관.
117) 최성락·이영철·한옥민, 1999, 『무안 인평 고분군』, 목포대학교박물관.
118) 최성락·이헌종, 2001, 『함평 장년리 당하산 유적』, 목포대학교박물관.
119) 호남문화재연구원, 2001, 『익산 하나로 도로건설구간내 문화유적시굴조사보고』.
120) 박진일, 2001, 「영남지방 점토대토기문화 시론」, 『한국상고사학보』제35호.

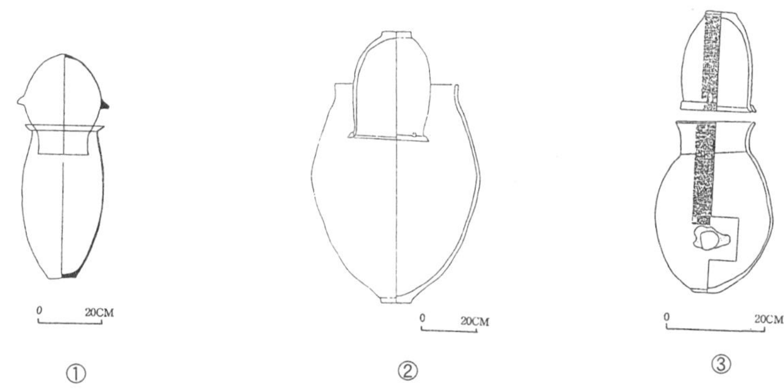

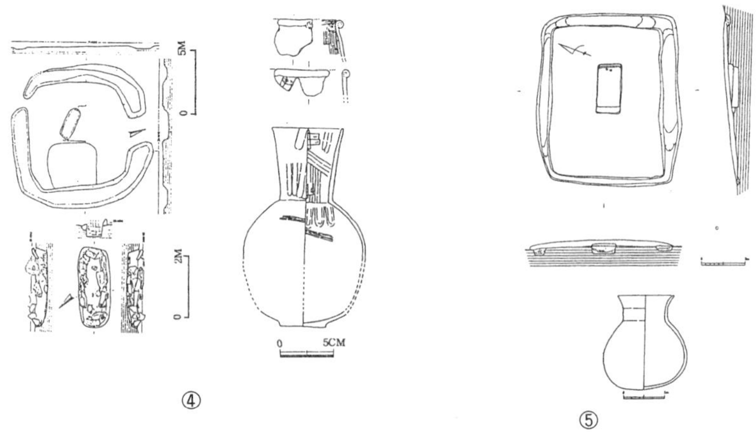

〈도면 19〉 초기철기시대 옹관묘 및 주구묘
① 광주 신창동 17호 옹관　② 광주 운남동 2호 옹관　③ 사천 늑도 36호 옹관
④ 보령 관창리 KM-437호 주구묘　⑤ 영광 군동 주구묘(A지구 18호)

동시기의 토광묘와 비교해보면 부장유물이 빈약하고, 규모도 훨씬 작은 편이다. 무덤축조에 든 노동력을 감안하면 토광묘나 주구토광묘에 비해서 하위신분의 묘제일 것이다. 이는 원삼국시대(철기시대 후기) 이후에 영산강유역 주구묘에서 옹관이 매장주체부가 아니라 주구에 배장되고 있는 점에서도 傍證된다.

신창동식의 옹관묘는 영남지방의 사천 늑도와 경주 조양동, 창원 다호리 유적 등지에서도 확인되는데, 편년은 대동소이하다.

초기철기시대의 옹관묘는 제주도에서도 확인되고 있다. 즉, 삼화지구, 하귀1리, 화순리 유적 등에서 송국리형토기와 삼양동식 토기가 사용된 옹관묘가 조사된 바 있다. 절대연대상으로는 기원전 200년경에서 기원전후한 시기이다.[121]


## 4. 周溝墓(도면 19-④ · ⑤)[122]


현재까지 확인된 周溝墓 가운데서 가장 이른 시기의 것으로는 보령 관창리 유적[123]이 있다. 관창리 KM437 주구묘는 石棺을 매장주체부로 하고, 원형점토대토기 1점, 腰部 이하가 결손된 흑색마연장경호 1점, 倣製

---


121) 박수현, 2008, 「제주도의 옹관묘」, 『한국고대옹관의 조사현황과 성과』(제2회 고대옹관연구 학술대회), 국립문화재연구소.

122) '周溝墓'는 다른 무덤의 명칭과는 달리 주변시설에 주안점을 둔 용어이기에 호칭에 대한 문제점이 제기될 수 있다. 주구묘의 매장주체부가 토광묘인 경우가 많기에 주구토광묘라고 지칭하기도 하지만 매장주체부가 유실되어 확인되지 않는 경우도 있고, 보령 관창리 유적처럼 매장주체부가 석관이어서 이를 포괄할 수 있는 용어가 마땅하지 않다. 그래서 본고에서는 기존에 통용되는 '주구묘'라는 용어를 그대로 사용하기로 한다.

123) 윤세영·이홍종, 1997, 『관창리 주구묘』, 고려대학교 매장문화연구소.

鏡 2점, 다수의 대롱옥이 출토되었다. KM404와 KM423은 철도자·철촉·철모 등 철기류가 공반하고 있다. KM437 주구묘는 대전 괴정동, 아산 남성리, 예산 동서리 석관묘 유적에서 출토되는 유물의 조합상과 거의 일치하고 있다. 그렇지만 세형동검을 비롯한 儀器的인 청동기를 공반하는 괴정동 석관묘 등의 전형적인 圓形粘土帶土器文化期보다 약간 뒤지는 시기로 볼 수 있다. 즉 원형점토대토기시기의 후기 혹은 말기에 철기문화의 영향을 받은 시기로, 기원전 2세기 초로 편년된다.[124]

〈표 7〉 초기철기시대 묘제의 유형과 편년

| 區分 | | 遺物 | 年代 | 遺蹟 | 備考 |
|---|---|---|---|---|---|
| 적석목관묘 | (Ⅰ단계) | 검파형동기, 방패형동기, 자팔형동기, 동령구, 조문경 등 | 기원전 4-3세기 | 대전괴정동, 예산동서리, 부여남성리 등 | 호서지역에만 분포. 묘광의 깊이가 2m 내외로 깊음 |
| | (Ⅱ단계) | 세문경, 세형동검, 유견동부, 청동령, 천하석제식옥 등 | 기원전 3-2세기 전반 | 화순 대곡리, 함평 초포리 등 | 호남지방으로 확산 |
| | (Ⅲ단계) | 주조철부, 철착, 유리제 관옥, 세형동검, 점토대토기, 흑도장경호 등 | 기원전 2세기 | 장수남양리, 부여합송리, 당진소소리 등 | 철기의 등장. 묘광의 깊이가 1m 미만으로 얕아짐 |
| | (Ⅳ단계) | 세형동검, 동과, 동모, 점토대토기, 흑도, 판상철부, 철모 등 | 기원전 2세기후반-1세기후반 | 대구팔달동, 경주조양동, 김해양동리 등 | 영남지역으로 파급 |
| 지석묘 | | 원형점토대토기, 흑도, 세형동검, 석제검파두식 등 | 기원전 3-2세기 | 영암장천리, 양평상자포리, 김해내동, 안동지례리, 보성송곡리 | |
| 옹관묘 | | 철편, 소형토기, 돌도끼, 석촉, 숫돌, 검파두식 등 | 기원전 2-1세기 | 보령관창리, 광주신창동·운남동, 무안 인평, 함평장년리, 익산어양동, 제주화순리·하귀리, 사천늑도, 경주 조양동 | |
| 주구묘 | | 원형점토대토기, 흑색마연장경호, 방제경, 관옥, 철도자, 철촉, 철모 | 기원전 2-1세기 | 보령관창리, 고창광대리, 영광군동 | 호서, 호남지역에만 분포 |

124) 이원광, 2000, 「한국방형주구묘의 일고찰」, 『문화재』33호, 국립문화재연구소.

한편, 호남지역에서는 고창 광대리와 영광 군동유적에서 초기철기시대의 주구묘가 확인되었다. 즉, 고창 광대리 7호 주구묘[125]에서는 원형점토대토기가 출토되었고, 영광 군동 18호 방형 주구묘[126]는 비교적 깊은 토광안에 木棺을 갖추고 있으면서 흑도장경호가 출토되었다. 호남지역에서 가장 이른 시기에 편년되는 이들 주구묘는 1~3세기의 호남지역 주구묘의 기원과 관련된다.[127]

호남지역의 고창 광대리와 영광 군동 주구묘는 서해안을 통하여 충청도지역의 무期 周溝墓와 연결되며, 관창리 이후 단계인 기원전 2~1세기로 추정되어 호남지역에서는 가장 이른 시기의 주구묘로 판단된다.


## V. 맺음말


지금까지 중남부지방을 중심으로 선사시대의 묘제 변천과 편년에 대해 살펴보았다. 이를 요약해 보면 다음과 같다.

신석기시대의 묘제에는 옹관묘, 토광묘, 동굴무덤, 세골장 등이 확인되었는데, 묘제에 정형성이 없으며 축조가 용이한 묘제를 선호하였다. 신석기시대의 주된 무덤인 토광묘나 옹관묘는 청동기시대에도 지속되어 계통성을 엿볼 수 있으며, 그 상한은 기원전 6,000년경의 융기문토기문화단계까지 소급된다. 부장유물로 보면 위계화가 미약하여 계층사회로 진입하

---

125) 원광대학교 마한·백제문화연구소, 2000, 「광대리유적」, 『서해안고속도로 건설구간내 문화유적발굴조사 약보고서』.
126) 한옥민, 2000, 『전남지방 토광묘 연구』, 전북대학교석사학위논문.
127) 임영진, 2001, 「1~3세기 호남지역 고분의 다양성」, 『동아시아 1~3세기 주거와 고분』(문화재연구 국제학술대회 발표논문 제10집), 국립문화재연구소.

지 않았음을 알 수 있다. 신석기시대에 가장 일반적인 토광묘가 조기부터 후기까지 형식에 큰 변화가 없다는 것은 신석기시대가 역동적이지 않은 사회였음을 시사한다.

청동기시대에는 지석묘, 석관묘, 옹관묘, (석개)토광묘, 주구묘 등 묘제가 다양화되고 위계화가 진전된다. 청동기시대 이른 단계의 토광묘가 산발적이지만 전국적으로 분포하는 것은 청동기시대묘제가 신석기시대 묘제의 연장선상에 있음을 보여주는 것이다. 그리고 돌을 이용한 묘제가 많다는 것은 무덤을 만드는 기술이 발전했을 뿐만 아니라 계층화가 진전되고 있음을 시사한다. 청동기시대 묘제 가운데 외형적으로 가장 뚜렷한 특징을 가진 지석묘는 지상에 돌출한 기념물로서 주목된다. 청동기시대 묘제의 상한은 늦어도 기원전 10세기까지 거슬러 올라간다. 무덤은 독립 혹은 소군을 이루어 조성되다가 군집하는 형태로 변하는데, 후기에는 매장주체부가 다양하며 초대형 묘역이 등장하며 복열의 열상으로 배치되어 공동묘지화된다. 후기에는 송국리형 묘제(석관묘·옹관묘·석개토광묘 등)가 증가한다.

한편, 초기철기시대의 묘제는 청동기시대보다 시기도 짧거니와 묘제의 수도 현격히 줄어든다. 초기철기시대는 기원전 300년을 전후한 시기부터 시작되며 적석목관묘와 토광묘 등이 대표적이다. 적석목관묘와 토광묘는 동시기일 경우, 계층차를 반영한다. 즉, 적석목관묘가 규모나 부장유물면에서 우월성을 보인다. 적석목관묘는 3세기경에는 묘광이 깊고 청동의기류가 부장되다가, 기원전 2세기 무렵이 되면 묘광이 얕아지고 철기류가 나타나기 시작한다. 일부 지역에서는 초기철기시대에도 지석묘가 잔존하는 모습이 보이는데, 전남 남해안지역이나 제주도에서 그러한 양상이 뚜렷하다. 그리고, 주구묘는 서남부 지역에 한정되는 지역성을 보인다. 이 시기에는 수장층의 묘제가 입지나 유물에서 두드러지고 있어 계급을 상정할 수 있고, 무덤축조에 대한 관념이 급변했음을 의미한다.

마지막으로 향후 연구과제에 대해 언급해 보기로 한다.

첫째, 신석기시대 묘제연구는 이제 시작단계로서 묘제의 변천과 선후관계, 상한, 지역성, 위계문제 등 풀어야 할 과제가 많다. 이러한 문제는 발굴성과가 축적되어야 가능한 일이다.

둘째, 신석기시대 말기와 청동기시대 조기간에는 시간적으로 그 경계가 명확하지 않을 뿐더러 묘제 양상도 알 수 없다. 이러한 전환기에 있어서 묘제의 양상과 편년에 대한 연구도 향후 조사성과를 기다려야 하겠다.

셋째, 청동기시대 묘제는 다른 시대에 비해 조사나 연구성과의 축적이 많은 편이다. 하지만, 절대연대의 취신문제와 결부되어 청동기시대 전·후기의 구분과 상한·존속기간의 문제는 향후 풀어야 할 가장 큰 과제이다. 아울러, 각 묘제간의 위계문제나 지역성, 무덤축조에 간여했던 지역단위문제, 경남지역에서 특징적으로 보이는 묘역식 지석묘 등에 대한 심층적인 연구가 필요하다. 그리고 청동기시대에 가장 특징적인 묘제인 지석묘의 소멸시기와 원인에 대하여 정치, 경제, 사회, 의례 등 다양한 관점에서 접근해 볼 필요가 있다.

넷째, 초기철기시대의 묘제 등장의 정치·사회적 배경, 전시대에 비해 무덤 수가 급감하는 원인, 중하위층의 묘제에 대한 규명 등 여러 가지 연구가 필요하다.

〈참고 문헌〉

국립경주박물관, 1991, 『울진 후포리 유적』.

국립김해박물관, 2003, 『변진한의 여명』.

국립문화재연구소, 2001, 「교동 유적」, 『한국고고학사전』.

국립진주박물관, 1989, 『욕지도』.

기전문화재연구원, 2005, 「안성 공도 택지개발사업지구내유적 발굴조사 4차 지도위
       원회의자료(2지점)」.

기호문화재연구원, 2008, 『화성 동화리 유적』.

김권구, 2008, 「압독국의 성립전야」, 『한국 고대사속의 경산』, 대구사학회.

김권중, 2007, 「강원지역 청동기시대 묘제와 고인돌」, 『아시아 거석문화와 고인돌』
       (제2회 아시아권 문화유산(고인돌)국제심포지움), (재)동북아지석묘연구소.

______, 2008, 「청동기시대 주구묘의 검토」, 『청동기시대 주구묘 및 구획묘 검토』,
       (청동기학회 묘제분과 워크숍).

김규정, 2007, 「청동기시대 중기설정과 문제」, 『한국청동기학보』창간호.

김동호·박구병, 1989, 『산등 패총』, 부산수산대학교박물관.

김승근, 2007, 「전남지역의 청동기시대 묘제와 고인돌」, 『아시아 거석문화와 고인돌』
       (제2회 아시아권 문화유산(고인돌)국제심포지움), (재)동북아지석묘연구소.

김승옥, 2001, 「금강유역 송국리형 묘제의 연구」, 『한국고고학보』45, 한국고고학회.

______, 2003, 「금강 상류 무문토기시대 무덤의 형식과 변천」, 『한국고고학보』49.

______, 2003, 「용담댐 무문토기시대 문화의 전개과정과 특징」, 『용담댐수몰지구의
       고고학』, 제11회 호남고고학회 학술대회.

______, 2004, 「전북지역의 고인돌의 특징과 보존현황」, 『아시아권에서의 문화유산
       (고인돌)보존과 활용』(제1회 세계문화유산(고인돌)국제심포지움), (재)동북
       아지석묘연구소.

______, 2006, 「송국리문화의 지역권 설정과 확산과정」, 『금강:송국리형 문화의 형
       성과 발전』, 호남·호서고고학회 합동 학술대회발표요지.

김원룡, 1963, 「춘천 교동 혈거유적과 유물」, 『역사학보』20.

______, 1964, 『신창리옹관묘지』(서울대학교 고고인류학총간 제1책).

______, 1986, 『한국고고학개설』, 일지사.

김장석, 2007, 「청동기시대」, 『한국고고학 강의』, 한국고고학회.

김진, 2007, 「전북지역의 청동기시대 묘제와 고인돌」, 『아시아 거석문화와 고인돌』

(제2회 아시아권 문화유산(고인돌)국제심포지움), (재)동북아지석묘연구소.

김현, 2005, 『경남지역 무문토기시대 무덤에 대한 연구』, 부산대학교 석사학위논문.

박수현, 2008, 「제주도의 옹관묘」, 『한국고대옹관의 조사현황과 성과』(제2회 고대옹관연구 학술대회), 국립문화재연구소.

박순발, 1993, 「한강유역의 청동기・초기철기문화」, 『한강유역사』, 민음사.

_____, 1993, 「우리나라 초기철기문화의 전개과정에 대한 약간의 고찰」, 『고고미술사론』3, 충북대학교 고고미술사학과.

_____, 1998, 「전기 마한의 시・공간적 위치에 대하여」, 『마한사 연구』, 충남대학교 출판부.

_____, 2002, 「점토대토기 부장 토광위석묘에 대하여」, 『금산 수당리유적』, 충남대학교 백제연구소.

_____, 2004, 「충청지역의 고인돌과 보존현황」, 『아시아권에서의 문화유산(고인돌) 보존과 활용』(제1회 세계문화유산(고인돌)국제심포지움), (재)동북아지석묘연구소.

박승규, 2000, 「대구・경북지방의 목관묘 자료소개」, 『고고학으로 본 변・진한과 왜』(영남고고학회・구주고고학회 제4회 합동고고학대회).

박진일, 2000, 『원형점토대토기문화연구－호서 및 호남지방을 중심으로－』, 부산대 석사학위논문.

_____, 2001, 「영남지방 점토대토기문화 시론」, 『한국상고사학보』제35호.

_____, 2007, 「점토대토기, 그리고 청동기시대와 초기철기시대」, 『한국청동기학보』1호.

배덕환, 2008, 「진주 이곡리유적의 청동기시대 분묘에 대한 일고찰」, 『동아문화』4호, (재)동아세아문화재연구원.

배진성, 2007, 『무문토기문화의 성립과 계층사회』, 서경문화사.

부산박물관, 2007, 『동삼동패총정화지역 발굴조사보고서』.

부산시립박물관, 1993, 『범방패총』Ⅰ.

손준호, 2002, 「금강유역 송국리문화단계의 지석묘 검토」, 『고문화』60.

_____, 2007, 「호서지역 청동기시대 묘제와 고인돌」, 『아시아 거석문화와 고인돌』(제2회 아시아권 문화유산(고인돌)국제심포지움), (재)동북아지석묘연구소.

신숙정, 1994, 『우리나라 남해안지방의 신석기문화 연구』, 학연문화사.

심봉근, 1998, 「진주 상촌리유적 출토 신석기시대 옹관」, 『문물연구』제2호, 동아시아문물연구학술재단.

오상탁・강현숙, 1999, 『관창리유적－A・F구역 발굴조사보고서』, 아주대학교 박물관.

원광대학교 마한·백제문화연구소, 2000, 「광대리유적」, 『서해안고속도로 건설구간
　　　　내 문화유적발굴조사 약보고서』.

윤세영·이홍종, 1997, 『관창리 주구묘』, 고려대학교 매장문화연구소.

윤온식, 2007, 「여수 안도패총 발굴조사」, 『호남지역 문화유적 발굴성과 2006·2007』,
　　　　호남고고학회.

윤호필, 2004, 「경남지역의 고인돌과 보존현황」, 『아시아권에서의 문화유산(고인돌)
　　　　보존과 활용』(제1회 세계문화유산(고인돌)국제심포지움), (재)동북아지석묘
　　　　연구소.

이건무, 1992, 「한국 청동의기의 연구－이형동기를 중심으로」, 『한국고고학보』28.

＿＿＿, 1999, 「호남지역의 청동기문화」, 『호남지역의 청동기문화』(제7회 호남고고
　　　　학회 학술대회 발표요지).

＿＿＿, 2006, 「송국리유형에 대하여」, 『송국리형문화의 형성과 발전』, 호남·호서
　　　　고고학회 합동학술대회.

이건무·신광섭, 1994, 「익산 석천리 옹관묘에 대하여」, 『고고학지』제6집.

이건무·조현종, 2003, 『선사유물과 유적』, 솔.

이동희, 2002, 「호남지방 점토대토기문화기의 묘제와 지역성」, 『고문화』제60집, 한
　　　　국대학박물관협회.

이상균, 2000, 「한반도 신석기인의 묘제와 사후세계관」, 『고문화』제56집, 한국대학
　　　　박물관협회.

이상길, 2006, 「구획묘와 그 사회」, 『금강:송국리형 문화의 형성과 발전』, 2006년 호
　　　　남·호서고고학회 합동학술대회.

이수홍, 2007, 「경남지역의 청동기시대 묘제와 고인돌」, 『아시아 거석문화와 고인돌』
　　　　(제2회 아시아권 문화유산(고인돌)국제심포지움), (재)동북아지석묘연구소.

이영문, 1993, 『전남지방 지석묘사회의 연구』, 한국교원대 박사학위논문.

＿＿＿, 2002, 『한국 청동기시대 연구』, 주류성.

＿＿＿, 2007, 「한국지석묘의 특징」, 『아시아 거석문화와 고인돌』(제2회 아시아권
　　　　문화유산(고인돌)국제심포지움), (재)동북아지석묘연구소.

＿＿＿, 2006, 「송국리문화와 그 묘제」, 『송국리유적 조사 30년, 그 의의와 성과』(송
　　　　국리유적 국제학술대회), 부여군·한국전통문화학교.

이원광, 2000, 「한국방형주구묘의 일고찰」, 『문화재』33호, 국립문화재연구소.

이재현, 2003, 『변진한사회의 고고학적 연구』, 부산대학교 박사학위논문.

이청규, 1997, 「성립단계의 마한의 모습」, 『삼한의 역사와 문화－마한편－』, 자유지
　　　　성사.

______, 2007, 「초기철기시대」, 『한국 고고학 강의』, 한국고고학회, 사회평론.

이현숙, 1999, 「송국리형 옹관의 검토」, 『역사와 역사교육』3·4호, 웅진사학회.

이형원, 2007, 「경기지역의 청동기시대 묘제와 고인돌」, 『아시아 거석문화와 고인돌』 (제2회 아시아권 문화유산(고인돌)국제심포지움), (재)동북아지석묘연구소.

______, 2007, 「호서지역 가락동유형의 취락구조와 성격」, 『호서고고학』17.

임병태, 1964, 「한국 지석묘의 형식 및 연대문제」, 『사총』9.

______, 1995, 「후기 지석묘사회의 성격」, 『동아시아의 청동기문화-묘제와 주거-』 (제4회 문화재연구국제학술대회 발표논문집), 문화재연구소.

임영진, 2001, 「1~3세기 호남지역 고분의 다양성」, 『동아시아 1~3세기 주거와 고분』 (문화재연구 국제학술대회 발표논문 제10집).

임학종, 2008, 「신석기시대의 무덤」, 『한국신석기연구』제15호, 한국신석기학회.

조진선, 1997, 「보성 예당리·송곡리유적」, 『호남지역 고분의 내부구조』(제5회 호남 고고학회 학술대회 발표요지), 호남고고학회.

______, 2004, 「전남지역 고인돌의 특징과 보존현황」, 『아시아권에서의 문화유산(고 인돌)보존과 활용』(제1회 세계문화유산(고인돌)국제심포지움), (재)동북아 지석묘연구소.

조현종·신상효·장재근, 1996, 『광주 운남동 유적』, 국립광주박물관.

중앙문화재연구원, 2006, 『울산 굴화리·율리 유적』.

최몽룡 외, 1999, 『한국 지석묘유적 종합조사·연구(Ⅱ)』, 문화재청·서울대학교박 물관.

최몽룡, 1978, 「전남지방 소재 지석묘의 형식과 분류」, 『역사학보』78.

최성락, 2000, 「호남지역의 철기시대」, 『호남지역의 철기문화』(제8회 호남고고학회 학술대회발표요지).

최성락·이영철·한옥민, 1999, 『무안 인평 고분군』, 목포대학교박물관.

최성락·이헌종, 2001, 『함평 장년리 당하산 유적』, 목포대학교박물관.

최완규, 2000, 「호남지방의 분묘유형과 그 전개」, 『호남지방의 철기문화』, 제8회 호 남고고학회 학술대회.

하문식, 1985, 「금강과 남한강유역의 고인돌문화의 비교 연구」, 『손보기박사정년기 념 고고인류학논총』.

하인수, 2003, 「남강유역 무문토기시대의 묘제」, 『진주 남강유적과 고대일본』, 인제 대학교 가야문화연구소.

______, 2006, 「경남지역의 신석기문화」, 『경남의 선사문화』, 국립창원문화재연구소.

하인수·안성희, 2009, 「남해안지역의 신석기문화」, 『한반도 신석기시대 지역문화론』(동삼동패총전시관 학술총서 제Ⅳ권).

한영희, 1994, 「신석기시대의 사회와 문화」, 『한국사 1』(원시사회에서 고대사회로
          1), 한길사.

한영희·임학종, 1993, 『연대도』Ⅰ, 국립진주박물관.

한옥민, 2000, 『전남지방 토광묘 연구』, 전북대학교석사학위논문.

호남문화재연구원, 2001, 『익산 하나로 도로건설구간내 문화유적시굴조사보고』.

제2장

# 태왕릉의 피장자에 관한 고고학적 검토

**김성태** _ 경기문화재연구원

## I. 머리말 : 태왕릉은 광개토왕릉

태왕릉은 고구려무덤 중에서도 왕릉임이 확실한 무덤이다. 이는 태왕릉 출토 명문전의 '願太王陵安如山固如岳'이란 명문을 통하여 명백히 알 수 있다. 그리고 그 피장자로는 광개토왕설과 고국양왕설이 첨예하게 대립하고 있는데, 중국학계에서는 예외 없이 호태왕릉설 즉 광개토왕릉설을 주장하고 있는 데에 반하여, 최근 국내에서는 고국양왕설이 대세를 이루고 있다.[1]

---

[1] 이에 대해서는 자세한 언급을 생략하기로 한다. 2005년까지의 태왕릉의 피장자와 관련한 논의는 白承玉의 글에 충실히 잘 정리되어 있으며, 고구려왕릉연구에 대한 종합적인 검토는 이도학의 글을 참고하기 바란다.

태왕릉의 피장자를 논증하여 그 축조시기를 밝히는 것은 고총고분단계
인 4·5세기의 편년체제를 확립하는 데에 있어서 가장 핵심적인 관건이
라 할 수 있다. 이는 신라고고학의 최대 쟁점중의 하나인 황남대총 남분
의 피장자의 문제와 직결하고,[2] 삼국시대 장식유물, 마구, 무기 등등의
편년설정과도 불가분의 관계를 지닌다.

본고는 광개토왕릉설을 적극적으로 수용하는 입장에서 논리를 전개코
자 한다. 특히 광개토왕릉설을 고고자료인 마구·와당의 분석을 통하여
주장한 모모자키 유스케(桃崎祐輔)와[3] 태왕릉을 5세기 초엽의[4] 무덤으
로 비정한 송계현[5]의 주장에 기본적으로 동조하는 입장에서 고고학적 자
료를 중심으로 논거를 제공하겠다.

본고는 다음과 같은 학술적 입장에서 논지를 전개해 나가고자 한다. 첫
째로, 우산하 992호묘를 명문와당의 형식과 干支에 근거하여 4세기 초엽
에 축조된 고분으로 편년할 경우, 공반출토된 장식유물의 편년이 신라의
동일형식의 장식유물들과 비교할 때 너무나 큰 시간적 괴리를 지닌다는

---

백승옥, 2005, 「신묘년명 청동방울과 태왕릉의 주인공」, 『역사와 경계』56, 부산
　경남사학회 ; 이도학, 2009, 「고구려 왕릉 연구의 현단계와 문제점」, 『고구려발
　해연구』34, 고구려발해학회.

2) 이에 대한 단적인 예로는 이희준이 기존의 자설인 황남대총 남분=내물왕릉을 주
　장하기 위하여 다음의 논문을 통하여 태왕릉=고국양왕설을 강력하게 주장한 것
　을 들 수 있다.
　이희준, 2006, 「태왕릉의 묘주는 누구인가?」, 『한국고고학보』59, 한국고고학
　회.

3) 桃崎祐輔, 2005, 「高句麗太王陵出土 瓦馬具からみた好太王陵說の評價」, 『海と考古
　學』, 六一書房 ; 모모자키 유스케, 2009, 「고구려 왕릉 출토 기와, 부장품으로 본
　편년과 연대」, 『고구려왕릉연구』, 동북아역사재단.

4) 본고에서의 시기구분은 1세기를 2분기로 나눌 경우에는 전반·후반으로, 3분기
　로 나눌 때에는 초엽, 중엽, 말엽으로, 4분기로 나눌 경우에는 1/4·2/4·3/4·
　4/4분기로 한다.

5) 송계현, 2005, 「환인과 집안의 고구려 갑주」, 『북방사논총』3, 고구려연구재단,
　162쪽.

사실이다. 이들 유물에 대한 검토를 통하여 우산하 992호묘가 4세기 말엽에 축조된 무덤임을 주장코자 한다. 둘째로, 태왕릉 금동유물의 장식문양을 고구려벽화고분의 도상들과 비교하여 제작연대를 추정해 보고자 한다. 특히 광개토왕 재위기간인 408년경에 축조된 덕흥리 벽화고분의 문양요소와 비교해 보고자 한다. 덕흥리 고분벽화에 보이지 않은 문양이나 도상이 태왕릉에서 확인되거나 동일한 도상이 확인될 경우, 태왕릉의 축조시기가 5세기 초엽일 수 있다고 생각되기 때문이다. 셋째로, 역시 사망연대가 415년으로 밝혀진 馮素弗墓의 부장유물과 비교를 통하여 태왕릉의 축조시기와 관련된 단서를 찾아보고자 한다. 넷째로, 태왕릉의 피장자의 비정과 관련하여 불가분의 관계에 있는 장군총의 피장자에 대해서도 검토해 보고자 한다. 이와 관련해서는 장군총이 장수왕릉이 될 수 없을 뿐 아니라 왕릉도 아니라고 언급한 조영현의 입장을[6] 적극적으로 수용하면서 이에 대한 논거를 제시하고자 한다. 다섯째로, 태왕릉 출토 유물에는 고구려적 천하관이 반영되어 있으며, 불교적 장식문양이 본격적으로 등장하고 있다. 이런 관념이 형성되고 확립된 시기를 광개토왕의 치세기간으로 보는 입장에 서고자 한다.

---

6) 그는 전동명왕릉의 피장자를 장수왕으로 보면서 다음의 글에서 장군총은 장수왕릉이 아닐 뿐 아니라 왕릉도 아니라고 언급하고 있다. 그런데, 그 주장에 대해서는 別考를 기약하였으나 아직 미발표 상태이다.
조영현, 2004a, 「전동명왕릉의 축조시기에 대하여」, 『계명사학』15, 계명사학회 ;
조영현, 2004b, 「전동명왕릉의 묘주 비정」, 『과기고고연구』10, 아주대박물관.

# Ⅱ. 우산하 992호묘와 장군총의 축조시기

## 1. 우산하 992호묘

### 1) 紀年銘瓦當

우산하 992호묘의 축조시기와 관련해서는 '泰·戊戌年造瓦故記歲'가 새겨진 기년명와당과(그림 1-③ 참조), 서대총에서 출토된 '己丑年造瓦□□' 기년명와당과 동일한 형식에 '丑'이란 명문이 새겨진 기년명와당의 제작시기를 4세기 전반에 두느냐 4세기 후반에 두느냐가 핵심이다. 이 논쟁과 관련하여 절대다수의 학자들이 戊戌年을 338년, 己丑年을 329년으로 보는 데에 동의하고 있으나, 송계현만이 戊戌年을 398년, 己丑年을 389년으로 보았다.

그런데 이들 명문와당을 고구려와당편년의 기준이 되는 국내성 출토 '太寧4年(325)'銘와당과[7](그림 1-①) 비교할 때 4세기 전반설을 쉽게 납득할 수 없다. 대부분의 학자들의 주장대로 우산하 992호묘에서 출토된 와당들이 329년과 338년에 제작된 것이라고 할 경우, 325년에 제작된 '太寧4年'銘와당과 형식에서 너무나 큰 차이를 보이는 사실이 문제이다. 이에 비하여 우산하 992호묘 출토 기년명와당은 '永樂'이란 명문기와가 출토되어 태왕릉과 비슷한 시기에 축조된 것으로 판단되는 千秋塚과는(그림 1-④) 기본적으로 동일한 형식에 속한다. 이를 정리하면 〈표 1〉과 같다.

---

7) 이 太寧4年을 325년과 326년으로 보는 두가지 설이 있으나 이글에서는 325년설을 따른다. 두가지 주장에 대한 소개는 다음의 글에 소개되어 있다.
모모자키, 2009, 앞의 글, 220~221쪽.

① 국내성 출토 '太寧4年'명 와당

② 우산하 3319호묘 출토 '丁巳'銘와당

③ 우산하 992호묘 권운문 출토 와당

④ 천추총 출토 권운문 와당

〈그림 1〉 우산하 992호묘 출토 권운문 와당과 비교자료

〈표 1〉 우산하 992호묘 명문와당의 속성과 '태녕4년명'와당, 천추총 와당과의 비교

| 구분 | 태녕4년명와당 | 우산하 992호묘 명문와당 | 천추총 와당 |
|---|---|---|---|
| 銘文의 위치 | 周緣部의 附加文字帶 | 내향연호부 내 | '#'부호, 鳥文 |
| 內向連弧部 | 없음 | 있음 | 있음 |
| 中房의 문자 | 없음 | '泰'자 명문 | '#'부호 |
| 雲文의 형태 | 한번만 말림(單卷) | 세 번 말림(複卷) | 세 번 말림(複卷) |

이 표에서 '太寧4年'명와당과 우산하 992호묘 명문와당은 기본구도에서 확연한 차이를 보이는 반면에 우산하 992호묘의 명문와당과 천추총 와당은 동일한 형식이나 세부속성에서의 변화만이 확인된다. 다시 말해서 '太寧4年'명와당과 우산하 992호묘 명문와당은 形式上의 차이를 보이며, 우산하 992호묘의 명문와당과 천추총 와당은 屬性上의 차이를 보일 뿐이

다. 따라서 우산하 992호묘 와당의 제작시기는 명문에 의거할 때 4세기 말엽으로 보는 것이 온당하다. 이와 함께 '太寧4年'명와당과 우산하 992호묘 명문와당의 제작시기를 기존의 주장에 따라 각각 325년과 329년으로 볼 경우, 그 제작시기의 차이는 단 4년에 불과한데, 기본구도 상에서 현격한 차이가 나타난다는 사실은 도저히 납득할 수 없다. 한편으로 우산하 992호묘 명문와당의 기본구도는 우산하 3319호묘의 '丁巳(357)'銘와당의 (그림 1-②) 그것을 충실히 따르고 있다. 이런 사실을 종합할 때 우산하 992호묘의 축조시기는 우산하 3319호묘보다 늦고 천추총보다는 이른 4세기 말엽으로 설정하는 것이 합당하다고 판단된다.


### 2) 金銅柿蒂形裝飾金具

四葉의 감꼭지모양의 裝飾金具이다(그림 2-①). 사엽의 내부에는 투각기법으로 삼엽문을 시문하였다. 이 삼엽문은 신라고분에서 출토되는 銙帶의 주장식문양인 삼엽문과 동일한 형태이다. 그런데 금동시체형장식금구의 一葉과 신라 銙帶의 銙板 장식문양의 형태를 자세히 살펴보면 연봉을 기본 모티브로 하였음을 알 수 있다. 이는 銙帶의 드리개장식과 鉸具의 기본형태가 그 상단이 위로 봉긋한 연봉을 표현하였으며 그 하단의 갈고리모양의 돌출장식은 연잎을 표현한 것임을 통하여 추측 가능하다. 이런 추측은 지산동 출토로 전하는 삼엽형 銙葉의(그림 2-②) 기본형태를 살펴보면 더 한층 심증이 가는데, 더욱 사실적으로 연봉·꽃받침·연잎·꽃술을 표현한 것임을 알 수 있다. 이런 주장은 부여 하황리 사엽장식유리구슬을(그림 2-③) 통하여 더욱 보강이 되는데, 一葉의 기본형태가 線刻의 묘사를 통하여 아직 滿開하지 않은 연봉을 표현한 것임을 알 수 있다. 한편, 금속장식에서 보이는 이런 연봉삼엽문의 모티브는 고구려고분벽화에서 확인되는데, 대표적으로 무용총 현실 천정에 있는 연봉문을 (그림 2-④) 들 수 있겠다. 이와 함께 우산하 992호묘의 柿蒂裝飾金具의

一葉 형태가 태왕릉 출토 연화문 와당 B식의(그림 2-⑤) 연봉의 기본외곽 형태와도 엇비슷한 사실도 또 다른 방증자료라 할 수 있다. 이런 본고의 주장은 이 金銅枾蔕形裝飾金具의 기본문양과 일맥상통하는 태왕릉 출토 金銅透刻蓮蕾連接裝飾板을(그림 2-⑥) 기술하면서 외곽문양을 大蓮의 꽃 잎으로 그 안에 있는 삼엽문을 三瓣蓮花로 기술한 보고서의 견해로도 뒷 받침된다.[8] 결국, 우산하 992호묘의 金銅枾蔕形裝飾金具는 연봉과 三葉 蓮瓣을 표현한 것이고, 이에 金銅蓮蕾三葉文裝飾金具라고 명명해야 옳을 듯하다.

이 金銅枾蔕形裝飾金具와 동일한 문양은 태왕릉 출토 金銅花文幔架에 서도(그림 2-⑦) 확인된다. 이 幔架에 표현된 개별단위의 花文은 우산하 992호묘 금동시체장식금구의 문양과 동일한 것으로 사엽의 연봉삼엽문을 도안화한 것이라 할 수 있다.

이상에서 우산하 992호묘에서 출토된 金銅枾蔕形裝飾金具는 연봉·꽃 받침·연판을 형상화한 연화문양장식판임을 알았으며, 그와 동일한 장식 문양이 태왕릉의 金銅花文幔架와 金銅蓮蕾三葉文裝飾金具에 시문된 사 실을 알 수 있었다. 이에 우산하 992호묘는 태왕릉과 축조시기가 크게 차 이나지 않으며, 연화장식의 성행은 고구려에 불교가 도입되면서 고구려문 화에 불교의장이 등장한 시점 이후에 축조된 것임을 알 수 있다. 따라서 이 무덤의 축조시기는 4세기 말엽으로 일단 설정해 둘 수 있겠다.[9]

---

8) 吉林省文物考古硏究所·集安市博物館, 2004, 『集安高句麗王陵』, 文物出版社, 298 쪽.
   도면은 상기 보고서의 297쪽에 실려 있으며, 도면번호는 도224-2번이다. 보고서 에서는 '片形飾'이라 명명하고 있다.
9) 이와 관련하여 415년에 축조된 풍소불묘에서 사엽시체문이 시문된 철경이 출토 된 사실은 참고할 만하다.
   黎瑤渤, 1973, 「遼寧北票縣西官營子北燕馮素弗墓」, 『文物』73-3, 11쪽.

① 우산하 992호묘 출토 금동시체형장식금구

② 전 지산동고분군 출토 연봉문행엽

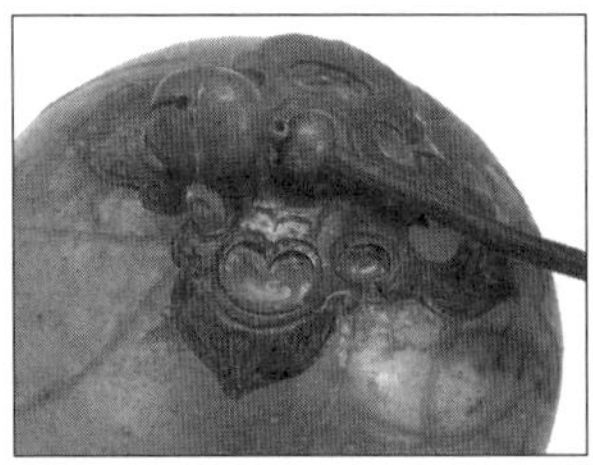

③ 부여 하황리 사엽장식유리구슬

④ 무용총 현실 천장의 연화문

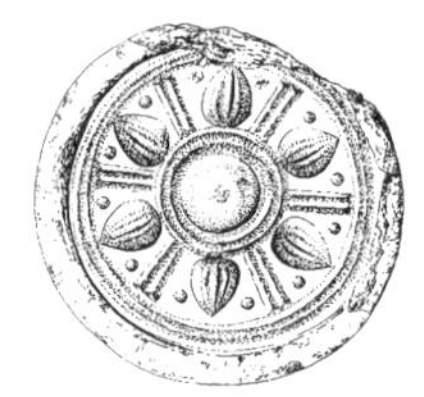

⑤ 태왕릉 출토 연화문와당 B식

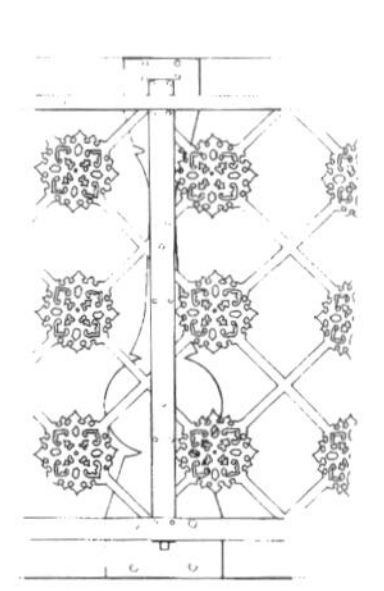

⑦ 태왕릉 출토 연봉삼엽문만가

⑥ 태왕릉 출토 연속연봉삼엽문장식판

〈그림 2〉 우산하 992호묘 출토 금동시체형장식금구와 비교자료

이와 같은 편년설정은 송계현이 馬冑에 대한 분석을 토대로 우산하 992호묘의 축조시기를 4세기 말로 본 것과 일치한다. 그의 견해는 半圓形의 우산하 992호묘 출토 馬冑가 三葉形으로 바뀌는 것은 덕흥리 벽화고분 이후이며 동일한 형식의 마주가 합천 옥전 28호분에서 확인된 사실에 기초하고 있다. 동아시아 전체의 馬甲과 마주의 발전양상을 고려한 결론이므로 충분한 설득력을 지닌다. 그리고 모모자키가 우산하 992호묘에서 출토된 菊形雲珠가 4세기 후엽 三燕의 고분에서 유행하던 鳳凰文步搖附雲珠의 형식을 계승한 것으로 본 견해도[10] 우산하 992호묘의 축조시기의 설정에 참고가 된다.

이외에도 우산하 992호묘에서 출토된 金銅魚鱗文裝飾小刀(그림 3-①) 역시 본고에서 제시한 상기의 편년설정의 중요한 근거자료라 할 수 있는데, 동일한 크기와 용도의 소도장식이 馮素弗墓에서 확인된다.[11] 이 馮素弗墓 출토 小刀는(그림 3-②) 魚鱗文이 아닌 圓點文을 장식으로 사용하였지만, 우산하 992호묘 장식소도와 동일한 형식에 포함시킬 수 있다. 한편, 삼국시대고분에서 대도의 손잡이장식으로 시문된 어린문은 함양 백천리 Ⅰ-3호분과 나주 신촌리 9호분 을관에서 확인되며,[12] 기타 영남지방의 대형고분의 장식유물에서도 확인된다.[13] 이들 어린문장식대도나 장식유물이 출토되는 무덤들은 대체적으로 5세기 후반에서 6세기 전반으로 편년되는 것들이다. 이를 감안할 때 우산하 992호분에서 출토된 金銅魚鱗文裝飾小刀의 제작시기는 4세기 초엽일 가능성은 현재까지 고고자료에

---

10) 모모자키, 2009, 앞의 글, 203쪽.
11) 黎瑤渤, 1973, 앞의 글, 7쪽.
12) 국립대구박물관, 2007, 『한국의 칼』, 57쪽과 63쪽.
13) 칼손잡이 장식뿐만 아니라 어린문은 다른 장식유물에서도 확인되는데, 이와 관련해서는 다음의 글이 참고된다.
   구자봉, 2004, 『삼국시대 환두대도의 연구』, 영남대학교대학원 박사학위논문, 182~184쪽.

근거할 때 매우 희박하다고 할 수 있다.

　요컨대 우산하 992호묘는 기년명와당의 형식, 금동장식문양의 도상, 마주·마갑의 발전양상, 연봉삼엽문의 등장 등등에 근거할 때 4세기 말엽으로 편년될 수 있으며, 그 중에서도 '戊戌'명 기와의 다량 출토로 미루어 398년을 전후한 시기에 축조된 무덤이라 할 수 있겠다.[14] 따라서 우산하 992호묘보다 분명 후행하는 무덤인 태왕릉은 5세기 초엽에 축조된 무덤이며, 그 피장자는 391년에 죽은 고국양왕이 될 수 없고, 광개토왕(413년 사망)일 수밖에 없다고 할 수 있다.

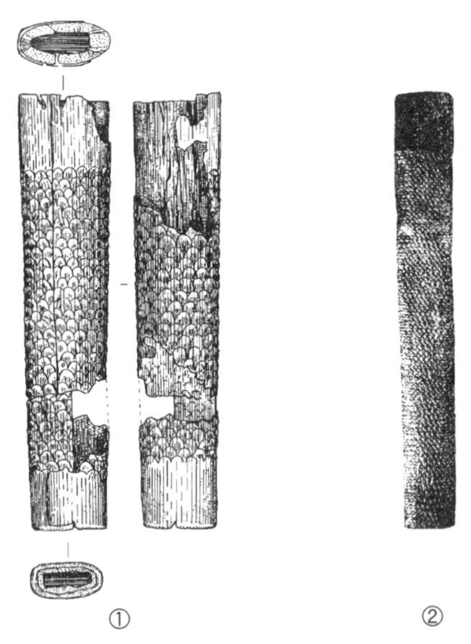

<그림 3> 우산하 992호묘 출토 금동어린문장식소도(①)와
풍소불묘 출토 금동장식소도(②)

---

14) 모모자키는 서대총의 기년명기와의 번와 시기를 무술년을 338년으로 보는 한편, 서대총 출토 마구와 장식유물은 후대에 혼입된 것으로 보면서, 그 이유로는 고분의 파괴에 동반하는 개장행위로 파악하고 있다.
　　모모자키, 2009, 앞의 글, 239쪽.

## 2. 將軍塚

앞 절에서 우산하 992호묘의 편년설정을 통하여 태왕릉이 광태토왕릉임을 우선적으로 언급하였다. 이런 주장을 더욱 보강하기 위해서는 부득불 장군총의 피장자에 대한 검토가 요구된다. 결론적으로 장군총은 평양천도 이후에 조성된 무덤이고 왕릉이 아니라고 판단된다.[15] 이런 판단은 태왕릉과 장군총을 비교할 때 묘제의 규모와 양식에서 급격한 변화가 있다는 사실에 근거한다. 만약 장군총을 광개토왕릉으로 보고 태왕릉을 고국양왕의 무덤으로 볼 경우, 이런 급격한 묘제상의 변화가 20년만에 이루어진 셈인데, 묘제양식의 변화속도를 감안할 때 쉽게 납득이 가지 않는다. 이런 상식적인 판단을 구체적인 자료를 통하여 입증하면 다음과 같다.

### 1) 무덤의 입지

장군총은 우산하고분군 중에서도 가장 높은 곳에 위치하고 있다. 이런 무덤의 입지는 태왕릉·천추총·서대총·임강총·마선구 2100호묘 등과 같은 왕릉급무덤이 河岸의 충적대지 상에 축조된 것과는 대조적이다. 이런 입지적인 차이는 무덤조성의 시기적인 차이를 반영한 것일 가능성이 높다. 이는 평양천도 후 고구려 왕릉급무덤의 입지와 상통할 뿐만 아니라 웅진천도 후 백제의 왕릉입지나 석실분단계의 신라고분들의 입지와도 대체적으로 일치한다.[16] 이를 통해 장군총의 입지는 삼국시대 후기고분의 입지를 따르고 있다고 볼 수 있겠다. 이에 장군총이 광개토왕릉일 가능성은 입지를 통하여 볼 때 일단 가능성이 낮다고 할 수 있다.

---

15) 여기서 장수왕의 수릉으로 보는 견해에 대한 검토는 고고학적으로 분석하기 어려운 부분이고 필자의 역량을 넘어서는 논쟁이므로 생략토록 한다.
16) 曹永鉉, 2004a, 앞의 글, 54~55쪽.

## 2) 傳東明王陵과의 관계

전동명왕릉의 피장자의 문제는 태왕릉·장군총의 피장자 문제와 마찬가지로 계속적인 논쟁거리였다. 이런 논쟁에서 조영현의 연구가 고고학적인 분석방법에 기초하였고, 본고의 연구결과와도 크게 모순되지 않은 까닭에 이 글에서는 그의 견해를 따르고자 한다. 그의 주장을 맺음말을 정리하여 소개하면 다음과 같다.[17]

우선, 그는 전동명왕릉은 현실의 규모가 당시에 축조된 고구려고분 중에서 최대이고, 축조기법상 집안일대의 적석총에 적용되었던 내물림축조기법과 둔감기법의 기단을 봉토분에 적용한 유일한 예로 보았다. 둘째로, 그는 이 고분의 축조시기는 입지 및 배후 봉토분과의 분포관계, 구조형태, 壁畵蓮花의 추이를 통해서 5세기 말경으로 판단하였다. 셋째로, 그 축조시기에 대하여 그는 대형봉토분의 전후실구조분과 측실구조분 등 다양한 묘제의 공존시기를 벗어나 단실구조분으로 통일되는 과정으로 파악하였다.

한편, 그는 전동명왕릉의 피장자와 관련하여, 봉분과 현실의 규모에서 왕릉급인 점, 최고급 분묘들로 구성된 陪塚群을 거느린 점, 태왕릉의 기단축조방법을 계승하면서도 단실묘인 사실로 미루어 5세기 말엽에 축조된 점, 관정 및 장신구가 출토되어 虛墓가 아닌 점 등등을 들어 長壽王陵으로 비정하였다.

이런 그의 견해를 전적으로 수용한다면, 장군총을 장수왕의 虛墓로 보는 견해는 일단 설득력이 없다고 할 수 있다. 그러면 장군총의 피장자 문제만이 남게 된다. 이에 대해서는 앞에서 언급한 "장군총은 왕릉이 아니다"라는 조영현의 언급에 동의하고자 한다. 그 이유는 다음과 같은데, 장군총에서 출토된 유물이 매우 소략한 편이므로 고고학적 정황만을 제시한다.

---

17) 위의 글, 85~86쪽.

우선, 장군총에서는 왕릉임을 直示해주는 유물이 전혀 확인되지 않은 점이다. 또한 발굴조사를 통해서는 왕릉임을 암시하는 威身的 유물이 거의 확인되지 않았다. 다량의 위신재가 출토된 태왕릉과는 매우 대조적이라 할 수 있다. 후대의 도굴과 멸실의 결과로 볼 수도 있지만, 고구려적석총의 유물출토상황이 대부분 묘실이 아닌 봉토와 그 주변부에서 출토되는 양상을 고려할 때18) 우연만으로 돌릴 수 없다는 생각이 든다.

둘째로, 모모자키도 지적한 바와 같이19) 집안의 대형적석총 중에서는 왕의 아버지 등 유력왕족이나 상위귀족의 묘도 포함되어 있을 수 있다는 사실이다. 이는 경주 대릉원 일대의 무덤들이 金氏 一族의 무덤들로 그 어떤 무덤도 왕릉으로 확정할 수 없는 사실과도 상통한다. 이와 함께 사신도가 그려진 전축분인 송산리 6호분을 왕릉으로 보고 성왕릉이나 동성왕릉으로 비정한 견해도 있지만, 현재로는 백제왕의 무덤이 아닐 것이라는 견해가 힘을 얻고 있는 사실도 참고가 된다.20) 이상을 통해 장군총도 왕릉이 아닐 가능성이 있음을 우선적으로 염두에 두어야 할 것이다.

셋째로, 집안에 소재한 通溝 四神塚과 五盔墳 4·5號墓의 존재에 대한 해석이다. 이들 무덤은 규모·석재·벽화내용 등에서 평양의 강서대묘에 결코 손색이 없는 왕릉급 무덤이다. 특히 이들 무덤의 천장석에는 황룡이 그려져 있어 왕권을 표방하고 있다. 그럼에도 이들 무덤이 왕릉일 가능성은 극히 낮다. 장수왕 이후의 고구려 왕들은 王都인 평양에 묻혔을 것이 확실하기 때문이다.21) 이처럼 평양천도 후 6세기 무렵까지 舊都였던 집안지역에 왕릉급의 무덤이 엄연히 존재하였던 사실은, 집안지역이 천도

---

18) 최종택, 2006, 「집안 고구려왕릉 출토 유물의 제문제」, 『한국고대사연구』41, 한국고대사연구회, 138쪽의 표1 참조.
19) 모모자키, 2009, 앞의 글, 241쪽.
20) 이남석, 2002, 『백제묘제의 연구』, 서경문화사, 201~209쪽.
21) 예로 신라 왕 중에서 왕도인 경주를 벗어난 다른 곳에 매장된 왕릉은 경기도 파주에 소재한 傳경순왕릉밖에 없다.

이후에도 副都의 위상을 유지하였음을 알 수 있다. 이와 관련하여 6~7세기 고구려 정치사의 전개과정을 평양계와 국내계 귀족 세력의 갈등과 대립이라는 구조 속에서 파악한 연구는[22] 주목할 만하다. 이런 갈등을 가장 잘 보여주는 사실은 개로왕이 북위에 보낸 국서에 장수왕이 大臣彊族을 무참히 살육하였다는 기록[23]이라 할 수 있다. 이상에서 遷都 이후 國內城地域에는 평양의 王權과 필적하는 정치세력이 존재하였음을 알 수 있다. 그리고 이런 역사적 사실을 고고학적 자료와 연결할 때 장군총의 피장자가 장수왕이 아니라 遷都 이후 평양세력과 대립각을 세우면서 국내성세력을 이끄는 왕족이었을[24] 가능성을 제시할 수 있다.

넷째로, 장군총의 축조기술과 규모에 대한 검토이다. 장군총은 고구려 적석총 축조기술이 최정점에 도달한 단계의 무덤으로 견고성과 짜임새에 있어서 천추총·태왕릉과 비교할 때 그 격을 달리한다. 그에 비하여 규모 면에서는 천추총·태왕릉에 비하여 절반밖에 되지 않는다. 이와 같은 묘제상의 변화, 즉 축조기술의 발달과 규모의 축소는 왕의 위상과 관련된 결과이기보다는 묘제의 발달로 파악해야 온당하다고 할 수 있다. 즉, 장군총을 광개토왕의 위상과 걸맞는 무덤이라는 막연한 인식보다는 고구려 적석총의 전반적인 발전양상의 결정판으로 파악해야 한다는 것이다. 이런 사실은 신라 적석목곽분의 발전양상과도 연결해 볼 수 있다. 황남대총과 천마총을 비교할 때 선행하는 황남대총은 분구의 규모와 유물의 수량

---

22) 임기환, 2004, 『고구려정치사연구』, 한나래, 261~311쪽.
23) 『위서』 권97 열전 제57 백제전.
   "今璉有罪 國內魚肉 大臣彊族 戮殺無已 …"
24) 여기서 王族으로 본 이유는, 적석총이 고구려왕족의 정체성을 표방하는 무덤인 사실에 착안하였다. 이는 천도 이전까지 고구려왕족들이 그들의 묘제로 적석총을 고집한 사실로 뒷받침된다. 그에 반해 귀화세력들은 안악 3호분과 덕흥리 벽화고분을 통해 볼 때, 벽화고분을 선호했을 가능성이 높다고 할 수 있다. 이런 사실로 5세기 후반에 축조된 전동명왕릉과 장군총은 개방적인 평양세력과 보수적인 국내성세력을 상징적으로 보여주는 무덤이라 추측해 볼 수 있다.

에서는 천마총을 월등하게 앞서지만, 유물의 종류와 질에서는 후행하는 천마총에 비하여 뒤떨어진다. 백제도 마찬가지로 웅진천도와 함께 분구 중심의 적석총에서 묘실중심의 석실분으로 묘제가 발전한다. 이런 경향 성을 통해 분구가 축소되고 묘실이 확대되는 경향은 후기고분의 특징이 라 할 수 있으며,[25] 이런 묘제의 발전방향성에서 장군총도 예외는 아니라 할 수 있다. 이에 장군총의 위용과 완벽성은 무덤축조기술의 발전에 따른 결과물이라 할 수 있겠다. 따라서 태왕릉과 장군총의 축조기술의 차이는 일반적인 묘제축조기술의 발전을 고려할 때 20여 년 내에 이루어진 결과 로 보기에는 곤란하다고 판단된다.

마지막으로, 광개토대왕릉비(이하 능비)의 '墓上立碑'라는 기록에 대한 검토이다. 능비에서는 '先祖 王들 이래로 능묘에 석비를 세우지 않았기 때문에 수묘인 煙戸들이 섞갈리게 되었다. 오직 國罡上廣開土境好太王께 서 先祖王들을 위해 墓上에 碑를 세우고 그 煙戸를 새겨 기록하여 착오 가 없게 하라고 명하였다'라고[26] 새겨져 있다. 여기서 墓上이란 무덤 위 를 말하는 것이 아니라 墓域上으로 해석하는 것이[27] 합당하다고 본다. 또한 능비에는 守墓人들을 銘記하였음을 볼 때 왕릉의 수호가 능비 건립 의 주요 목적인 사실을 들어, 가장 근접해 있는 태왕릉이 광개토왕릉으로 비정한 견해가[28] 합리적인 해석이라 판단된다. 결국 묘역에 세워진 것이

---

25) 조영현도 전동명왕릉은 장군총과 달리 내부구조, 특히 현실의 축조에 정성을 집 중화하였음을 강조하고, 이를 후기고분시기의 단초적인 현상이라 하였다.
  조영현, 2004a, 앞의 글, 78쪽.
26) 盧泰敦의 해석을 그대로 인용하였다.
  한국고대사회연구소 편, 1992,『역주 한국고대금석문』제1권(고구려·백제·낙랑 편), 20쪽.
  "自上祖先王以來墓上不安石碑致使守墓人煙戸差錯唯國岡上廣開土境好太王盡爲祖先 王墓上立碑銘其煙戸不令差錯"
27) 위의 글, 30쪽 주72).
28) 노태돈이 태왕릉에서 출토된 명문전에 대한 해석을 하면서 피력한 견해이다.

능비라고 할 때, 묘역은 능비를 중심으로 범위가 정해졌을 것이고, 이를 감안할 때 무려 2km 이상 떨어진 장군총이 광개토왕의 능원 내에 포함될 가능성은 낮다고 할 수 있다. 이와 함께 광개토왕시대 고구려는 중국문화를 그렇게 깊이 받아들이지 않았기 때문에 參道를 설정하는 것은 비현실적이라는 池內宏의 견해와, 비의 건립 목적이 수묘인 연호와 관련있는 만큼 비와 능과의 방향 위치관계는 의미가 없다는 濱田耕策의 견해도[29] 장군총을 광개토왕릉으로 보는 주장과는 부합되지 않는다.

### 3) 長川 2號墳과의 비교연대

장군총의 축조시기를 살핌에 있어서 교차연대를 적용할 수 있는 대상은 장군총에서 출토된 蓮花文瓦當과 동일한 형식의 것이 출토된 長川 2號墳이(그림 4-①) 유일하다. 장군총의 연화문와당은(그림 4-②) 輻線에 의해서 8등분된 구획 내에 杏仁形의 연봉이 시문된 것이 특징적이다. 이를 김희찬은 Ⅰc식 와당으로 명명하면서 태왕릉·장군총·장천 2호분에서 출토된 연화문와당을 포함시키고 있다.[30] 장천 2호분 출토 와당에 대해서 魏存成은 고구려 봉토석실분의 상부에 건축흔적이 아직 발굴되지 않은 점을 들어 장천 2호분과 무관한 유물로 보는 견해도 있다.[31] 그러나 고구려와당의 대부분이 묘실이 아닌 봉분이나 묘역에서 출토되는 일반적인 사실을 감안하여, 일단 장천 2호분의 축조시기와 관련이 있는 유물로 보고 논의를 진행코자 한다.

---

위의 글, 142쪽.

29) 아래의 글에서 재인용하였다.
   백승옥, 2005, 앞의 글, 134·137쪽.
30) 김희찬, 2006, 「고구려 연화문 와당의 형식과 변천」, 『고구려연구』22, 고구려발해학회, 202~203쪽.
31) 魏存成(신용민 역), 1996, 『高句麗考古』, 호암미술관, 274쪽.

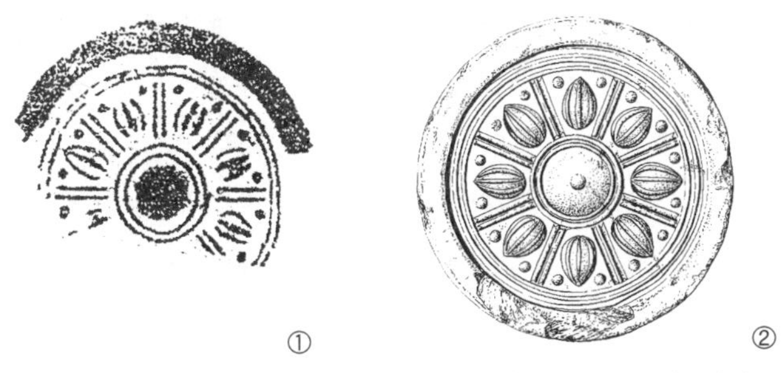

〈그림 4〉 장천 2호분 출토 연화문와당(①)과 장군총 출토 연화문와당(②)

장천 2호분에서는 출토된 유물 중에서 편년 설정에 도움이 되는 것은 黃釉陶竈, 黃釉四耳壺, 十字文杏葉 등이다.[32](그림 5) 우선 이들과 동일한 형식이 출토된 무덤을 정리해 보면 다음과 같다.

〈표 2〉 장천 2호분과 동일한 형식의 유물이 출토된 무덤

| 분석대상 | 분석대상과 동일한 형식이 출토된 무덤 |
|---|---|
| 黃釉陶竈 | 삼실총, 환인 장군묘 |
| 黃釉四耳壺 | 삼실총, 금관총 |
| 十字文杏葉 | 마선구 1호, 만보정 78호 |

우선, 상대편년이 비교적 잘 정리되어 있는 四耳壺를(그림 5-②) 대상으로 살펴보면, 상대편년은 마선구 1호묘→삼실총→장천 2호분→몽촌토성 등의 순으로 발전하는 것을[33] 알 수 있다. 여기서 몽촌토성 출토품은 고구려의 한성점령을 고려할 때, 5세기 말엽으로 일단 편년할 수 있으며,

---

32) 개별 유물의 형식분류와 관련해서는 다음의 글을 참조하였다.

박경신, 2006, 「고구려 난방시설 및 자비용기에 대한 일연구」, 『숭실사학』19, 숭실사학회, 237~240쪽 ; 최종택, 2005, 「고구려토기편년연구」, 『고구려문화의 역사적 의의』, 고구려연구재단, 373~378쪽 ; 모모자키, 2005, 앞의 글, 122쪽.

33) 최종택, 위의 글, 377의 삽도 6.

이에 따라 삼실총·장천 2호분 출토품은 일단 5세기 중엽으로 편년할 수 있겠다. 이런 편년설정은 장천 2호분의 보고서에서 무덤의 축조시기를 통구 12호분과 비슷한 시기인 5세기 중엽 혹은 그것보다 조금 늦은 시기로 잡은 것과[34] 일치한다. 여기서 금관총 출토품은 위의 편년을 따를 경우 5세기 중엽으로 편년될 수 있겠다. 금관총이 5세기 말엽 혹은 6세기 초엽으로 일반적으로 편년되는 것과 일치하지 않으나, 전세기간을 고려할 때 모순되지 않는다고 생각된다.

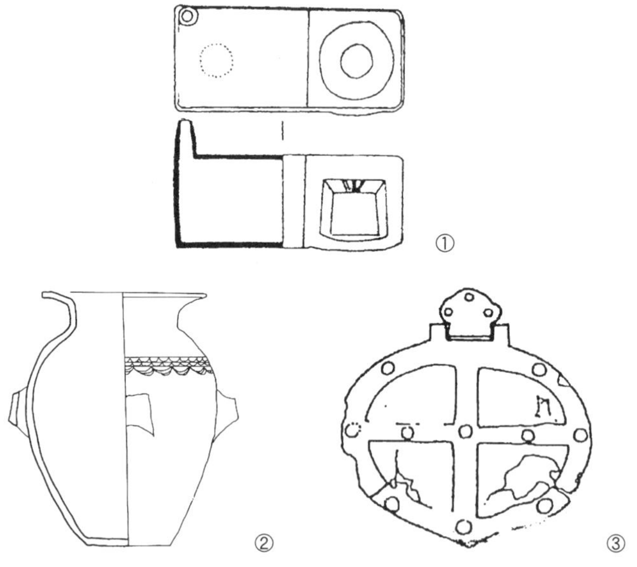


〈그림 5〉 장천 2호분 출토 黃釉陶灶(①), 黃釉四耳壺(②), 十字文杏葉(③)

---

34) 吉林省文物工作隊, 1983, 「吉林集安長川二號封土墓發掘紀要」, 『考古與文物』83-1. 편년과 관련하여 "5世紀中葉或稍后"라 하였다.

다음으로, 十字文혐葉과(그림 5-③) 관련해서는 만보정 78호분 출토품이 참고가 되는데, 모모자키는 만보정 78호분에서 退化한 龍文透彫鞍과 新式의 鐙子가 공반되는 점을 들어 무덤의 축조시기를 5세기 중엽으로 편년하고 있다.[35] 그리고 그는 마선구 1호묘 출토품에 대해서는 극단적으로 대형화된 점을 들어 5세기 중엽을 넘어서지 않을 것으로 보았다.[36]

마지막으로 黃釉陶灶와(그림 5-①) 관련해서는 桓仁 將軍墓의 축조시기가 검토대상이다. 이 무덤은 玄室 전방에 龕室이 달린 前室龕室形二室墳[37]이다. 벽화의 주제는 '王'자 무늬와 연꽃무늬 중심의 장식무늬이다. 벽화내용을 바탕으로 5세기 중엽에 축조된 것으로 편년된다.[38]

이상의 유물에 대한 검토와 벽화내용을 통한 기존의 연구성과를 토대로 할 때, 장천 2호분은 5세기 중엽에 축조된 무덤으로 보아도 무리가 없다고 판단된다. 따라서 평양천도 이후에 조성된 무덤임을 알 수 있다.

그런데 여기서 장천 2호분의 유물은 삼실총 출토품과 가장 밀접한 연관성을 갖고 있음을 알 수 있다. 黃釉陶灶와 黃釉四耳壺에서 거의 동일한 형식에 속함을 알 수 있다. 따라서 삼실총의 축조시기를 규명하는 것은 장천 2호분의 축조시기를 좀 더 구체화하는 대안이 될 수 있겠다.

삼실총의 벽화구성에 무엇보다도 주목되는 사실은 사신도가 있다는 점이다. 고구려 벽화고분에서 사신도는 약수리 벽화고분, 무용총, 삼실총, 장천 1호분, 대안리 1호분, 덕화리 1호분, 호남리 사신총, 진파리 1호분, 통구 사신총, 오회분 4·5호묘, 강서대묘와 강서중묘 등에서 확인된다. 이런 사신도는 약수리 벽화고분에서 초출하여 점차적으로 고분벽화의 중

---

35) 모모자키, 2005, 앞의 글, 122쪽.
36) 위의 글, 122쪽.
37) 서술의 편의를 위하여 명명한 무덤형식이다. 덕흥리 벽화고분·약수리 벽화고분 등과 같은 전실과 후실이 동일한 크기의 전후이실분과 구별하기 위함이다. 전실 규모의 축조에 따른 결과라 할 수 있다.
38) 전호태, 2000, 『고구려벽화연구』, 사계절, 377쪽.

심주제로 자리매김하여 가는데, 그런 위상의 변화는 사신관념의 수용과 불가분의 관계를 지닌다고 할 수 있다. 이런 까닭에 개별 벽화고분에서 사신의 위상은 고분축조의 상대편년을 설정할 수 있는 표지가 될 수 있다. 일반적으로 사신의 위상은 벽화에서 천계의 서수 중의 하나로써 천정부에 그려지다가 점차로 묘실 사벽의 중심주제로 자리매김한다. 따라서 사신이 그려진 위치 파악은 편년설정의 기준이 될 수 있다. 이런 가정에서 묘실 내에서 사신도가 그려진 위치를 정리하면 다음과 같다.

〈표 3〉 고구려벽화고분에서 사신도가 그려진 위치에 따른 무덤의 구분

| 묘실내 위치 | 해당고분 | 비고 |
| --- | --- | --- |
| 천정부의 일부 | 약수리 벽화고분 | 하늘 세계의 일부분, 사신의 개념조차 제대로 갖추지 못함, 사신의 도상이 유치한 수준 |
| 천정고임부의 일부 | 무용총 | 현실 천장고임 벽화의 일부분, 현무누락 |
| 천정고임부의 전부 | 삼실총, 장천 1호분 | 현실 천장고임의 독립된 공간차지, 도상이 정연함 |
| 묘실 벽면의 일부 | 대안리 1호분, 덕화리 1호분 | 생활풍속도에 속하지만 벽면에 그려짐 |
| 묘실 벽면의 전부 | 호남리 사신총, 진파리 1호분, 통구 사신총, 오회분 4·5호묘, 강서대묘와 강서중묘 | 사신도단계의 벽화고분에 그려졌으며, 벽면에 사신만을 그림 |

이상의 표를 통하여 삼실총은 무용총보다는 후행하며 덕화리 1호분·호남리 사신총보다는 선행하는 무덤임을 알 수 있다. 이들 고분의 편년자료로서 활용할 수 있는 유물은 천마총 출토 銀製銙帶 드리개를 들 수 있다. 이 드리개에는 龍文이 線刻으로 새겨져 있는데, 용두의 기본적인 형태가 덕화리 1호분의 청룡·호남리 사신총의 청룡과 일치하며 특히 龍角의 말단이 花形인 점이 상기 두 고분의 벽화와 완전히 일치한다.[39](그림

---

39) 이경미, 2007, 『한국고대 용봉문양의 역사고고학적 연구』, 성균관대학교 박사학위논문, 169~170쪽.

6) 이는 덕화리 1호분과 호남리 사신총이 천마총의 축조시기인 6세기 전후와 엇비슷할 가능성을 보여준다. 이런 사실을 감안할 때 전호태가 5세기 중엽으로 편년한 벽화고분 중에서[40] 四神을 모두 갖춘 사신도가 일정한 독립된 공간 속에 그려진 벽화고분들은(삼실총, 장천 1호분, 대안리 1호분, 덕화리 1호분) 6세기대의 사신도단계로 넘어가는 과도기적 단계로 보고 5세기 말엽으로 편년하는 것이 온당하다고 판단된다.

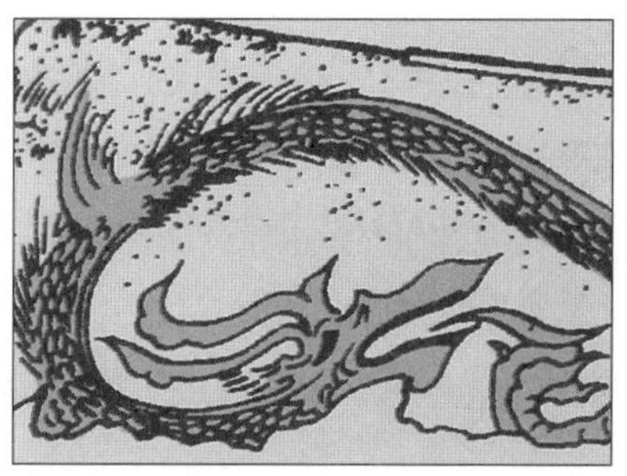

① 천마총 과대의 드리개

② 덕화리고분의 청룡

③ 호남리사신총

〈그림 6〉 천마총 출토 은제과대드리개의 용각과 비교자료
(본서 제3장의 〈도 40〉을 전재)

---

40) 전호태, 2000, 앞의 글.

이상에서 장천 2호분의 축조시기는 5세기 말엽으로 편년되는 삼실총의 축조시기와 큰 차이가 없을 것으로 판단된다. 기존의 연구성과들에서 장천 2호분을 5세기 중엽으로 편년하는 것이 대세이지만, 해당보고서에서 5세기 중엽보다는 조금 늦은 시기일 가능성이 있음을 지적한 것을 염두에 둘 때, 5세기 전반에 축조되었을 가능성은 낮다고 할 수 있겠다. 따라서 본고의 논지와 관련하여 일단 5세기 후반에 축조된 것으로 편년을 설정해 두고자 한다. 그리고 이처럼 장천 2호분의 축조시기를 5세기 후반으로 편년할 때, 동일한 형식과 규격의 연화문와당이 출토된 장군총의 축조시기도 5세기 후반으로 편년될 수 있겠다. 이런 결론은 전동명왕릉을 장수왕의 무덤으로 비정한 연구결과에도 적절하게 합치된다.

요컨대, 장천 2호분의 축조시기를 5세기 후반으로 볼 수 있다면, 동일한 연화문와당이 출토된 장군총의 축조시기 역시 5세기 후반으로 볼 수 있겠고, 이럴 경우 장군총은 5세기 초엽에 사망한 광개토왕릉이 될 수 없다고 할 수 있다.


# Ⅲ. 태왕릉 출토 유물의 검토


앞 장에서 태왕릉 피장자의 비정과 불가분의 관계가 있는 우산하 992호묘, 전동명왕릉, 장천 2호분의 축조시기에 대하여 검토하였다. 이상의 분석에서 장군총은 광개토왕의 무덤이 아닐 가능성을 제시하였고, 우산하 992호묘의 축조시기가 390년대일 가능성이 높기 때문에 태왕릉이 고국양왕의 무덤이 아닐 것이라 추측하였다. 그리고 이런 분석결과를 근거로 태왕릉의 피장자가 광개토왕이라는 결론을 도출하였다. 이 장에서는 태왕

룽이 광개토왕릉이라는 전제하에서 태왕릉 출토 유물에 대한 검토를 실
시하여 앞에서의 결론을 한층 보강하고자 한다.


## 1. 출토유물은 태왕릉의 매장유물


본격적인 논의에 앞서 태왕릉에서 출토된 銅鈴을 비롯한 금동장신구류
들이 태왕릉에 부장된 유물이 아닐 가능성이 있다는 주장이[41] 제기되고
있으므로 이에 대한 간단한 언급이 필요하다. 이런 출토양상에 대하여 이
희준은 보고서에 언급된 바와 같이 누군가가 도굴하여 태왕릉 기단석 옆
을 파서 묻어 둔 경우와 매장 당시의 제사유물일 경우를 상정하였다.[42]
본고에서도 이희준의 의견을 따르면서 태왕릉 출토유물을 태왕릉에 부장
된 유물로 보고자 한다. 그 이유는 고구려적석총의 경우, 매장주체부가
석곽인 경우, 석곽이 제대로 남아 있지 않은 경우가 대부분이고, 석실의
경우에도 묘실 내에서 유물이 부장되는 경우가 극히 드물기 때문이다.[43]
이는『집안고구려왕릉』에서 수록무덤의 유물출토상황을 분석한 최종택의
글을 참고할 때 매장주체부에서 출토된 경우가 없는 사실로도 확인된
다.[44] 이런 견해들과 함께 다량의 유물이 출토된 적석총의 유물출토양상
을 정리해 보면 〈표 4〉와 같이 墓室, 墓道, 積石墳丘 등에 고르게 유물을
부장하였음을 알 수 있다.
　이상의 적석총에서의 유물출토양상을 살펴볼 때, 묘실 내에 유물을 집
중부장하지 않고 묘도와 적석분구 등에 고르게 부장하였을 가능성이 높

---

41) 이도학, 2009, 앞의 글, 138쪽.
42) 이희준, 2006, 앞의 글, 109쪽.
43) 위의 글, 108쪽.
44) 최종택, 2006, 앞의 글, 128쪽 표1.

음을 알 수 있다.[45] 따라서 묘실 내에서 출토된 유물만을 무덤의 부장유물로 취급할 수는 없다고 할 수 있다. 이와 관련하여, 매장을 마치면 죽은 자가 생전에 입던 옷, 놀이도구, 수레 등을 묘 옆에 갖다 놓아두면 장례에 참석한 사람들이 다투어 집어갔다는 『北史』의 기록은[46] 고구려 적석총의 유물출토상황과 무관하지 않다고 판단된다.

〈표 4〉 고구려 적석총에서 유물이 출토된 위치에 대한 구분

| 무덤명 | 유물출토위치 | 유물종류 |
|---|---|---|
| 칠성산 96호묘[47] | 묘도 | 청동용기, 마구, 금동장신구 |
| 우산하 68호묘[48] | 적석분구 | 청동용기 |
| 만보정 78호묘[49] | 묘도 | 마구 |
| 우산하 195호묘[50] | 묘광, 적석분구 | 동전, 금동장식, 철촉, 도제용기 |

이상에서 검토한 적석총의 유물출토양상과 『北史』의 葬送관련 기록을 참고할 때 고구려에서는 부장품을 묘실과 묘도, 적석분구, 무덤 주변 등에 매납하였을 가능성이 충분하다고 할 수 있다. 따라서 적석총의 묘역 내에서 출토된 유물은 해당 무덤과 관련된 유물로 파악하는 것이 옳다고 볼 수 있으며, 이는 太王陵의 경우에도 예외는 아닐 것이라 판단된다.

---

45) 고구려 적석총을 계승한 백제적석총인 연천 삼곶리 적석무덤의 경우에도 묘광 내뿐만 아니라 자연분구와 묘역에서 구슬류와 용기류가 확인되었다.
　　문화재관리국 문화재연구소, 1994, 『연천 삼곶리 백제적석총 발굴조사보고서』.
46) 『北史』 卷94 열전82 高麗.
　　"死者 殯在屋內 經三年 擇吉日而葬 居父母及夫喪 服皆三年 兄弟三月 初終哭泣 葬則鼓舞作樂以送之 埋訖 取死者生時服玩車馬置墓側 會葬者爭取而去"
47) 集安縣文物保管所, 1979, 「集安縣兩座高句麗積石墓的淸理」, 『考古』79-1.
48) 위의 글.
49) 吉林省博物館文物工作隊, 1977, 「吉林集安的兩座高句麗墓」, 『考古』77-1.
50) 集安縣文物保管所, 1984, 「集安高句麗墓葬發掘簡報」, 『考古』83-4.

## 2. 金銅四神文鐙子

태왕릉 출토유물 중에서 가장 주목을 받는 유물이다(그림 7). 동아시아 고고학에서 마구의 편년과 관련하여 편년설정의 관건인 유물이기 때문이다. 이 등자에는 사신문이 타출기법으로 시문된 점이 특징적이다. 현무는 제대로 표현되어 있지 않지만 타출기법으로 제작하는 데에 따른 제약으로 생략한 것으로 판단된다. 이 사신문양

<그림 7>
태왕릉 출토 금동사신문등자

은 등자의 제작시기와 관련하여 중요한 분석대상이라 할 수 있다. 이와 관련하여 축조시기가 알려진 안악 3호분(冬壽墓)과 덕흥리 벽화고분에 사신도가 전혀 그려져 있지 않는 점이 주목된다. 이는 적어도 400년까지 고구려에 사신관념이 자리하지 않았고 장식문양이나 도상으로 애용되지 않았음을 시사한다. 고구려벽화고분에서 사신도는 약수리 벽화고분과 遼東城塚에서 초출하고 있다.

약수리 벽화고분의 사신도는(그림 8) 현실 천장에 그려져 있다. 청룡은 몸통의 형태가 백호의 그것과 동일하고 주작은 신령스러운 기운을 풍기지 못한다. 이처럼 사신의 표현방법이 치졸하고 천장부에 그려진 사실은 사신관념이 고구려사회에 도입되는 초기의 사신도임을 보여준다. 무덤의 축조시기는 생활풍속도와 함께 사신이 그려진 점, 덕흥리 벽화고분과 동일한 전후이실묘인 점, 중무장기마단이 존재하고 독립된 단위부대로 편성된 점51) 등을 근거로 5세기 초엽으로 편년할 수 있겠다. 한편, 중무장기마병이 덕흥리 벽화고분의 호위병적 성격에서 벗어나 약수리 벽화고분에

<그림 8> 약수리 벽화고분의 청룡

서 독립적 단위부대를 이루고 있다는 지적은(그림 9) 약수리 벽화고분이 덕흥리 벽화고분(408)보다는 후대에 축조되었을 것임을 강하게 시사한다.

요동성총 역시 사신의 표현이 고졸한 사실과 약수리 벽화고분에서 확인되는 성곽도가 그려진 사실로 미루어 약수리 벽화고분과 축조시기의 차이는 크지 않을 것으로 판단된다. 그리고 그 피장자인 遼東城主를 중국계 인물로 추정할 때, 그 축조시기는 고구려가 요동에 대한 장기적이면서도 실질적인 지배를 시작한 영락 5년(395) 이후일 가능성이 높다[52] 할 수 있다.

이상에서 금동등자에 시문된 사신도의 존재는 태왕릉이 5세기 초엽에 축조되었음을 단적으로 보여주는 자료라 할 수 있는데, 이는 그 피장자가

---

51) 김두철은 안악 3호분과 덕흥리 벽화고분에서는 중장기병이 호위병적 성격을 띠고 있으나, 약수리 벽화고분의 중장기병대는 호위병과는 다른 독립된 병력집단을 이루고 있음을 지적하였다.
김두철, 2000, 『한국고대마구의 연구』, 동의대학교 박사학위논문.
52) 광개토대왕이 요동지역을 점령한 시기를 395년으로 보는 관점과 402년 이후로 보는 관점이 있다고 한다.
조경철, 2008, 「광개토왕대 永樂 연호와 佛敎」, 『동북아역사논총』20, 동북아역사재단, 238쪽.

고국양왕이 아닐 가능성을 단적으로 제시한다. 한편 이런 편년의 설정은
등자 자체의 형식을 통한 연구결과와도 일치한다.[53]

〈그림 9〉 덕흥리 벽화고분의 중무장기마병(상)과 약수리 벽화고분의 중무장기마병(하)

## 3. 출토유물의 교차편년

　태왕릉이 축조되었을 414년 전후로 한 시점에 축조된 무덤 중에서 절
대연대를 알 수 있는 무덤은 덕흥리 벽화고분과 馮素弗墓이다. 이들 두
무덤 출토품과 태왕릉 출토품을 交叉比較하여 태왕릉의 축조시기가 5세

---

53) 모모자키, 2005, 앞의 글, 114~119쪽.

기 초엽임을 재삼 입증코자 한다.

교차편년의 자료로서 최상의 유물은 풍소불묘(415년)에서 출토된 삼익형철촉이다.[54] 모두 8점이 출토되었는데 최고 긴 것이 7.8cm라 보고되어 있다. 三翼의 아래에 骨製의 鳴鏑이 부착되어 있다. 태왕릉에서는 2점 출토되었는데 1점만이 완형이고 골제의 명적은 부식되어 없으며 전장이 6.9cm이다. 촉두의 선단이 완전한 일직선을 이루지 않고, 안쪽으로 살짝 內灣한 형태이다. 형태와 규격에서 두 무덤의 삼익형철촉은 거의 일치한다. 한편, 고구려지역에서 삼익형철촉은 우산하 159호묘, 마선구 1호묘 등에서 확인되는데, 태왕릉과 풍소불묘 출토품과는 형식을 달리한다. 이런 차이는 시기적인 차이를 반영한 것으로 판단된다(그림 10).

<표 5> 태왕릉 출토품의 교차편년 대상유물

| 유물 | 비교대상 |
| --- | --- |
| 삼익형 철촉 | 풍소불묘의 삼익형 철촉 |
| 金銅虎文辻金具 | 덕흥리 벽화고분의 창방의 변형운문 |
| 연화문와당 A형 | 덕흥리 벽화고분의 연봉도상 |

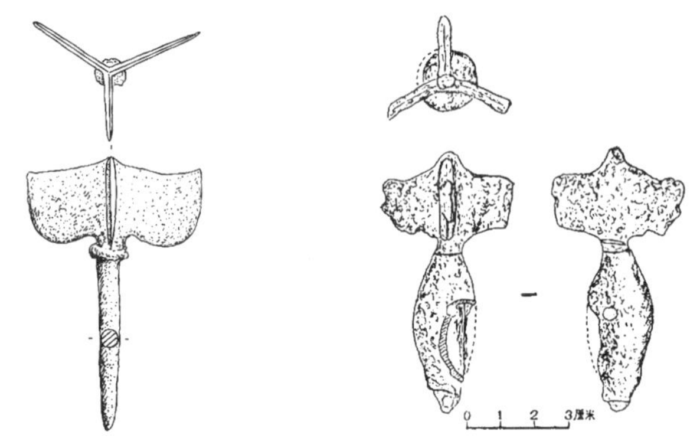

<그림 10> 태왕릉 출토 삼익형 철촉(좌)과 풍소불묘 출토 삼익형 철촉(우)

---

54) 黎瑤渤, 1973, 앞의 글, 8쪽.

태왕릉에서 출토된 연화문와당 A형은(그림 11-①) 태왕릉 출토 와당 중에서 그 수량이 가장 많은 편으로 태왕릉의 조영 당시 사용된 와당으로 보고 있다. 기본적인 형태는 6등분된 방사선의 구역 내에 杏仁形의 연화가 융기되어 있으며, 연화 위에는 Y자로 양각된 문양이 있다.[55] 이런 A형 와당은 안악 3호분, 무용총, 장천 1호분, 통구 12호분 등의 벽화에서 확인된다.[56] 이 중에서 안악 3호분의 연봉은 西側室 서벽의 주인공 政事圖에서 장막을 꾸미는 裝飾器物로 표현되어 있다. 꽃받침이 표현된 점이 특징적이라 할 수 있다. 이에 비하여 덕흥리 벽화고분에서는 전실남쪽천장의 '仙人持蓮' 그림에서(그림 11-②) 확인된다.[57] 仙人이 들고 있는 靈物인 점이 안악 3호분의 그것과는 대조된다. 중국 전통의 도교사상에 습합된 格義佛敎的 성격을 잘 반영하고 있으며, 고국양왕 9년에 '佛敎를 믿어 福을 구하라'라고 내린 敎書와[58] 상통할 수 있는 그림이다. 위의 기사가 광개토대왕의 치적과 관련된 광개토왕 즉위 2년에 이루어진 사실을 염두에 둘 때,[59] 당시 불교의 도교적·기복적 성격을 보여주는 자료라 할 수 있다. 이러한 연화에 대한 인식의 변화와 태왕릉단계에서 와당의 문양이 卷雲文에서 蓮花文으로 전면 교체되는 사실은 주목할 점이라 할 수

---

55) 다음의 글을 정리하였다. 단, 연화문와당 A형이 태왕릉 조영 당시 사용된 와당이라는 것은 田村晃一의 견해를 각주에서 소개한 것이다.
 김희찬, 2005, 「국내성지역에서 새로 발굴된 와당연구 – 연화문와당을 중심으로」, 『고구려연구』19, 고구려연구회, 96쪽과 112쪽의 주)36.
56) 위의 글, 96쪽.
57) 다음의 글을 통하여 덕흥리 벽화고분에 연봉문 그림이 있음을 확인하였다.
 여호규, 앞의 글, 2006, 118쪽.
58) 『삼국사기』 권18 고구려본기 제6 고국양왕 9년조.
 "九年 春 遣使新羅修好 新羅王遣姪實聖爲質 三月 下教 崇信佛法求福 命有司 立國社修宗廟 夏五月 王薨 葬於故國壤 號爲故國壤王"
59) 위의 기사와 관련하여 이병도는 왕의 喪葬과 관련된 내용은 고국양왕 8년(380)에 있었던 사실로 보고, 나머지는 광개토왕 2년(391)의 기사라고 보았다.
 이병도 역주, 1983, 『삼국사기』상, 을유문화사, 334쪽의 주)28.

있겠다. 그리고 이런 변화는 광개토왕의 불교 신봉에 따른 불교진흥책과 불가분의 관계가 있다고 판단된다. 이에 사찰건물이 아닌 무덤의 瓦葺에 연화문와당의 채택 시점은 광개토왕의 불교진흥책이 안정적인 성과를 거두어 실질적인 국교화가 이루어진 시기일 것으로 판단된다. 때문에 그 시점은 광개토왕의 등극과 함께 바로 이루어지지 않았을 가능성이 있다고 판단된다. 이에 관해서는 다음의 절에서 상론코자 한다.

〈그림 11〉 태왕릉 출토 연화문와당 A식(①)과 덕흥리 벽화고분의 仙人持蓮의 연봉(②)

마지막으로 金銅虎文辻金具에(그림 12-①) 대한 검토이다. 태왕릉 출토 금동유물 중에서 가장 인상적인 유물이라 할 수 있다. 半球形의 몸체에 십자형의 連結鉸具가 4方으로 달려 있다. 형식상으로는 單圓形과 雙聯形의 두 종류가 있다. 반구형의 몸체에는 虎文이 투각장식되어 있으며, 周緣에는 운기문을 형상화한 동심원의 內外 雙曲線이 시문되어 있다.[60] 장식문양인 虎文과 雲氣文은[61] 매우 이례적인 문양으로 마구 장식으로는 유일무이하다. 이런 운기문과 상통하는 도상은 고구려 벽화고분 중에서도 덕흥리 벽화고분에서(그림 12-②) 유일하게 확인된다.[62] 현실의 창방

---

60) 길림성문물고고연구소·집안시박물관, 2004, 『집안고구려왕릉』, 문물출판사, 301쪽과 304쪽의 도229.
61) 기본적인 형태상으로는 고고유물에 흔히 시문되는 波狀文을 닮고 있으나 운기문을 형상화한 것이므로 여기서는 상징적 의미를 감안하여 운기문이라 한다.

부분의 장식문양으로 이용되었는데, 지상세계와 천상의 선계를 구분하는
상징적 의미로 시문되었음이 확실하다. 이런 波狀의 운기문이 덕흥리 벽
화고분에서만 확인되는 사실은[63] 이 문양이 아주 짧은 시기 동안 유행한
표현방식임을 알 수 있고, 이를 근거로 金銅虎文辻金具의 제작시기도 5
세기 초엽일 가능성을 제시할 수 있다.

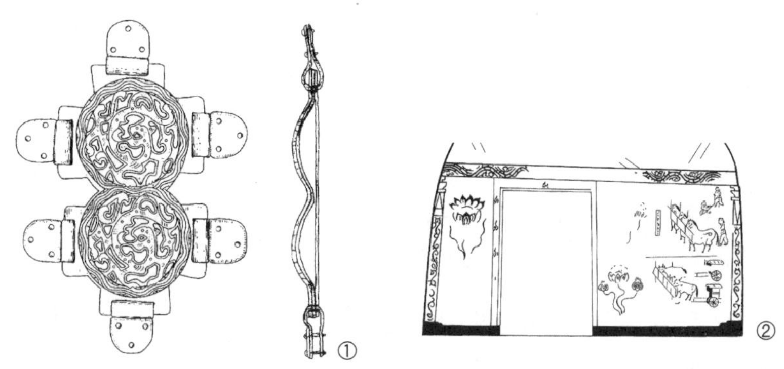

〈그림 12〉 태왕릉 출토 金銅虎文辻金具(①)와 덕흥리 벽화고분 창방의 雲氣文(②)

다음으로 4~6세기 동아시아 장식문양에서 단독문양으로 거의 시문되지
않는 虎文이 태왕릉 마구장식의 주문양으로 애용된 사실에 대한 검토이
다. 결론적으로 虎文의 애용은 고구려의 정체성과 독자성을 보여주는 것
이라 생각된다. 즉, 고구려의 독자적 천하관을 웅변하는 紋章적 의미가
있다고 판단된다.[64] 이런 추측은『日本書紀』24 皇極 4年 4月條에 "일본

---

62) 모모자키, 2005, 앞의 글, 109쪽.

63) 인물풍속도가 그려진 벽화고분에 그려진 운기문에 대한 간략한 소개는 다음의
   자료가 참고가 된다.
   서울대학교출판부, 2000,『북한의 문화재와 문화유적Ⅰ(고구려편)』, 250쪽.

64) 이하의 소견은 다음의 글에서 언급된 문헌과 주장을 재인용하고 재해석한 것이다.
   徐永大, 1991,『한국고대 신관념의 사회적 의미』, 서울대학교 박사학위논문, 65~

승 鞍作得志가 고구려에서 호랑이로부터 도술을 배워 마른 산을 푸른산으로, 황토를 흰 물로 바꾸는 기술을 배웠고 온갖 병을 치료할 수 있는 신비한 바늘을 받았다"는 기록을 통하여 뒷받침된다.[65] 여기서 고구려에서 호랑이를 신령스러운 존재로 숭배하였음을 엿볼 수 있다. 이런 虎神崇拜는 단군신화에서 호랑이를 토템으로 여겼던 사실과 동예에서 '祭虎而爲神'했다는 기록을 통하여 고구려를 중심으로 하는 동북지방과 한반도에 널리 퍼져 있었음을 알 수 있다. 이런 종교관념이 장식문양에 반영된 것이 태왕릉에서 출토된 호문장식의 마구류라 할 수 있겠다. 이와 함께 이를 고구려적 독자적 세계관의 반영으로 보는 까닭은, 三燕의 마구장식의 주문양이 朱雀과 龍文인[66] 사실과 대비되기 때문이다. 그리고 마구장식 문양으로 중국적인 龍雀文과는 별도의 虎文을 애용한 것은 태왕릉 축조 당시 마구제작에 있어서의 독자성이 확립되었음을 시사해 준다. 더 나아가 이처럼 고구려의 독자성이 확립된 시기는 고구려의 독자적 세계관이 확립된 광태토왕대라고 판단한다. 이 역시 다음 절에서 상론하겠다.


## 4. 태왕릉 출토유물의 함축적 의미


태왕릉 유물에서는 이전 시기에 보여지지 않는 요소들이 확인되는데, 그것은 佛敎裝飾의 애용과 裝飾의 獨自性으로 대표된다. 이런 특징은 태

---

91쪽.

65) 위의 글, 66쪽의 주)6.

66) 문양의 분석은 東潮의 아래의 글에 잘 정리되어 있으며, 유물은 요녕성문물고고연구소에서 편찬한 아래의 도록에 실려 있다.
東潮, 2003, 「중국동북지방과 고구려문물의 비교연구」, 『제27회 한국고고학전국대회발표문(고구려고고학의 제문제)』, 85쪽의 표2 참조 ; 遼寧省文物考古研究所, 2002, 『三燕文物精華』, 遼寧人民出版社.

왕릉의 피장자 문제와 관련하여 불교융성책을 본격적으로 시행하고 독자적 세계관을 확립한 왕은 누구냐 하는 검토를 요구한다. 이에 대한 답은 당연히 광개토왕이라 할 수 있다. 그 이유는 다음과 같다.

첫째로, 고국양왕은 태왕릉의 위용과 부장품의 화려함에 걸맞지 않은 인물이라 할 수 있다. 그는 부자상속이 아닌 형제상속으로 왕위를 계승하였으며, 대외적으로 후연·백제와 치룬 전쟁은 일진일퇴의 공방을 거듭하여 군사적 위업을 달성하지도 못한 인물이다. 또한 재위 3년만에 광개토왕을 태자로 삼은 사실로 미루어 일찍이 왕권의 일부를 광개토왕에게 위임함으로써[67] 강력한 왕권을 발휘하지 못하였을 가능성도 점쳐진다. 한편으로 그의 말년의 치적으로 기록된 신라와의 수교, 불교숭신 교시, 국사의 건설, 종묘의 수리 등은 사실상 광개토왕이 재위 2년(392)에 실시한 치적에 대한 誤記로 밝혀져 있다.[68] 결국, 고국양왕대에는 독자적 천하관이 확립되지 않았으며, 불교의 융성에 따른 불교장식도 널리 유행하지 않았을 가능성이 높다고 할 수 있다.

둘째로, 태왕릉 출토품에는 '皇天之子'로서 독자적인 고유한 천하관을 표방한 유물이 확인된다. 이에 해당되는 유물로 金銅四神文鐙子와 金銅龍文帶金具가 대표적이다. 금동사신문등자는 四海四方의 중심에 자신들을 두고자 하는 자신감의 표방이라 할 수 있겠다. 그리고 金銅龍文帶金具에는 최소 3마리의 용이 표현되어 있는데,[69] 신분상징적인 대금구에

---

67) 이는 장수왕이 광개토왕 재위 18년에 태자가 된 것과 차이를 보인다. 한편으로 고국양왕이 치룬 전공의 일부는 태자인 광개토왕이 수행하였을 가능성도 있다. 이는 근초고왕 대의 태자인 근구수왕의 활동과 성왕대 태자인 위덕왕의 활동으로 추측할 수 있다.

68) 이에 대해서는 앞에서 소개한 이병도의 견해(이병도 역주, 1983, 『삼국사기』상, 을유문화사, 334쪽의 주)28)과 함께 "불법을 믿으라는 교서나 국사나 종묘에 관한 내용은 아무래도 왕의 말년보다는 왕의 초년에 실렸을 가능성이 높다"라는 다음의 글은 좋은 참고가 된다.
조경철, 2008, 앞의 글, 230쪽.

용문을 시문한 것은 황룡의 관념과 상통할 수 있다는 점이다. 이상과 같은 '황룡'과 '皇天之子'의 관념은 광개토대왕릉비에 표현된 고구려의 전통적인 신화관이자 독자적 천하관이라 할 수 있다.

셋째로, 불교장식문양의 본격적인 등장이다. 대표적인 유물로 권운문을 대신하여 등장한 연화문와당, 연봉문을 상하교차되게 표현한 金銅透刻蓮蕾連接裝飾板,[70] 연봉 내에 三葉蓮花를 透刻施文한 金銅花紋幔架[71] 등을 들 수 있다. 모두 연봉과 연화를 표현한 것으로 불교장식이 성행하였음을 보여주는 자료라 할 수 있다. 이처럼 불교장식이 위세품의 중심을 이루었다는 사실은 불교가 고구려사회에 핵심적인 종교관념으로 자리잡았음을 보여주며, 국가적인 지원을 받아 불법이 융성하였음을 시사해 준다. 여기서 본고의 논제와 관련하여 고국양왕과 광개토왕 중에서 상기와 같은 불교정책을 펼친 왕은 누구인가에 대한 검토가 필요하다. 이에 대한 대답은 단연 광개토왕이라 할 수 있겠다. 그는 즉위하자마자 '불법을 믿어 복을 구하라'는 교시를 내렸을 뿐만 아니라, 불교적 의미를 내포한 永樂이란 연호를 사용하였으며, 평양에 9사를 창건하였다.[72] 그리고 그는 395년경 요동을 점령하여 그곳에 7층목탑을 세웠고, 국외의 승려들을 적극 유치하여[73] 불교의 발전을 도모하였다.

---

69) 보고서에서는 '帶形飾'으로 명명하고 있다.
  길림성문물고고연구소·집안시박물관, 2004, 앞의 책, 301쪽과 297쪽의 도224-1.
70) 보고서에서는 '片形飾'으로 명명하였다.
  위의 책, 298쪽과 297쪽의 도224-2.
71) 위의 책, 302쪽의 도227.
72) 조경철은 永樂이란 '영원한 낙토', '영원한 법의 즐거움', '영원한 열반의 즐거움' 등으로 해석될 수 있다고 하였으며, 9寺의 창건은 광개토왕이 아래로는 평양 이남, 위로는 요동까지 영역을 확장하고 새로 확장한 지역의 민심수습과 정신적 통일을 꾀하기 위함이라고 보았다.
  조경철, 2008, 앞의 글, 241쪽.
73) 위의 글, 235~239쪽.
  조경철은 『삼국유사』 탑상 요동성 육왕탑조의 '고구려 성왕이 요동성을 순행하한편, 고국양왕대에 불교장식문양이 성행할 수 없는 역사적 정황으로는 불교의 도입과 불교장식의 성행과는 일정한 시차가 있다는 사실을 들수 있다. 백제의 경우 침류왕 때에 불교가 전래되지만 한성백제기의 왕도였던 풍납토성의 기와는 기존의 漢式기와가 주류를 이루고 연화문기와는 극히 소수 출토되었을 뿐만 아니라 형식도 정형화되지 않아서 불교의장의 성행을 보여주지 못한다. 신라의 경우에도 법흥왕 때에 불교를 공인하지만 귀족들의 반발로 불교사찰이 국가적인 지원 아래 대대적으로 건립되는 것은 진흥왕이 적극적으로 불교진흥책을 추진한 이후이다. 이런 사실을 감안할 때, 소수림왕 2년(372)에 불교가 공식적으로 수용되었다 해도 불과 20여 년 사이에 토착종교를 대신한 국가적 종교관념으로 자리매김하지는 않았을 가능성이 크다고 할 수 있으며, 특히 불교적 문양이 장식문양으로 널리 애용되었을 가능성은 더욱 낮다고 판단된다. 결국 새로운 종교관념의 수용과 국교로의 발전은 강력한 전제정권의 적극적인 추진력이 없으면 불가능할 것이고, 이에 광개토왕대에 불교의 융성과 불교장식의 성행이 이루어진 것으로 보는 것이 온당하다고 판단된다.

이상에서 광개토왕의 능비에 천명된 천하의 중심으로서의 독자적 천하관과 『삼국사기』와 『삼국유사』에 기록된 광개토왕의 불교육성책은 태왕릉의 장식문양의 중심을 이루는 용문, 사신문, 연봉문 등에 반영되어 있음을 확인하였다. 이는 태왕릉의 피장자는 고국양왕이 아닌 광개토왕이라는 고고학적 검토에 따른 결론을 더욱 보강하는 역사고고학적 증거라할 수 있겠다.

---

다가 육왕이 세웠던 불탑을 보고 불심이 생겨 7층탑을 세웠다'는 기록에 등장하는 성왕을 고국양왕이 아닌 광개토왕으로 보았다. 그 근거로는 고국양왕이 385년 요동을 차지한 기간은 385년 6월부터 11월까지의 5개월로 7층목탑을 세우기에는 짧은 기간인 사실을 들었다.

## 5. 銘文銅鈴

이제 마지막으로 명문동령에(그림 13) 대한 소견을 밝히고자 한다. 銅鈴에 새겨진 '辛卯年 好大王巫造鈴九十六'이란[74] 명문의 해석과 관련해서는[75] 다음과 같은 입장에 서서 해석을 시도하고자 한다. 우선, 辛卯年은 모든 경우의 수를 상정하더라도 광개토왕의 즉위가 아닌 동령이 제작된 紀年이라는 사실이 강조되어야 하겠는데, 고고유물에서 기년명은 제작연대를 명기한 것이 절대다수이기 때문이다. 다음으로 '好大王'은 광개토왕의 시호인 '好太王'과는 구별되는 일반명사로서 파악하며,[76] 동령제작의 主體임이 분명한데, 동령의 제작연대인 신묘년의 왕인 好太王, 즉 광개토왕을 지칭하는 것으로 보아야 할 것이다. 이렇게 해석할 경우 好大王이 諡號냐 尊號냐 하는 문제는 논쟁거리가 되지 않는다. 마지막으로 '九十六'이란 숫자는 96번째 만들어진 동령이라기보다는 호태왕의 지시로 96개의 동령을 만들었다고 해석하는 편이 상식적이라 할 수 있겠다. 이는 이 명문동령과 동일한 형식의 동령이 千秋塚에서 출토된 사실로 뒷받침된다.

---

74) 판독이 불분명한 7번째 글자에 대해서는 백승옥의 판독을 따랐다.
　　백승옥, 2005, 앞의 글, 142~143쪽.
75) 명문의 해석과 관련해서는 그 해석이 분분하므로 아래의 논문으로 대신하고자 한다.
　　이도학, 2009, 앞의 글, 137~140쪽.
76) 이와 관련해서는 "『신찬성씨록』의 好臺王이 고구려왕의 미칭으로서 광개토왕 한 사람에게 국한된 고유명사가 아니다"라고 한 하마다의 견해에 주목하여 호대왕(호태왕)은 고구려왕에게 붙은 범칭이라는 아래의 견해를 수용하였다.
　　백승옥, 2005, 앞의 글, 149~150쪽.

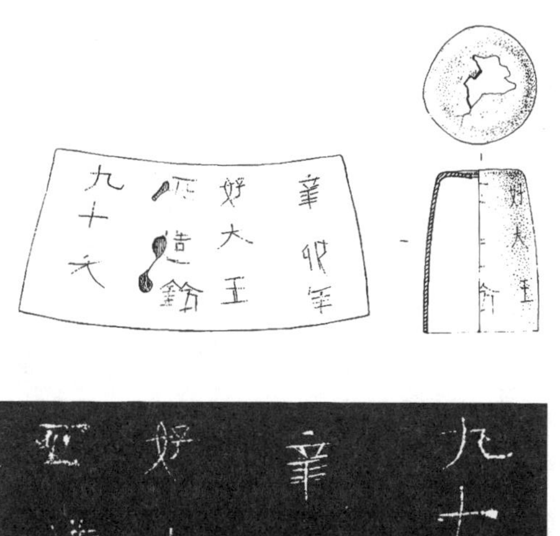

〈그림 13〉 태왕릉 출토 명문동령

이상으로 동령의 명문은 '신묘년에 대왕의 巫가 동령을 96개 만들었다'
라고 해석하는 것이 가장 무난하다. 여기서 巫는 국가적 제의를 총괄하는
神官일 가능성이 높다고 할 수 있겠으며, 巫가 동령의 제작에 관여한 이
유는 동령이 청동기시대 이래로 劍·鏡과 함께 神物이었던 때문이라 판
단된다. 이를 통해 동령의 제작에는 국가적인 제의와 관련이 있음을 짐작
할 수 있다. 이에 그 제작 동기는 다음해인 392년에 國家大事로 추진할
國社의 건립과 종묘의 수리에 있다고 판단된다. 이상의 해석이 허용된다
면, 동령은 고국양왕의 무덤에 매장하기 위하여 제작된 것이 아니라 국가
적인 제의, 즉 국사와 종묘의 제의를 위하여 왕의 지시를 받아 신관집단
이 만든 것으로 볼 수 있겠다. 이런 해석에 근거할 때 96개에 달하는 다
량의 동령을 제작한 이유도 납득된다.

마지막으로 국가제의용으로 제작된 동령이 천추총과 태왕릉에 부장되게 된 이유에 대해서는 여러 가지의 경우가 상정될 수 있겠으나, 현재까지의 고고유물과 문헌기록으로는 설득력있는 추정이 어렵다고 본다. 다만, 乙卯年(415)에 제작되어 광개토왕의 제의에 사용되었을 것으로 추정되는 壺杅가 6세기 초엽으로 편년되는 경주의 壺杅塚에서 출토된 사실은 상기 문제를 풀 수 있는 나름의 단서를 제공한다고 본다. 이 호우도 명문 말미의 '十'이란 숫자를 통하여 다량으로 제작되었음을 알 수 있는데, 근 100년 후에 호우총에서 출토된 사실로 미루어 무덤부장전용으로 만들어지지 않았음은 분명하다. 이에 동령 역시 매장전용으로 만들어지지 않았을 가능성이 농후하며, 壺杅의 예로 비추어 祭儀用으로 分與되었을 가능성이 있다고 판단된다. 한편, 태왕릉과 천추총의 와당의 형식을 통하여 볼 때, 천추총에서는 1차례,[77] 태왕릉에서는 적어도 2~3차례의 수즙이 이루어졌음을 알 수 있다.[78] 이 경우 왕릉수즙에 따른 祭儀가 이루어졌을 것이고, 이때에 의도적으로 매납되었거나 우연히 남겨진 것이 아닌가 추측해 본다.

# V. 맺음말

본고는 태왕릉의 피장자는 광개토왕이라는 전제하에서 논지를 전개하였으며, 논지의 근거는 고고자료를 중심으로 삼았는데, 이를 정리하여 소

---

77) 김희찬은 천추총의 경우, 조영 당시에는 권운문와당으로 묘상을 덮었다가 태왕릉이 조영된 이후 어느 시기에 연화문와당으로 葺瓦한 것으로 보았다.
　　김희찬, 2005, 「국내성지역에서 발굴된 와당연구」, 『고구려연구』19, 114쪽.
78) 최종택, 2006, 앞의 글, 160쪽.

개하면 다음과 같다.

1. 우산하 992호묘의 축조시기의 설정은 태왕릉의 축조시기를 살피는 데 관건이 될 수 있다. 왜냐하면 우산하 992호묘에서 출토된 '戊戌'기년명 와당과 '己丑'기년명와당의 제작시기가 각각 398년과 389년일 경우, 태왕릉의 피장자가 고국양왕(384~391)일 가능성이 매우 희박하기 때문이다. 본고에서는 우산하 992호묘의 권운문와당의 형식이 325년에 제작된 것으로 인정되는 '太寧4年'명와당의 그것에 비하여 훨씬 발달한 형식인 점을 들어 4세기 말엽에 제작된 것으로 보았다. 본고는 이런 주장을 뒷받침하기 위하여 우산하 992호묘에서 출토된 金銅柿蒂形裝飾金具의 삼엽연봉문이 태왕릉 출토 金銅透刻蓮蕾連接裝飾板·金銅花文幔架의 삼엽연봉문과 동일한 형식인 점, 우산하 992호묘 출토 金銅魚鱗文裝飾小刀의 형식이 풍소불묘(415년) 출토의 金銅裝飾小刀와 상통하는 점 등을 들었다.

2. 태왕릉의 피장자를 고국양왕으로 보는 주장의 대부분은 장군총을 광개토대왕릉으로 보고 있다. 이에 본고에서는 장군총의 피장자에 대한 검토도 실시하였다. 그 결과 장군총은 5세기 후반에 축조된 무덤으로 결론지었다. 그 근거로는 무덤의 입지가 충적대지가 아닌 구릉으로 삼국시대 후기고분의 입지를 따르는 점, 고구려적석총의 축조기법에서 최정점을 보여주어 4세기 말엽·5세기 초엽으로 편년되는 왕릉급무덤의 그것과 비교할 때 현격한 축조기술상의 변화가 확인되는 점, 장군총에서 출토된 연화문와당과 동일한 형식의 것이 출토된 장천 2호분의 축조시기가 5세기 후반인 점 등을 들었다. 이와 함께 장군총은 왕릉이 아닐 가능성이 높은 사실을 들어, 장군총이 광개토왕릉이 아니다라는 결론을 보강하였다. 그 근거로는 전동명왕릉을 장수왕의 무덤으로 비정할 때, 평양천도 후 왕릉은 국내성에 축조되지 않음을 알 수 있는데, 이에 5세기 후반에 축조된 장군총이 왕릉이 될 수 없음을 들었다. 이에 따라 장군총은 왕릉이 아니라 평양세력에 필적하는 국내성세력을 대표하는 왕족의 무덤이 아닌가

추측해 보았다. 이런 추측은 통구사신총과 오회분 4·5호묘와 같은 왕릉급의 초대형무덤이 국내성지역에 계속적으로 축조되는 고고학적 사실에 착안하였다. 한편, 장군총을 광개토왕릉으로 볼 수 없는 문헌적 근거로는 陵碑에 기록된 '墓上立碑'를 들었다. 여기서 墓上이란 무덤 위가 아니라 墓域上으로 해석하는 것이 가장 온당할 수 있는데 이런 해석을 따를 때 능비에서 2km 정도나 떨어져 있는 장군총이 광개토왕의 무덤일 가능성은 낮다고 할 수 있다.

3. 태왕릉의 피장자가 고국양왕이 아닌 광개토왕으로 확정하기 위해서는 태왕릉의 축조시기가 5세기 초엽으로 편년되어야 할 것이다. 이에 본고에서는 태왕릉 출토품을 축조시기가 밝혀진 덕흥리 벽화고분(408년) 출토품·馮素弗墓(415) 출토품과 비교검토해 보았다. 그 결과 다음의 사실을 근거로 태왕릉은 5세기 초엽에 축조된 무덤임을 주장하였다. 그 근거로 金銅四神文鐙子에서 보이는 사신문이 덕흥리 벽화고분에서는 확인되지 않은 圖像인 점, 태왕릉 출토 삼익형철촉의 형식이 풍소불묘의 그것과 일치하는 점, 태왕릉 출토 연화문와당 A식의 문양이 덕흥리 벽화고분의 '仙人持蓮'그림의 연꽃과 상통하는 점, 태왕릉 출토 金銅虎文辻金具의 周緣文樣이 덕흥리 벽화고분의 운기문과 일치하는 점 등을 들었다. 한편, 태왕릉 출토유물에서 확인되는 문양요소는 '불교장식의 애용과 장식의 독자성'으로 요약할 수 있는데, 이런 문양요소가 등장할 수 있는 역사적 배경은 광개토왕 치세임을 들어 태왕릉의 피장자가 광개토왕일 가능성을 제시하였다. 특히 불교장식의 일반적 애용은 불교전래 후 불교융성책이 일단락된•이후에야 가능하였을 것으로 파악되는데 불교숭신 교시, 永樂 연호의 사용, 평양에 9寺 건립, 요동의 7층목탑 건립 등의 불교융성책을 실시한 광개토왕 치세기간이 불교장식의 애용시기와 부합된다.

4. 마지막으로 논쟁거리 중의 하나인 태왕릉 출토 명문동령에 대한 견해도 피력하였는데, 명문해석과 관련해서는 '신묘년에 대왕의 巫가 동령

을 96개 만들었다'라고 풀이하였다. 이런 해석을 통하여 이 명문동령은 광개토왕이 그의 선친인 고국양왕의 무덤에 사용하기 위한 부장품으로 만든 것이 아니라, 그의 즉위와 함께 국가제사용으로 만든 것일 가능성을 제기하였다. 이런 견해가 인정된다면, 명문동령을 근거로 태왕릉을 고국 양왕릉으로 보는 견해는 설득력이 약한 것으로 보았다.

5. 최근까지 태왕릉의 피장자의 문제와 관련해서는 문헌사학자를 중심으로 이루어져 왔다. 그런 까닭에 태왕릉 출토유물의 분석에 근거한 논고가 거의 제시되지 않았다. 이런 연구사적 문제의식 속에서 본고는 출발하였다. 태왕릉 출토유물의 장식문양과 묘제상의 발전과정을 근거로 할 때, 태왕릉은 5세기 초엽의 무덤일 가능성이 현재로서는 가장 높고, 태왕릉이 왕릉임이 분명한 사실에 근거할 때 그 피장자는 광개토왕일 수밖에 없다.


〈참고 문헌〉

구자봉, 2004, 『삼국시대 환두대도의 연구』, 영남대학교대학원 박사학위논문.
국립대구박물관, 2007, 『한국의 칼』.
吉林省文物考古硏究所 · 集安市博物館, 2004, 『集安高句麗王陵』, 文物出版社.
吉林省文物工作隊, 1983, 「吉林集安長川二號封土墓發掘紀要」, 『考古與文物』83-1.
吉林省博物館文物工作隊, 1977, 「吉林集安的兩座高句麗墓」, 『考古』77-1.
김두철, 2000, 『한국고대마구의 연구』, 동의대학교 박사학위논문.
김희찬, 2005, 「국내성지역에서 새로 발굴된 와당연구 - 연화문와당을 중심으로」, 『고구려연구』19, 고구려연구회.
______, 2006, 「고구려 연화문 와당의 형식과 변천」, 『고구려연구』22, 고구려발해학회.
桃崎祐輔(모모자키 유스케), 2005, 「高句麗太王陵出土 瓦馬具からみた好太王陵說の評價」, 『海と考古學』, 六一書房.
東潮, 2003, 「중국동북지방과 고구려문물의 비교연구」, 『제27회 한국고고학전국대회발표문(고구려고고학의 제문제)』, 한국고고학회.

모모자키 유스케, 2009, 「고구려 왕릉 출토 기와, 부장품으로 본 편년과 연대」, 『고구려왕릉연구』, 동북아역사재단.

문화재관리국 문화재연구소, 1994, 『연천 삼곶리 백제적석총 발굴조사보고서』.

박경신, 2006, 「고구려 난방시설 및 자비용기에 대한 일연구」, 『숭실사학』19, 숭실사학회.

백승옥, 2005, 「신묘년명 청동방울과 태왕릉의 주인공」, 『역사와 경계』56, 부산경남사학회.

徐永大, 1991, 『한국고대 신관념의 사회적 의미』, 서울대학교 박사학위논문.

서울대학교출판부, 2000, 『북한의 문화재와 문화유적Ⅰ(고구려편)』.

송계현, 2005, 「환인과 집안의 고구려 갑주」, 『북방사논총』3, 고구려연구재단.

黎瑤渤, 1973, 「遼寧北票縣西官營子北燕馮素弗墓」, 『文物』73-3.

遼寧省文物考古研究所, 2002, 『三燕文物精華』, 遼寧人民出版社.

魏存成(신용민 역), 1996, 『高句麗考古』, 호암미술관.

이경미, 2007, 『한국고대 용봉문양의 역사고고학적 연구』, 성균관대학교 박사학위논문.

이남석, 2002, 『백제묘제의 연구』, 서경문화사.

이도학, 2009, 「고구려 왕릉 연구의 현단계와 문제점」, 『고구려발해연구』34, 고구려발해학회.

이병도 역주, 1983, 『삼국사기』상, 을유문화사.

이희준, 2006, 「태왕릉의 묘주는 누구인가?」, 『한국고고학보』59, 한국고고학회.

임기환, 2004, 『고구려정치사연구』, 한나래.

전호태, 2000, 『고구려벽화연구』, 사계절.

조경철, 2008, 「광개토왕대 永樂 연호와 佛敎」, 『동북아역사논총』20, 동북아역사재단.

조영현, 2004, 「전동명왕릉의 묘주 비정」, 『과기고고연구』10, 아주대박물관.

______, 2004, 「전동명왕릉의 축조시기에 대하여」, 『계명사학』15, 계명사학회.

集安縣文物保管所, 1979, 「集安縣兩座高句麗積石墓的淸理」, 『考古』79-1.

______________, 1984, 「集安高句麗墓葬發掘簡報」, 『考古』83-4.

최종택, 2005, 「고구려토기편년연구」, 『고구려문화의 역사적 의의』, 고구려연구재단.

______, 2006, 「집안 고구려왕릉 출토 유물의 제문제」, 『한국고대사연구』41, 한국고대사연구회.

한국고대사회연구소 편, 1992, 『역주 한국고대금석문』제1권(고구려·백제·낙랑 편).

# 삼국 중기 주요고분의 편년 설정
## -장식문양의 분석을 중심으로-



## 제3장

이경미 _ 성균관대학교

# I. 서 론

삼국시대의 수장급 고분에서는 신분을 상징하는 위신재로서의 장식유물이 상당수 출토되고 있다. 이들 장식유물에는 다양한 문양이 시문되어 있는데, 시기적 변화에 따라 그 문양의 구성과 세부 형태가 달라지고 있음을 알 수 있다. 그 중에서도 용봉문의 위상의 변화, 그리고 삼엽문의 성행과 쇠퇴, 인동문과 괴수문의 등장 등은 삼국 고분의 편년 설정에 중요한 기준이 된다고 판단된다. 이런 전제를 바탕으로 이 글에서는 삼국 고분에 등장하는 문양구성·세부속성의 변화를 통해 삼국 주요 고분의 편년을 설정해 보고자 한다.

연구의 진행은 우선적으로 피장자가 밝혀졌거나 피장자의 문제가 논란이 되고 있는 태왕릉, 황남대총 남분, 무령왕릉의 문양을 분석하고 피장자의 문제에 대한 소견을 피력하였다. 그런 다음 상기고분의 편년과 그 문양구성을 준거로 삼아 삼국시대 주요고분들의 편년을 설정하였다. 이 과정에는 교차편년법을 적용하여 비교적 편년이 안정적으로 설정되어 있는 고분을 통하여 편년에 대한 논란이 있는 고분들의 편년을 설정하였다. 마지막으로 장식유물을 통한 주요 고분의 편년설정의 결과를 고구려벽화고분과 비교하여 교차편년을 설정해 보았다. 이 역시 문양의 구성과 세부속성을 중심으로 교차 비교하는 방식으로 진행하였다.

본 연구의 시간적 범위는 삼국시대 고분의 3단계 발전과정 중에서 중간단계인 중기로 한정하였다. 여기서의 중기는 대략 고총고분이 출현하는 시점부터 삼국의 고분이 석실분 일색으로 변화하는 시기까지, 즉 4세기 말엽부터 6세기 초엽까지로 볼 수 있겠다. 공간적 범위는 가야를 포함한 삼국 전체를 대상으로 삼았다.


## II. 표지고분의 문양구성
### : 태왕릉, 황남대총 남분, 무령왕릉

### 1. 태왕릉[1]

#### 1) 장식유물의 소개와 검토

① 木心金銅四神文輪鐙(도 1): 四神文투각장식이 있는 長柄系로 분류되는 등자이다. 踏受部의 중심부를 살짝 돌출시킨 초기형에 속한다. 답수

---

1) 吉林省文物考古硏究所・集安市博物館, 2004, 『集安高句麗王陵』, 文物出版社, 216~335쪽.

부에 못을 3개 혹은 5개 박은 後出 形式과는 기본속성에서 차이를 보인다. 조각이 비교적 사실적으로 표현되어 아직은 形骸化·圖案化되지 않았다. 삼국시대 고고유물에서 최초로 四神圖가 확인되는 점에서 매우 주목되는 유물이다. 동아시아의 마구발달사에서 매우 중요한 위치를 차지하며 등자를 비롯한 마구의 편년설정에 표지적 자료라 할 수 있다.[2] 보고서에서는 '馬鐙'으로 명명하고 있다.[3]

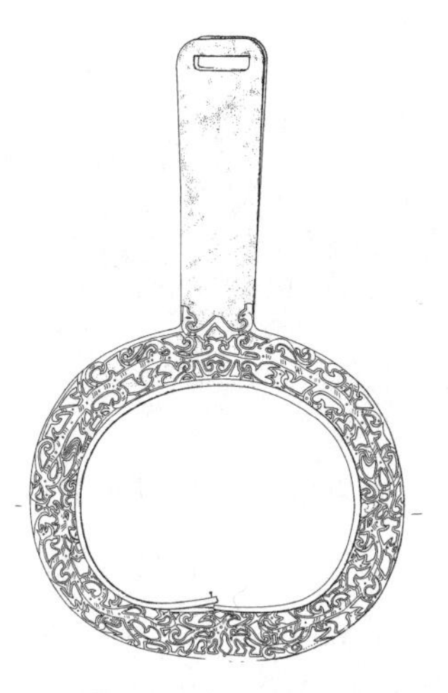

<도 1> 태왕릉 사신문등자

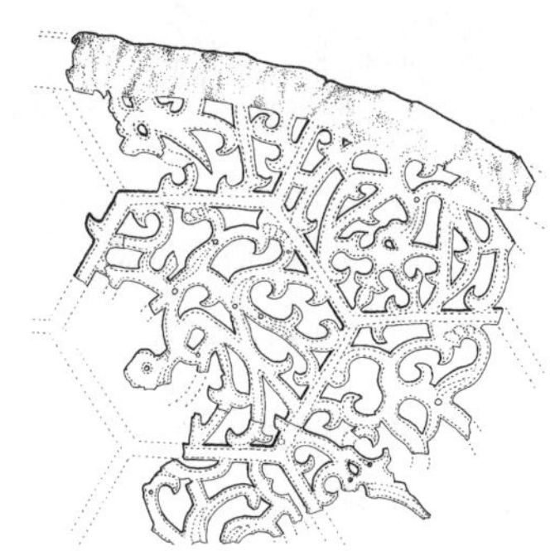

<도 2> 태왕릉 안식

② 金銅四神文鞍飾片(도 2): 장식문양의 구체적인 형상은 무엇인지 파악하기 어렵다. 보고서에서는 사신문으로 파악하였다. 三燕출토 鞍飾의

---

2) 이 등자에 대한 자세한 분석과 검토는 다음의 글을 참고하기 바란다.
　桃崎祐輔, 2005, 「高句麗太王陵出土 瓦馬具からみた好太王陵說の評價」, 『海と考古學』, 六一書房, 114~119쪽.
　그런데 그는 위의 글에서 四神文을 龍文으로만 파악하고 있다. 그는 또한 금동십금구와 금동행엽의 주문양에 대해서도 虎文을 龍文으로(위의 글, 105쪽) 보고 있다. 龍文과 虎文을 구별하지 못한 잘못이라 생각된다.
3) 보고서에서 유물설명은 305쪽에 실려 있으며, 도면번호 230, 도판번호는 108이다.

문양을 참고할 때, 連續龜甲文 내의 문양은 사신문이 아닐 가능성이 높다. 오히려 단독의 용문이거나, 용문과 봉문을 교차하여 시문하였을 가능성이 높다. 태왕릉 축조시기에 鞍飾에 龜甲文을 사용하였다는 사실을 보여준다는 점에서 의미가 있다. 보고서에서는 '鎏金鏤花四神飾片'으로 명명하였다.[4] 보고서의 작성자가 馬鞍裝飾으로 인식하지 못하여 도면을 거꾸로 실었다는 지적이 있는데[5] 옳은 지적이라 할 수 있다.

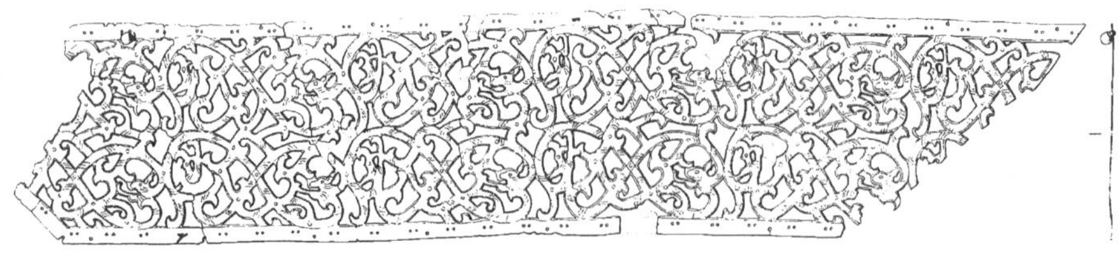

〈도 3〉 태왕릉 용호문안식

③ 金銅龍虎文案飾(도 3): 상당히 도식화된 문양이 투조되어 있어서 형상의 파악이 어려우나, 입술이 수직으로 심하게 반전하는 윗입술, S자로 굽은 뿔, 길게 내뿜는 靈氣 등이 그런대로 표현되어 있어서 용문임을 가늠할 수 있다. 호랑이는 頭狀이 토끼처럼 표현되었으나 용과 쌍을 이루는 사실과, 辻金具·杏葉의 호랑이 표현 등으로 미루어 虎文임이 분명하다. 안식은 원래 양단이 삼각형으로 마무리된 세장한 편육각형이었을 가능성이 높다. 문양은 변형당초문의 구획 내에 좌로부터 상하호문-상하용문 등의 순서로 배치하였다. 이는 龍虎文의 일종으로, 중국의 용호문을 근거로 볼 때 辟邪의 의미를 지녔을 것으로 여겨진다.[6]

---

4) 보고서에서 유물설명은 298쪽에 실려 있으며, 도면번호 225, 도판번호 97-5이다.
5) 桃崎祐輔, 2005, 앞의 글, 112쪽.
6) 보고서에서 유물설명은 301쪽에 '案飾'이란 유물명으로 실려있으며, 도면번호 228, 도판번호 102-1이다.

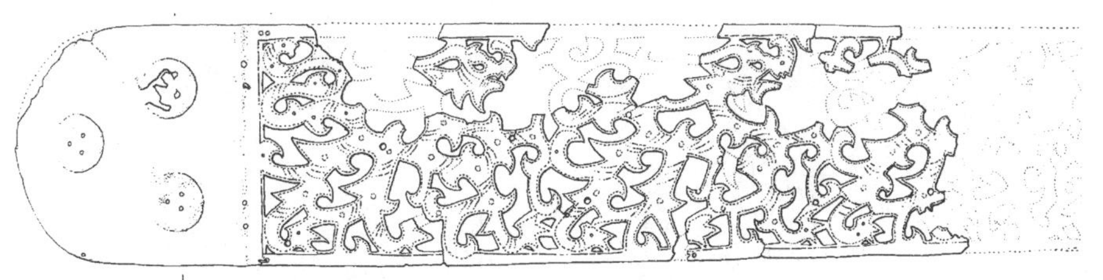

〈도 4〉 태왕릉 용문과대장식판

④ 金銅龍文銙帶裝飾板(도 4): 일부만 남아 있지만, 장방형의 판 위에 도안화된 용문이 반복적으로 묘사되어 있다. 투각기법으로 만든 까닭에 구체적인 형상을 파악하기 어렵지만, 龍을 표현한 것이 분명하다. 보고서에서는 이 용문을 雲龍文으로 파악하였다. 도면상으로는 모두 3마리의 용이 확인된다. 과대장식에 용문이 채용된 사실이 주목된다.[7]

⑤ 金銅連續蓮蕾文裝飾板(도 5): 연봉문이 상하교차되게 연속적으로 표현되어 있다. 문양의 구성요소인 연봉은 꽃받침이 있는 역 하트모양의 연봉과 그 내부에 삼엽의 蓮花가 투각으로 표현되어 있다. 신라고분에서 주로 출토되는 금·금동·은제 과대장식의 연봉문과 직결되는 문양이라는 점에서 매우 주목된다.[8]

⑥ 金銅四葉蓮蕾文幔架(도 6): 주문양으로 四葉文(일명 柿蒂文=감꼭지문)이 시문되어 있다. 사엽문은 4개의 蓮蕾文으로 구성되어 있는데, 각 연봉에는 삼엽연화가 시문되어 있다. 바로 위의 金銅連續蓮蕾文裝飾板의 연뢰문이 간략화한 형태라 할 수 있다.[9]

---

7) 보고서에서 유물설명은 301쪽에 '帶飾'이란 유물명으로 실려있으며, 도면번호 224-1, 도판번호 102-2이다.

8) 보고서에서 유물설명은 298쪽에 '片飾'이란 유물명으로 실려있으며, 도면번호 224-2, 도판번호 98-6이다.

9) 보고서에서 유물설명은 301쪽에 '幔架'란 유물명으로 실려있으며, 도면번호 226과 227, 도판번호 100과 101이다.

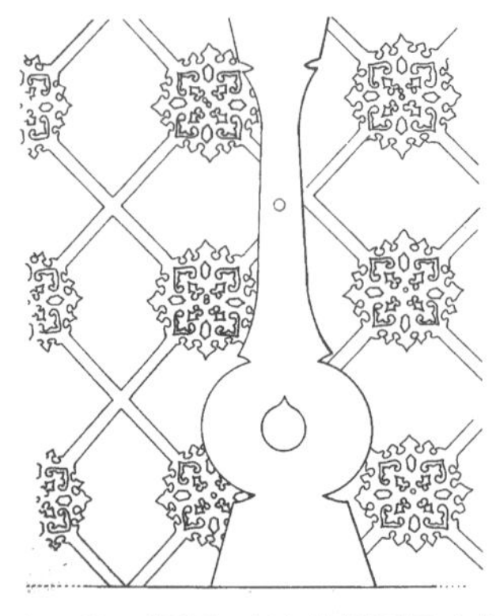

〈도 5〉 태왕릉 연봉삼엽문장식판          〈도 6〉 태왕릉 사엽연봉삼엽문만가

⑦ 蓮花文瓦當(도 7): 보고서에서 태왕릉 A형으로 분류된 것으로, 연봉 중심에 Y문을 돌출되게 표현하고 그 좌우에 원점을 한 개씩 표현하였다. 장식성이 매우 강조되어 있다. 김희찬은 연봉의 형태를 杏仁形이라 명명하였다.[10] 이 연화문 A형은 태왕릉 출토 와당 중에서 가장 수량이 많은 까닭에 태왕릉의 초축 시에 사용했던 것으로 보고 있다.[11]

〈도 7〉 태왕릉 연화문와당 A형

### 2) 피장자의 비정과 축조시기

태왕릉의 피장자와 관련해서는 고국양왕릉설과 광개토왕릉설로 압축되

---

10) 김희찬, 2005, 「국내성지역에서 새로 발굴된 와당연구－연화문와당을 중심으로」, 『고구려연구』19, 고구려연구회, 112쪽.

11) 田村晃一, 2001, 「高句麗の積石塚の年代と被葬者をめぐる問題について」, 『樂浪と高句麗の考古學』, 同成社, 318~319쪽.

어 있다.[12] 이 글에서는 광개토왕릉설을 따르고자 한다. 그 이유는 다음
과 같다.

우선, 태왕릉의 피장자의 문제와 관련해서 반드시 검토되어야 할 대상
은 우산하 992호묘의 축조시기라 생각된다. 이 무덤은 태왕릉보다 기와
의 형식이나 무덤의 축조기술에서 앞서는 것이 분명하기 때문이다. 이 우
산하 992호묘의 축조시기와 관련해서는 마구류를 중심으로 한 송계현의
연구성과와[13] 장식유물의 검토를 통한 김성태의 연구성과를[14] 타당하다
고 판단하고 이를 따르고자 한다. 그들은 이들 마구와 장식유물로 미루어
우산하 992호묘에서 출토된 '戊戌'명와당이 338년이 아닌 398년에 제작되
었을 가능성이 높다고 하였다. 이런 연구결과는 한국고고학의 마구류와
장식유물의 기존의 편년과 크게 모순되지 않는 견해라 할 수 있겠다. 만
약, 우산하 992호묘의 축조시기가 338년으로 편년되고 출토 마구류와 장
식유물이 초축시기에 부장되었다고 한다면, 이들 유물의 편년과 기존의
마구류·장식유물의 편년은 시간적인 괴리가 너무 크기 때문에 이를 인
정하기 곤란하다고 생각된다. 즉, 우산하 992호묘를 4세기 전반에 축조된
무덤으로 볼 경우, 동아시아 고고학의 편년체계를 전면 재조정해야 하는
문제에 봉착하게 된다고 할 수 있는데, 이는 삼연의 마구류와 장식유물과
비교할 때 문화전파의 방향을 逆流시켜야만 가능한 견해로 도저히 수용
될 수 없다고 할 수 있다. 뿐만 아니라, 우산하 992호분 출토품을 4세기
초엽에 제작한 것으로 보고 그것을 신라고분의 동일형식의 유물과 비교
할 경우, 동일형식임에도 제작시기에 있어서는 무려 100년 이상의 시간적
차이가 나게 되어, 고고학의 일반적인 형식변화의 속도를 고려할 때 납득
이 되지 않는다. 따라서 우산하 992호묘의 축조시기는 398년경이라 할 수

---

12) 이도학, 2009, 「고구려 왕릉 연구의 현단계와 문제점」, 『고구려발해연구』34, 고구
　　려발해연구회.
13) 송계현, 2005, 「환인과 집안의 고구려 갑주」, 『북방사논총』3, 고구려연구재단.
14) 본서 제2장 김성태의 글.

있으며, 이를 인정할 경우 태왕릉은 390년에[15] 사망한 고국양왕의 무덤이 될 수 없다.

이외에도 태왕릉 출토 장식문양을 통한 소견으로, 문양의 구성과 세부묘사에서 在地化가 이루어졌다는 사실도 방증근거가 된다. 즉 三燕의 장식문양을[16] 계승하고 있으나 고구려化가 충분히 이루어졌음을 알 수 있다. 즉 수입과 모방의 단계를[17] 벗어나 고구려적 색채가 선명하게 드러나는 자체생산의 단계에 이르렀다는 것이다. 이는 십금구와 행엽의 주문양으로 三燕의 마구에서는 전혀 확인되지 않는 虎文이 채택된 점, 三燕의 등자에는 확인되지 않는 금동투각장식이 태왕릉에서 확인되고 그것도 삼연의 금속장식에서는 확인되지 않는 사신문이 시문된 점, 삼엽문의 경우에도 연봉문과 결합하여 삼엽연봉문이라는 새로운 양식을 출현시킨 점, 태왕릉 A형 와당으로 불리는 중국와당과는 구별되는 독특한 문양속성을 창출한 점 등등을 들 수 있다. 이와 함께 마구의 장식문양에 있어서도 삼연의 사실적 문양에서 벗어나 圖案化·形骸化로 이행하기 이전단계의 형태를 보이고 있어 삼연의 그것과는 문양발전상 후속양식임을 보여준다. 이는 결국 전연과 후연의 장식문양을 받아들여 재지화를 거치면서 독자의 문양을 창안해 낸 것으로 해석된다. 이러한 재지화와 고구려적 독창성은 독자적인 천하관을 수립한[18] 광개토왕 치세기간에 이루어진 것으로

---

15) 이병도는 고국양왕의 죽음을 재위 8년인 390년으로 보았다.
　　이병도 역주, 1983, 『삼국사기』상, 을유문화사, 334쪽의 주)28.
16) 三燕의 장식문양 관련 자료는 다음의 책자를 참고하기 바란다.
　　遼寧省文物考古研究所, 2002, 『三燕文物精華』, 遼寧人民出版社.
17) 晋式帶金具를 모방 혹은 수입한 것으로 추정되는 우산하 3560호분 출토 과판드리개장식, 우산하 152호분 과판드리개 장식, 우산하 159호분 출토 용문대금구 등이 대표적이다. 이들은 대부분 4세기대로 편년된다.
　　集安縣文物保管所, 1983, 「集安高句麗墓葬發掘簡報」, 『考古』83-4.
　　이들 유물에 고고학적 검토는 다음의 글에 잘 정리되어 있다.
　　町田　章, 1987, 『古代東アジアの裝飾墓』, 同朋舍出版, 80~89쪽.

보는 것이 합리적이라 판단된다. 또한 4세기 후반의 삼연의 문양요소와 태왕릉의 문양요소를 비교할 때 태왕릉의 문양에서 사실적 묘사에서 벗어나 도안화로 진행되는 과도기적 특징이 드러나기 때문에 태왕릉의 축조시기를 5세기 초엽으로 볼 수 있으며, 이런 관점이 인정될 때, 태왕릉의 피장자는 광개토왕으로 보는 것이 당연하다. 따라서 태왕릉의 축조시기는 광개토왕의 사후인 415년으로 보는 것이 현재까지의 고고자료를 검토할 때 가장 합리적이라 생각되며, 태왕릉 출토 장식문양은 5세기 초엽을 대표하는 문양요소라고 규정할 수 있겠다.

## 2. 황남대총 남분

### 1) 장식유물의 소개와 검토

① 金製蓮蕾三葉文銙帶(도 8): 과판은 삼엽연봉문이 주문양으로 시문되었다. 드리개 중 하나에는 마주보는 쌍봉문이 장식되어 있는데, 도안화된 투조 장식으로, 2마리의 봉황이 서로 얼굴을 마주하고 있는 모습을 하고 있다.

〈도 8-1〉 황남대총 남분
연봉삼엽문과대

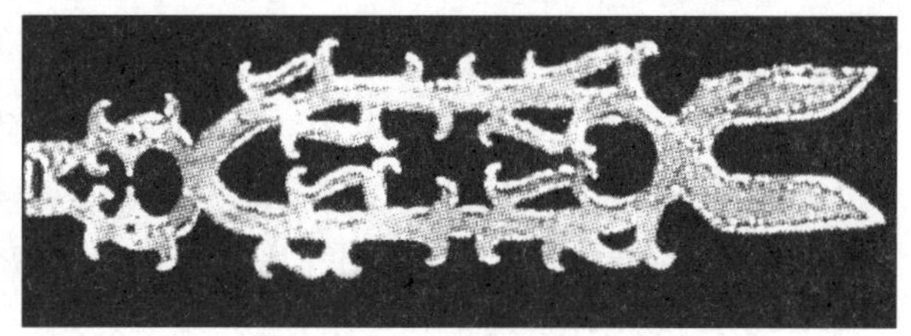

〈도 8-2〉 황남대총 남분
과대 쌍봉문드리개

18) 노태돈, 1999, 『고구려사연구』, 사계절, 356~388쪽.

<도 9> 황남대총 남분 용봉문과대

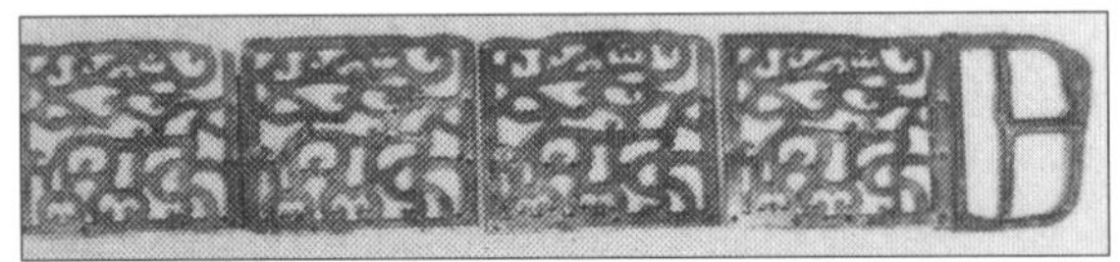

<도 10> 황남대총 남분 은제용문과대

② 玉蟲裝金銅龍鳳文銙帶(도 9): 鉸具 쪽으로부터 과판이 봉황-용-봉황-용-용-봉황-용의 순서로 배열되어 있다. 용과 봉황의 모습은 확연하게 구분된다. 용은 영기를 내뿜고 뒤로 뻗은 뿔이 있으며 다리부분을 二葉文처럼 처리하였다. 이에 비해 봉황은 살짝 입을 벌렸으며 뾰족한 부리를 가지고 있고 영기를 내뿜지 않고 있다. 또한 다리부분은 5가닥의 등간격 선으로 처리되어 있다. 이 과대의 용과 봉황의 형상은 황남대총 출토 전체 용봉문양의 해독에 큰 도움이 되고 있다. 과판마다 연봉이엽식의 드리개가 부착되어 있다.

③ 銀製龍文銙帶 2식(도 10): 과판이 소형인 것과 대형인 것으로 구분된다. 소형일식은 15개의 과판 모두에 용문을 투각하였는데 용문은 극심하게 도안화되었으나 눈, 영기, 뿔, 꼬리 등은 제대로 표현되어 있다. 大形一式은 9개의 과판 모두에 용문을 투각하였는데 표현기법은 소형의 그것과 동일하다. 대형 소형 모두 드리개가 없다.

④ 銀製蓮蕾三葉文銙帶 3식(도 11): 은제로 제작되었으나 주문양은 금제과대와 동일한 연봉삼엽문이다. 드리개가 1개만 남아 있는 것, 연봉이

엽문의 드리개가 과판마다 부착되어 있는 것, 드리개가 없는 것 등으로 구분된다.

⑤ 金製雙鳳文裝飾板(도 12): 대형과 소형 2점으로 모두 쌍봉문이 장식되어 있다. 도안화가 심하여 기본적인 형체를 파악하기는 어렵다. 대형의 쌍봉은 중심에 삼엽문을 두고 마주하고 있으며 소형은 바로 맞대고 있다. 이 유물은 관모의 정면 장식판으로 추정된다. 北票 房身 2號墓 출토 金銅四角裝飾板을 祖形으로 삼았을 가능성이 높다.

⑥ 透刻長方形銀板具, 透刻銀板被鞍橋後輪, 透刻金銅板鏡板 : 이들 장신구에서도 매우 도안화된 용문이 확인되는데, 전술한 은제와 금동제 과판의 용문과 형태상 흡사하다. 투각장방형은판구에는 모두 連走하는 5마리의 용이, 투각은판피안교후륜에는 전면에 걸쳐 약 14마리, 그리고 투각금동판경판에는 2마리 정도씩의 용이 각각 시문되어 있다.

〈도 11〉 황남대총 남분 은제연봉삼엽문과대

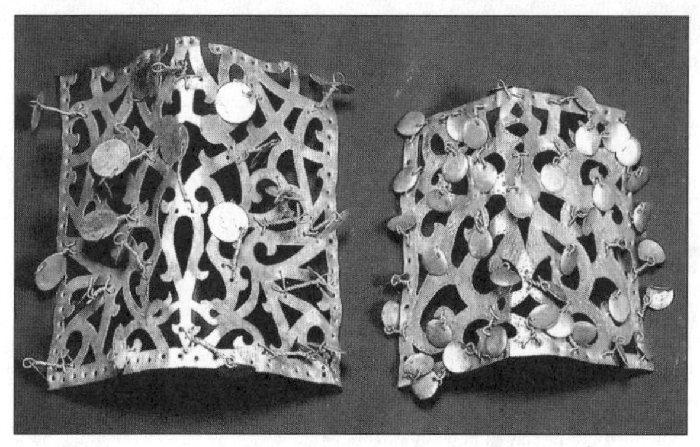

〈도 12〉 황남대총 남분 쌍봉문장식판

## 2) 피장자의 비정

황남대총 남분의 피장자 문제는 내물왕릉설과 눌지왕릉설로 크게 압축
된다.[19] 그런데 여기서는 눌지왕릉설을 따르고자 한다. 이런 주장의 가장
핵심적인 근거로는 황남대총 남분에서 출토된 木心金銅被玉蟲裝鐙子를
들 수 있다. 이 등자의 장식문양은 전술한 태왕릉 출토 문양과 좋은 비교
대상이 된다(도 13). 태왕릉의 등자는 彫金技法에 의해 매우 사실적으로
묘사되어 사신의 형태가 뚜렷하게 확인되는 데에 비해, 황남대총 남분 출
토품은 문양이 매우 도안화되어 기본적인 형태 파악이 어렵다. 이는 황남
대총 남분에서 출토된 장식문양 모두에서 확인되는 점으로, 이러한 문양
표현의 변화를 통해 황남대총이 태왕릉과 비슷한 시기에 축조되지는 않
았을 가능성이 크다는 것을 알 수 있다.

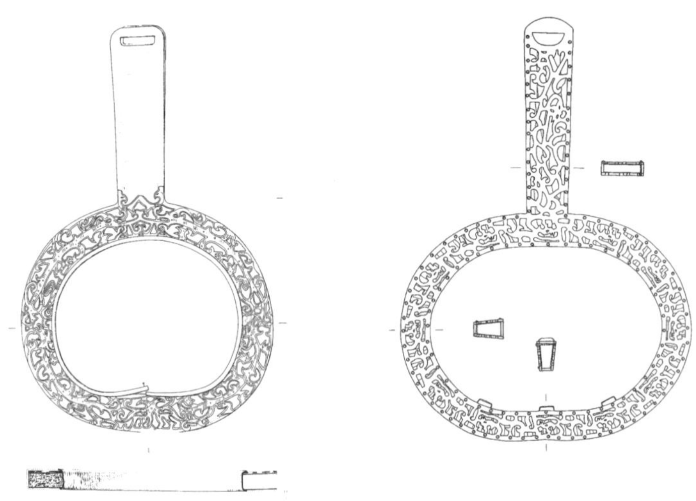

〈도 13〉 태왕릉 등자(좌)와 황남대총 남분 등자(우)의 양식비교

---

19) 황남대총의 피장자와 관련한 연구성과의 소개는 다음의 글에 잘 정리되어 있다.
김용성, 2009, 『신라왕도의 고총과 그 주변』, 학연문화사, 50~85쪽.

한편, 이와 함께 등자 자체의 형식에서도 시기차를 분명히 확인할 수 있다. 태왕릉 등자는 답수부의 중심부가 살짝 돌출한 형태로 前期鐙子의 전통을 보이지만, 황남대총 남분 등자는 3개의 方釘이 박혀 있고 답수부의 폭이 넓어진 後期鐙子의 속성이 확인된다.[20] 앞에서 밝힌 바와 같이 태왕릉을 광개토왕릉의 무덤으로 비정하는 것에 異論이 없다면, 황남대총 남분의 피장자는 413년에 사망한 광개토왕보다는 후대에 사망한 왕이어야 하며, 이런 경우 402년 사망한 내물왕이 그 피장자가 될 수는 없다. 따라서 황남대총 남분이 왕릉이라는 전제가 허용된다면, 황남대총 남분의 피장자는 당연히 458년에 사망한 눌지왕이어야 한다.[21]

마지막으로 역사적 정황과 황남대총 남분의 유물을 연결할 때에도 눌지왕설이 충분한 설득력을 지닌다. 황남대총 남분의 유물에서 보이는 계보상의 특징 중의 하나는 고구려적 색채가 강하다는 점이다. 이는 鳥翼形冠飾, 龍文鞍飾, 龍文鐙子, 步搖附菊形雲珠, 鑿頭形鐵鏃, 錫盤附鐵鉾, 三葉形環頭大刀, 龍文銙板, 靑銅容器類 등을 통하여 알 수 있다. 특히 마구류와 무구류에 있어서는 그 계보가 고구려에 있음을 쉽게 확인할 수 있다. 이런 고고유물, 특히 무기와 마구류에 보이는 강한 고구려적 요소는

---

20) 유창환은 등자의 발전을 전기등자와 후기등자로 양분하고, 전기등자에는 踏受部에 스파이크를 장치한 예가 거의 없으나 후기등자에는 답수부에 스파이크를 장치한 예가 보편적이라 하였다.
俞昌煥, 2007, 『加耶馬具의 硏究』, 동의대학교 박사학위논문, 222쪽의 표 21 참조.
21) 황남대총의 남분의 피장자의 문제와 관련하여 『集安高句麗王陵』의 발간 직후 태왕릉과 황남대총 남분의 등자에 대한 형식을 비교하여 피장자의 비정이 제시되어 왔고, 이를 가장 심층적으로 검토하여 황남대총 남분은 訥祇王陵이라는 설을 제시한 학자는 桃崎祐輔이다. 그는 황남대총 남분에 보이는 大形方頭鋲의 추가와 龍文의 退化 등의 특징이 5세기 중엽으로 비정되는 만보정 78호분과 유사한 사실을 들어 황남대총 남분이 450년 전후에 축조된 무덤으로 보았으며 그 피장자는 訥祇王으로 비정하였다.
桃崎祐輔, 2005, 앞의 글, 114~119쪽.

고구려 군대가 신라에 장기간 주둔하였다는 역사적 기록과 부응한다. 이는 눌지왕 33년(449)에 건립된 중원고구려비에 신라 영토 내에 고구려 幢主가 상주하였다는 기록과[22] 『日本書紀』에 기록된 464년(자비왕 7)의 고구려군 축출 기사를[23] 통하여 알 수 있다. 이 기사는 눌지왕 치세기간의 전기간에 걸쳐 고구려군이 신라영토 내에 주둔하였음을 알게 한다. 이런 역사적 기록을 감안할 때, 고구려 계통의 무기류와 마구류가 다량으로 출토된 황남대총 남분은 눌지왕의 무덤일 가능성이 높다고 할 수 있다.[24]

위의 검토를 통하여 황남대총 남분을 눌지왕의 무덤으로 비정할 경우 이 고분은 5세기 중엽에 축조된 것이라 할 수 있다. 따라서 이 황남대총 남분의 문양구성은 5세기 중엽의 한 표본이 될 수 있다. 그 내용은 용문의 도안화, 봉작문·연뢰삼봉문의 등장과 애용, 용문과 봉작문을 결합한 용봉문의 존재 등으로 요약할 수 있겠다. 그리고 착장위세품인 관식과 과판의 장식문양으로 연뢰삼엽문과 쌍봉문이 적극 채택된 점도 특기해 둘 만하다.

---

22) 중원고구려비의 건립연대에 대해서는 의견이 분분하지만, 2000년 이후 日干支인 '12월 23일 甲寅'을 존중하여 449년으로 보는 견해가 일반적이라 한다.
장창은, 2004, 「신라 訥祇王代 고구려세력의 축출과 그 배경」, 『한국고대사연구』 33, 한국고대사학회, 229~230쪽.

23) 『日本書紀』卷14 雄略天皇 8年조(464).
"二月 新羅王乃之 高麗僞守遺使馳告國人曰 人殺家內所養鷄之雄者 國人知意 盡殺國內所有高麗人"

24) 이런 결론과 관련하여 마립간시기 신라의 정치적 상황을 고려할 때 황남대총 남분은 奈勿王陵일 가능성은 희박하다는 姜鍾薰의 글은 참고할 만하다. 그는 實聖王이 자신을 인질로 보내어 강한 반감을 가졌던 내물왕의 무덤을 초대형으로 만들 필요가 전혀 없었던 점, 실성왕대에는 내물왕대와 마찬가지로 외환에 시달려 정치적으로 불안한 상황이었던 점, 경쟁상대인 昔氏족단이 존재하여 김씨족단이 자신들의 수장무덤을 일방적으로 크게 만들 수 없었던 상황인 점 등등을 그 이유로 들었다.
姜鍾薰, 2000, 「積石木槨墳과 新羅 麻立干時期」, 『皇南大塚의 諸照明』(제1회 국립경주문화재연구소 국제학술회의 발표문), 국립경주문화재연구소, 15~25쪽.

## 3) 문양구성과 특징

장식문양은 크게 연봉삼엽문, 쌍봉문, 용문, 용봉문 등이 기본이다. 이를 표로 정리해 보면 다음과 같다.

<표 1> 황남대총 남분 출토 장식유물의 재질별·유물종류별 장식문양

| 재질 | 관식 | 과대 | 마구 |
|---|---|---|---|
| 금제 | 쌍봉문장식판 2<br>조익형관식 1 | 蓮蕾三葉文銙帶 1식<br>쌍봉문드리개 1 | |
| 금동제 | | 용봉문과대(玉蟲裝飾) 1식 | 용문안교장식(玉蟲裝飾) 1쌍<br>용문경판부재갈 2<br>용문경판 2 |
| 은제 | 조익형관식 1<br>조익형은관 1 | 용문과대 2식<br>연뢰삼엽문과대 3식 | 용문안교장식 1쌍 |
| 기타 | 龍文長方形銀板具, 금동등자(玉蟲裝飾) 1쌍 | | |

위의 표에서 관식은 쌍봉문과 조익형과 같은 瑞鳥文樣이 중심을 이루는데 비하여, 마구류는 용문양 일색이다. 여기서 쌍봉문이 관모의 장식판 뿐만 아니라 금제과대의 드리개로 애용되었음은 주목할 만하다. 태왕릉에서 瑞鳥文樣이 거의 확인되지 않은 사실에 비추어 볼 때, 시기적인 차이뿐만 아니라 신라적 색채가 간취된다. 이는 옥충장식의 금동과대의 장식문에도 용과 함께 봉작문이 시문된 사실과도 상통한다. 이에 봉작문의 출현과 애용은 황남대총 남분 축조시기인 5세기 중엽의 특징적인 요소라 일단 규정할 수 있겠다.

둘째로, 마구류의 장식문양은 용문 일색인 사실이 주목된다. 용문과판의 문양과 비교할 때 도안화의 정도가 더 심한 편이다. 이러한 용문의 도안화는 용문을 포함한 장식문양의 도안이 5세기 초엽의 비교적 사실적 표현에서 5세기 중엽의 形骸的 표현으로 바뀌었음을 시사해준다. 여기서 금동옥충장용봉문과대의 장식은 시사하는 바가 크다고 할 수 있다. 이 장식문양은 신분상징적 과대의 장식문양에 봉작문이 용문과 함께 등장함을 보여주는 유물이라 할 수 있다. 이 용봉문과대와 함께 전술한 금제관식의 문양이 쌍봉문인 점과 금제과대의 수식이 쌍봉문인 점은 5세기 중엽 중에서도 450년을 기점으로 영조로서의 쌍봉문이 유행하기 시작하였을 가능성을 보여준다.

셋째로, 신분상징적 요소가 강한 과대의 장식에 있어서도 은제→금동제→금제의 재질변화에 따라 문양도 용문→용봉문→연봉삼엽문으로 변화함을 볼 수 있다. 특히 금제과대의 주문양이 연봉삼엽문인 사실과 후대 신라고분의 금제과대의 주문양이 연봉삼엽문 일색으로 바뀌는 사실은 시사하는 바가 크다. 즉 5세기 중엽, 특히 눌지왕의 사후를 전후한 450년대를 기점으로 하여 연봉삼엽문이 과대장식을 비롯한 장식문양의 주문양으로 자리잡았음을 알 수 있다. 그리고 이에 비하여 용문은 마구류와 무구류에 점차 국한되어 시문되어졌음도 알 수 있다.


## 3. 무령왕릉

축조연대가 알려진 무덤으로, 부장유물들은 520년경을 중심으로 하는 6세기 초엽에 제작된 것이라 할 수 있다. 이 고분의 문양구성은 다음과 같다.

### 1) 장식유물의 소개와 검토

① 金製冠飾(도 14): 왕과 왕비의 관식 모두 인동문을 기본문양으로 삼고 있다. 왕비의 관식에서는 중앙에 연화문이 만개 상태로 표현되어 있다.

② 金製單龍文環頭大刀(도 15): 환두의 주문양으로 용문이 입체적으로

조각되어 있다. 柄緣金具의 문양은 봉작문을 시문하였다. 이처럼 주문양이 단룡문이고 보조문양이 봉작문인 본 유물의 용봉문구성은 다른 용봉문환두대도의 용봉문양조합과 비교된다.

③ 銅托銀盞(도 16): 청동제 받침(동탁)과 은제 잔으로 구성되어 있다. 은잔의 중간 부분에 3마리의 용이 묘사되어 있고, 아래에는 8엽의 연화문이 시문되었으며 위에는 S자형 곡선의 인동당초문대가 종속문양으로 표현되어 있다. 이 용문에서 가장 특징적인 부분은 내뿜는 영기가 인동문인 점이다. 이 용문과 함께 뚜껑에는 선계의 서조로서 봉황이 시문되어 있다.

〈도 14〉 무령왕릉 인동문 왕비관식

〈도 15〉 무령왕릉 단용문대도

〈도 16〉 무령왕릉 동탁은잔의 용문과
인동문

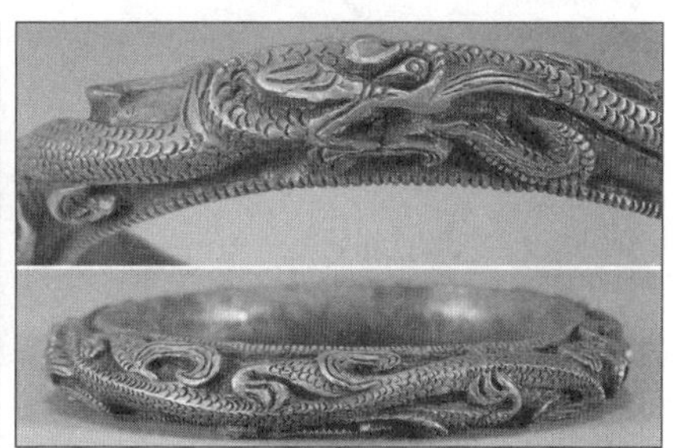

〈도 17〉 무령왕릉 용문팔찌

④ 多利作名 銀製팔찌(도 17): 팔찌의 안쪽에 그 제작 연유에 대한 글씨가 새겨져 있어, 왕비가 세상을 떠나기 6년 전인 520년에 多利라는 匠人이 大夫人 즉 왕비를 위하여 이 팔찌를 만들었음을 알 수 있다. 팔찌의 뒷면에 浮彫로 2마리의 용이 장식되어 있다.

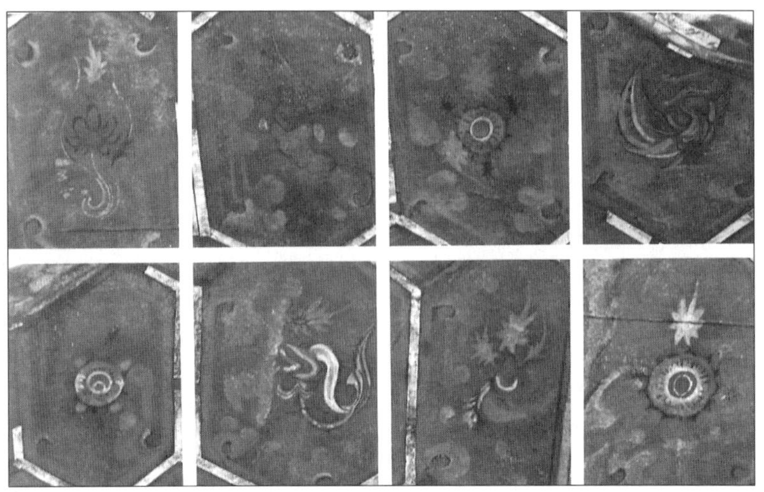

〈도 18〉 무령왕릉 두침의 문양구성

〈도 19〉 무령왕릉 과대귀면문장식

〈도 20〉 무령왕릉 인동연화문 전돌

⑤ 왕비의 頭枕(도 18): 구갑문 내에 봉작, 비천, 마갈, 인동, 인동연화문 등 불교색이 매우 짙은 문양들이 확인된다.

⑥ 과대장식(도 19): 괴수들이 확인된다. 매우 해학적인 모습을 하고 있다.

⑦ 전돌(도 20): 인동연화문을 부조로 표현하였다.


## 2) 문양구성과 특징

우선, 환두대도나 은제잔의 문양을 통해 볼 때, 용문이 최고 권력의 상징으로 독점적 위치를 차지하고 봉작문은 상대적으로 용문의 하위를 차지하였음을 알 수 있다. 이는 6세기대를 기점으로 하여 황룡사상이 백제를 중심으로 하는 삼국지역에 전파되었을 가능성이 보여주며, 단룡문이 왕권의 상징으로 시문되었을 개연성을 나타내 준다.

다음으로, 삼엽연봉문을 대신하여 인동문과 인동연화문이 유행하였음을 알 수 있다. 특히 인동문이라는 새로운 문양요소가 삼엽문을 대신하고, 왕과 왕비의 금제관식의 주문양으로 등장하는 점도 특기할 만하다. 이 인동문은 단독으로도 사용되지만 연화문과 결합한 연화인동문으로 애용되기도 한다.

마지막으로, 괴수문의 등장과 구갑문의 유행도 주목할 만하다. 괴수문은 5세기경까지 과대장식으로 거의 사용되지 않던 문양요소인데, 인동문과 함께 새롭게 전래된 문양요소라 할 수 있겠다. 한편으로 문양 배치에서 龜甲文을 구획하고 그 구갑문 내에 유물을 시문하는 방식이 유행하게 되는 점도 또 다른 시기적인 특징이라 할 수 있다.

한편, 문양의 시문기법에 있어서 투각기법보다는 입체적인 부조와 雕金技法이 일반적으로 적용되어 이전 단계에 비하여 입체감이 뛰어나고 문양의 표현도 훨씬 사실적이다.

# Ⅲ. 백제지역 주요고분의 편년

## 1. 공주 수촌리 1호분과 4호분

공주 수촌리 1호분과 4호분의 축조시기에 관해서, 발굴조사책임자는 흑유계수호와 금동식리의 제작시기를 기초로 하여 1호분은 4세기 3/4분기, 4호분은 5세기 초라는[25] 편년을 제시하고 있다.[26] 이외에도 1호분 출토 靑磁四耳罐과 4호분 출토 黑褐釉鷄首壺의 歷年代를 참고하여 수촌리 1호분을 5세기 1/4분기, 수촌리 4호분을 2/4분기 경으로 편년한 견해도 있다.[27] 어쨌든 4세기 후반에서 5세기 전반으로 편년하고 있음을 알 수 있다.

### 1) 장식유물의 소개와 검토

#### (1) 수촌리 1호분 출토 金銅冠帽(도 21)

이 유물은 보존처리 중이어서 표면이 노출된 일부분과 스캔 사진만으

---

25) 이훈, 2004, 「묘제를 통해 본 수촌리유적의 연대와 성격」, 『백제문화』33, 공주대 백제문화연구소, 95~99쪽.

26) 그는 수촌리 고분군 출토 마구에 대한 분석을 통해서도 역시 수촌리 고분군의 축조시기를 4세기 후반 5세기 전반으로 편년하였다.
   이훈, 2005, 「수촌리고분군 출토 백제마구에 대한 검토」, 『4~5세기 금강유역의 백제문화와 공주 수촌리유적』(충청남도역사문화원 제5기 정기 심포지엄 발표문), 충청남도역사문화원, 87~109쪽.

27) 이한상, 2007, 「5~6세기 금속장신구의 연대론」, 『고고학탐구』창간호, 고고학탐구회, 32~34쪽.

〈도 21〉 수촌리 1호분 금동관모　　　〈도 22〉 수촌리 1호분 금동관모의 용문세부

로 관찰해야 하기 때문에 용문의 정확한 모습을 파악하기는 어렵다. 따라서 발굴책임자의 보고 내용에 일단 의존할 수밖에 없다. 발굴책임자가 발표한 논문의 내용을 정리하여 보면 다음과 같다. "內冠의 측판 중앙에는 용문을 여럿 투조하였으며, 하단부는 당초문과 운문을 혼합한 듯한 추상화된 문양을 투조하였다. 용문은 몸통에 비늘을 표현할 정도로 세밀하여 몸통을 감싸고 있는 운문과 조화되어 날아오르는 모습이 역동적이고 뛰어난 조각 수법이 보인다. 그리고 측판 중앙부분에 마주보고 있는 용의 모습이 있는데 다리와 갈기, 불을 내뿜는 듯한 혀의 형상 등이 마치 살아 있는 듯 매우 역동적이다."[28]

위의 논문에는 실측도면으로 冠帽의 측면 전개도만(도 22) 소개되어 있는데, 그 형상을 살펴보면 윗입술은 길게 뻗어나갔고, 턱 아래에는 갈고리 모양의 턱수염이 있으며, 입에서는 영기를 내뿜고 있음을 확인할 수 있다. 뿔은 중간 부분에 戟狀의 돌기가 뻗어 있어서 가지뿔을 나타낸 有刺形으로 판단된다. 투각기법으로 만들어져 매우 축약된 형태이지만 용

---

28) 이훈, 2006, 「공주 수촌리 백제 금동관의 고고학적 성격」, 『충청학과 충청문화』5권 2호, 충청남도역사문화원, 9~11쪽.

문의 핵심적인 요소를 잘 드러내고 있다. 이러한 용문의 기본적인 형태는 중국용 중에서 남북조시대의 용의 형상을 그대로 보여주는 것이다. 특히 유자형의 뿔이 표현되었다는 사실은 남북조시기 중에서도 후기에 즈음하여 이 유물이 제작되었을[29] 가능성을 시사하는 것이라 하겠다.

한편, 전시도록에 실린 이 유물의 사진을 보면 상기한 측판 하단에 시문된 용문의 용두 바로 위, 즉 측판의 가로중심선에 동물문이 시문되어 있는데(도 23), 백호를 표현한 것이 틀림이 없다. 이 백호는 몸통은 사신형이며 목을 돌려 뒤를 돌아보고 있는데, 뭉툭한 얼굴과 동그란 눈은 백호의 모습을 충실히 보여주고 있다. 용문과 함께 호문이 시문되어 있다는 점에서, 용문만으로 구성된 4호분 출토 금동관모와는 문양에서 차이를 보인다.

〈도 23〉 수촌리 1호분 금동관모의 백호      〈도 24〉 수촌리 4호분 금동관모

## (2) 수촌리 4호분 출토 金銅冠帽(도 24)

용문이 새겨진 금동관모·금동신발이 흑유계수호, 청자 잔, 철기류, 토기류 등과 함께 출토되었다. 금동관모는 피장자의 머리에 착장된 상태로 발굴되었다. 용문은 관모 내관의 양 측판, 前飾과 後飾 모두에 시문되어 있다.

---

29) 이경미, 2007, 『韓國古代 龍鳳文樣의 역사고고학적 硏究』, 성균관대학교 박사학위 논문, 43쪽.

　이 유물에 대한 발굴책임자의 논문을 인용하여 소개하면 다음과 같다. "내관의 측판에는 용문양이 상단 부분에 1마리, 하단부분에 1쌍 투조되어 있는 것으로 관찰되었다. 하단부에 배치된 1쌍은 'S'자형으로 연결되어 유연하면서 역동적인 모습으로 구름을 뚫고 승천하는 형상을 연출하고 있다. … 전식의 육각형으로 구획된 부분에는 정면 중앙에서 볼 때 좌우측에 한 마리씩 용무늬가 베풀어져 있다. 雙龍文의 전체적인 구도는 'X'자상으로 머리가 위쪽을 향해 배치되어 있다. 용의 상부 몸통은 'U'자형의 부드러운 곡선으로 표현되었으나 하부 쪽 몸통 부분은 사선형의 직선으로 이루어져 있다. … 후식의 중앙부분에는 쌍용문이, 외곽부에는 전식과 마찬가지로 화염문으로 관찰되는 추상문이 배치되어 있다."30)

　이 금동관모는 보존처리가 어느 정도 이루어져 도면이 논문에 게재되었으므로 기본적인 도상의 이해가 가능하나, 워낙 도안화된 까닭에 용의 모습을 제대로 파악하기는 어렵다. 그럼에도 불구하고 도상의 기본적인 구도가 시사하는 바는 매우 크다. 왜냐하면 우선 내관의 문양이 單龍 + 雙龍의 구도인데, 이는 호우총 등과 같은 6세기 초엽 영남지역에서 출토되는 용문환두대도의 구도와 일치하기 때문이다. 또한 전식과 후식의 X자형의 쌍룡 역시 交龍을 나타낸 것으로, 이 또한 용문환두대도의 柄緣金具의 용문 장식을 연상시키기 때문이다. 이처럼 수촌리 금동관은 용문을 기본으로 했다는 사실에서 매우 주목되며 더욱이 4호분에서 출토된 금동신발의 주문양도 용문이라고 전해지고 있어서 그러한 사실을 더욱 잘 말해주고 있다.31) 한편 용문을 둘러싼 테두리의 장식 모두 화염문을 모티브로 한 사실도 주목할 필요가 있다. 이는 경주 식리총 금동신발의 화염문과 바로 연결되는 요소이기 때문이다.32)(도 25)

---

30) 이훈, 2006, 앞의 글, 11~14쪽.
31) "1600년전, '백제의 龍' 눈을 뜨다" 조선일보 2006년 8월 18일자 A1면.
32) 周緣裝飾文樣은 아니지만 6세기 초엽으로 편년되는 金鈴塚 출토 白樺被彩畵冠帽의 주문양이 화염문인 사실도 6세기가 되면서 화염문이 신라와 백제지역에서 유

〈도 25〉 수촌리 4호분 금동관모(좌)와 식리총 금동신발(우)의 주연부 화염문

## 2) 연대비정

　연구의 우선 대상은 과연 수촌리 고분군이 4세기 후반~5세기 전반에 축조되었는가에 대한 검토이다. 이와 관련하여 편년설정의 표지적인 자료로 거론되는 중국도자의 傳世 與否에 대한 판단이 필요하겠다. 이 문제와 관련하여 백제지역에서 출토되는 중국문물에 대하여 傳世期間을 특별히 고려하지 않아도 좋다는 견해가 있다.[33] 그런데 위의 주장은 다음과 같은 이유로 수용하기 곤란하다. 우선, 황남대총 북분에서 출토된 흑갈유 양이호를 그의 주장대로 전세기간을 인정하기 않고 4세기 3/4분기로 편년할 경우 삼국시대 고분편년 전체를 재조정해야 하는 난제가 남는다. 현재까지의 연구성과 전체를 폐기해야 하는 상황이므로 납득할 수 없는 주

---

행하였을 가능성을 제시해 준다.
朝鮮總督府, 1931, 『慶州金鈴塚飾履塚發掘調査報告－圖版篇－』(大正十三年度古蹟調査報告　第1冊), 圖版　第52.

33) 朴淳發, 2005, 「公州　水村里　古墳群　出土　中國瓷器와　交叉年代　問題」, 『4~5세기 금강유역의 백제문화와 공주 수촌리유적』(충청남도역사문화원 제5기 정기 심포지엄 발표문), 충청남도역사문화원, 55~83쪽.

① 삼연의 전형적인 초두

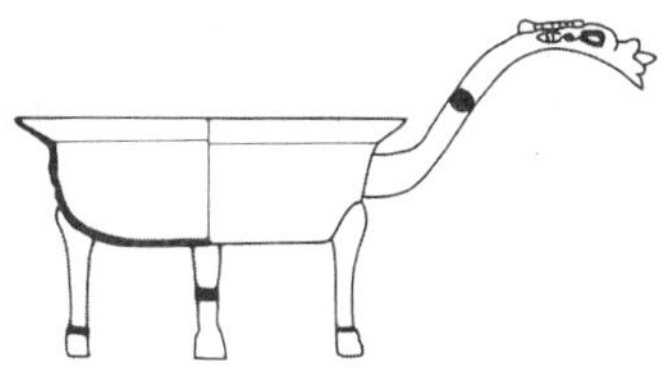

② 칠성산 96호묘 출토 초두

③ 법천리 1호 석실분 출토 초두

④ 식리총 출토 초두

〈도 26〉 식리총 출토 초두와 그 비교자료

장이라 하겠다. 둘째로, 飾履塚에서 출토된 청동초두도 또 다른 반론의 근거라 할 수 있다. 이 초두는 전형적인 三燕의 초두로 4세기를 중심연대로 한다(도 26 참조). 이런 초두가 신라 적석목곽분의 최후기 무덤으로 편년되는 식리총에서 출토된 사실은 전세기간을 인정하지 않고는 이해될 수 없다. 이 문제와 관련하여 식리총이 축조되었던 6세기 초엽의 청동초두는 금관총 출토품과 같은 용문과 인동문이 결합된 형식이 유행하였던 사실을 상기할 필요가 있다.[34] 또한 이보다 앞선 5세기 중엽에 제작된 것으로 추정되는 풍납토성 출토 청동초두의 형태도 삼연의 그것보다 양식상 발전한 것으로,[35] 이를 통해 식리총 출토품이 5세기 중엽 이전 三燕에서 만들어진 후 상당한 전세기간을 거친 후 식리총에 매납된 것임을 입증

---

34) 이경미, 2007, 앞의 글, 171~173쪽.
35) 위의 글, 151~152쪽.

해 준다. 셋째로, 壺杅塚 출토 壺杅 역시 전세기간을 인정하지 않을 수 없는 유물이다. 銘文에 의거할 때 광개토왕의 사후, 삼년상을 지낸 해인 415년에 만들어진 것임이 확실하다고 할 수 있는데, 단룡문환두대도가 출토되어 6세기 초엽후반으로 편년되는 호우총에서 출토되어 전세유물임을 보여준다. 이상의 검토에서 흑갈유양이호, 청동초두, 청동합 등이 모두 전세유물일 가능성이 높음을 확인하였다. 그런데 여기서 상기 유물들이 모두 容器라는 사실이 주목되는데, 이를 통해 위세적 유물 중에서도 용기류가 주된 전세유물이었던 사실을 알 수 있다. 이런 사실은 중국자기 역시 전세유물로 매납되었을 개연성을 높여준다. 결론적으로 신라고분에서의 전세유물을 검토할 때, 수촌리 고분군에서 출토된 중국자기 역시 전세유물일 가능성을 배제할 수 없다. 따라서 이들 중국자기를 교차연대의 자료로 활용하여 수촌리 고분군을 편년하는 시도는 신중한 고려가 필요하다고 판단된다.

다음으로, 마구의 제작연대에 대한 검토이다. 이와 관련해서는 가야 마구에 대한 체계적인 분석을 한 兪昌煥의 최근 연구성과를 참고하여 검토하겠다. 그가 제시한 등자의 형식분류를 참고할 때 수촌리 1호분 등자는

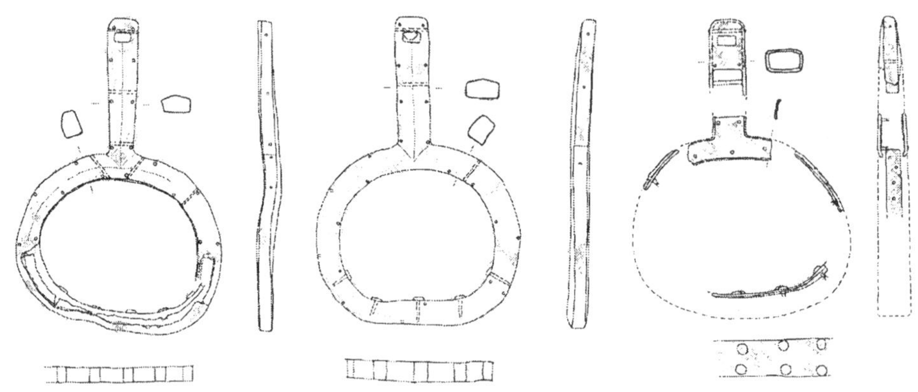

〈도 27〉 수촌리 출토 등자(좌:1호분, 중:4호분, 우:5호분)

ⅠB4식, 수촌리 4호분 등자는 ⅠB5식, 수촌리 5호분 등자는 ⅡB1식에 각 각 포함될 수 있다.36)(도 27) 이들 등자는 그의 편년을 따르면, 5세기 중 엽에서 6세기 초엽으로 편년될 수 있다. 한편, 그의 도면을 참고할 때,37) 수촌리 1호분 등자는 옥전 91호분 등자와, 수촌리 4호분 등자는 지산동 32호분 등자와, 수촌리 5호 등자는 옥전 M7호분 등자와 형태상 유사하다. 옥전고분군의 전체 편년을 따를 때, 옥전 91호분은 5세기 4/4분기로 편년 되며 옥전 M7호분은 6세기 1/4분기로 편년된다.38) 한편, 지산동 32호분 은 대부분의 학자들에 의하여 5세기 중엽으로 편년되는 무덤인 점과,39) 황남대총 남분의 고배와 동일한 형식에 속하는 신라고배가 출토된 사실 로 미루어40) 5세기 중엽으로 편년해도 무방하다고 생각된다. 단, 수촌리 4호분이 수촌리 1호분보다 후대에 축조된 사실을 감안하면,41) 수촌리 4 호분의 등자의 매납시기는 5세기 말엽이나 6세기 초엽일 가능성이 있다 고 생각된다.

이상에서 수촌리 고분군을 4세기 후반에서 5세기 전반으로 보는 견해 에 대해 비판하고, 마구류에 의거하여 그 축조시기는 5세기 말엽에서 6세 기 초엽일 가능성이 높음을 제시하였다. 다음은 수촌리 1호분과 4호분의 축조시기에 대한 구체적인 검토이다.

첫째로, 수촌리 4호분 출토 금동관모와 동일한 형식이면서 周緣을 火

---

36) 兪昌煥, 2007, 앞의 글, 34~61쪽.
37) 위의 글, 60~61쪽.
38) 조영제, 2007, 『옥전고분군과 다라국』, 학연문화사, 126쪽의 편년표 참조.
39) 아래의 글에 대가야 고분의 편년과 관련된 연구성과가 정리되어 있다.
    김세기, 2003, 『고분자료로 본 대가야연구』, 학연문화사, 147~157쪽.
40) 아래의 글에 실린 도면을 참고하였다.
    신경철, 2005, 「가야고분문화 연구에 있어서 옥전고분군」, 『고분연구에 있어서 옥전고분군의 위상』(제1회 다라국사 학술회의 발표문), 경상대학교박물관·합천 군, 40쪽 도 12.
41) 이훈, 2004, 앞의 글, 95~96쪽.

焰文으로 장식한 관모가 日本 熊本縣 江田船山古墳에서 출토된 (도 28) 사실이다. 이 고분에서 출토된 冠帽, 耳飾, 飾履, 蓋杯 등은 추가장 때에 부장된 것으로 백제산임이 밝혀졌고, 삼엽식의 이식은 무령왕릉의 이식과 계통을 같이 하는 것으로 인정되고 있으며, 축조시기는 6세기 초엽

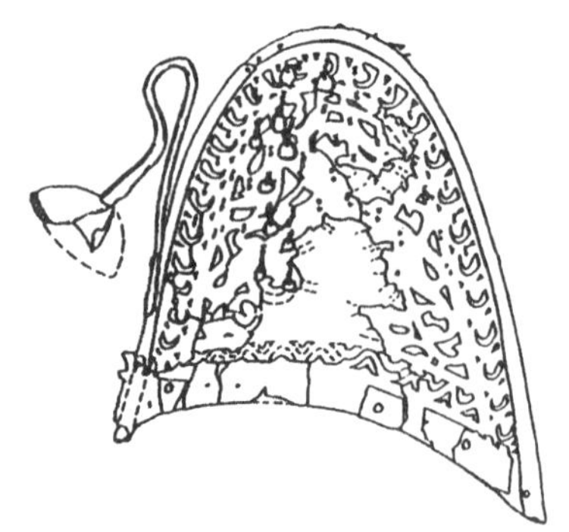

〈도 28〉 일본 江田船山古墳 금동관모

으로 편년된다.[42] 이런 사실들을 참고할 때, 동일한 형식의 금동관모가 출토된 수촌리 4호분의 축조시기 역시 6세기 초엽일 개연성이 높다고 할 수 있다.

둘째로, 수촌리 4호분 출토 금동관모의 용문 조각수법이 입체적이라는 점이다. 신라의 금속공예에서 조각수법이 단순한 투각기법에서 세밀하고 구체적인 彫金수법으로 바뀌는 시점이 호우총, 식리총, 보문리부부총과 같은 최후기 적석목곽분 단계인 사실을 감안할 때, 이 역시 위의 연대 설정에 중요한 단서가 된다.

셋째로, 수촌리 4호분 출토 금동관모의 장식구성이 단룡에 쌍룡을 부가한 것으로, 이는 호우총의 단용문환두대도의 그것과 일치한다. 즉, 환두 내에 단룡을 배치하고 병연금구에 교룡을 배치한 것이 수촌리 4호분 금동관모의 용문양 배치와 상통하고 있다.

넷째로, 수촌리 4호 금동관모의 문양은 龍文 一色이라 할 정도로 용문이 주문양으로 시문되고 있고, 공반출토된 금동신발의 문양도 여러 마리의 용이 뒤엉켜 있는 모습을 표현한 것이라 전한다.[43] 이처럼 용문이 최

---

42) 이상의 江田船山古墳에 대한 기본적인 내용은 다음의 글을 참고하였다.
박천수, 2007, 『새로 쓰는 고대 한일교섭사』, 사회평론, 189~199쪽.

고권위의 상징으로 등장하면서 용문이 단독문으로 애용되는 시점은 고구려벽화고분 중에서도 사신도단계에 들어서이다. 특히 6세기대로 편년되는 통구사신총과 오회분 4호묘의 천장의 구성, 즉 천장 중심에 황룡을 그리고 그 주변에 다수의 교룡을 배치한 구성에서 비로소 확인된다. 따라서 수촌리 4호분 출토 금동관모는 6세기 초엽 고구려 용문의 성행과 시기를 같이한다고 판단된다.

마지막으로, 수촌리 출토 금동관의 용문이 사실적이면서도 정형화되어 있는 점도 무시할 수 없다. 장식유물에서 용문은 태왕릉과 황남대총 남분에서 집중적으로 확인되는데, 모두 타출기법에 의한 제작으로 도안화되어 용의 구체적인 모습을 파악하기 힘든 편이다. 이런 점은 생활풍속·사신도단계의 사신도에 그려진 용문이 고졸한 형태를 띠는 것과도 상통한다. 이런 사실은 적어도 5세기 중엽까지 벽화나 장식문양에서 용문이 정형화된 모습을 갖추지 않았음을 시사해 준다. 이런 현상은 5세기 말엽 과도기적 단계를 거친 후, 6세기 초엽의 사신도단계가 되면 중국의 전형적인 용문을 계승한 청룡이 벽화에 등장하고 장식문양에 사실적이고 입체적인 모습의 용문이 시문되는 것으로 변화한다.[44] 이러한 용문의 정형성을 보아도 수촌리 4호분 출토 금동관모의 제작시기는 6세기 초엽일 가능성이 크다고 할 수 있다.

이상의 검토에서 수촌리 4호분 금동관모의 제작시기는 동일한 문양구성이 확인되는 江田船山古墳, 호우총, 식리총, 통구 사신총, 5회분 5호묘 등의 연대와 견주어 볼 때, 6세기 초엽으로 편년될 수 있겠다. 그리고 6세기 초엽 중에서도 무령왕릉의 주문양인 忍冬文이 확인되지 않는 사실로 미루어 전반으로 일단 편년설정이 가능하다고 판단된다.

다음으로 수촌리 1호 금동관모의 제작시기는 수촌리 4호분의 축조시기

---

43) "백제 예술혼, 용과 봉황에 생명을 주다" 조선일보 2009년 8월 25일자 A20면.
44) 이경미, 2007, 앞의 글, 309~311쪽.

를 고려할 때 5세기 말엽으로 편년하여도 무방하다고 생각된다. 그 이유로는 수촌리 1호분 출토 금동신발의 문양이 용문이 아니라 법천리 1호분 출토 금동신발과 동일한, 연속하는 T자문으로 시기차를 반영하는 점, 수촌리 1호분이 토광목곽묘인데 비하여 수촌리 4호분은 횡혈식석실분으로, 양 무덤 사이에 묘제에서 현격한 차이가 확인되는 점, 수촌리 1호분 금동관모의 문양에 龍文과 함께 虎文이 확인되어 龍文 일색의 수촌리 4호분의 금동관모와는 비교되는 점 등을 들 수 있다.

## 2. 천안 용원리 1호분

### 1) 장식유물의 소개와 검토

① 금동단봉문환두대도(도 29): 환두의 가운데에 단봉의 머리가 조각되어 있고, 환두 외면에 한 쌍의 龍의 몸체를 陽刻으로 장식하였다. 전체적인 형상은 중앙에 봉황의 머리를 표현하고 목 부분으로 이어지면서 그것이 시계방향으로 원형의 환두를 휘감은 다음에 다시 아래로 내려와 봉황의 목 부분에서 만나 손잡이 쪽으로 내려 환두의 莖部를 이루고 있다.

〈도 29〉 용원리 1호분의 단봉문대도

병연금구에는 어떠한 장식문양도 시문하지 않았다.

봉황의 볏은 기저부에 3개의 돌기가 있고 그 끝이 살짝 반전하는 전형적인 용각형이다. 눈은 길게 찢어져 鳳眼이 제대로 표현되었고 눈썹이 강조되어 위로 힘차게 올라가게끔 묘사되었으며 눈썹 뒤까지 뒤로 길게 뻗은 귀가 아주 잘 표현되어 있다.

한편 입 뒤에서 길게 뒤로 뻗어 귀 아래에서 뭉툭하게 처리된 아귀 갈기와 목과 턱 사이의 턱수염도 확인되며, 뾰족한 부리 아래로 약간 벌려진 입 속에는 구슬 같은 것이 물려져 있는데 이는 봉조가 곤륜산을 건널 때 입에 물었다는 신비의 과일 '사당'을 표현한 것이라 추측된다.

이 봉황의 형상은 입이 뾰족한 것을 제외하고는 얼굴의 전체적인 구도와 형상이 무령왕릉 출토 금제단용문환두대도와 거의 일치하고 있어 주목을 끈다. 뿐만 아니라 원형의 환두를 휘감아 만든 다음에 다시 아래로 내려와 봉황의 목 부분에서 만나 손잡이 쪽으로 내려 환두의 莖部를 장식한 제작방식 역시 무령왕릉 출토품과 완전히 동일한 점이 눈에 띈다. 이런 특징을 통해 볼 때 결국 이 두 유물은 동일한 제작전통으로 만들어진 것임을 분명히 알 수 있다(도 15, 도 29 참고).

반면에 이 두 유물에 등장하는 문양은 주문양이 각각 봉작문과 용문이라는 큰 차이를 보이고 있는데, 이는 시기적인 변화에 따라 중심 표현 대상이 변화했기 때문인 것으로 판단할 수 있겠다. 즉, 후대로 가면서 대도를 장식하는 주문양이 점차 봉작문에서 용문으로 바뀌었다는 것을 의미한다는 것이다. 이외에도 용원리 1호분 출토 단봉문환두대도에는 병연금구가 素文인 데에 비하여 무령왕릉 출토 단용문환두대도에는 龜甲鳳雀文이 시문된 차이가 확인되는데 이 역시 제작시기의 차이를 반영한 것으로 보인다.

이처럼 시간적인 차이를 두고 용봉문환두대도의 주문양이 봉작문에서 용문으로 바뀌었다는 사실은 용봉문환두대도의 일반적인 문양변화와도 일치한다. 이는 결국 본 유물의 제작시기에는 봉작문이 최고신분의 상징이었고, 무령왕릉 출토품의 제작시기에는 용문이 최고신분의 상징이었을 가능성을 시사하는 것이라 할 수 있다.

## 2) 연대비정

　　발굴보고자는 이 1호분을 비롯한 용원리 유적의 축조연대를 4세기 중반에서 후반까지로 보고 있다.[45] 이런 보고자의 편년에 대하여 용원리 출토 마구에 대한 정치한 분석을 토대로 비판하면서, 용원리 고분군의 축조시기를 5세기 말엽에서 6세기 초엽으로 설정하는 한편, 용원리 1호분의 축조시기를 6세기 초로 편년한 견해도 있다.[46] 이외에도 백제마구의 분석을 통하여 용원리 1·12·108호의 축조시기를 5세기 중엽~말엽으로 편년한 연구결과도 있다.[47]

　　이 글에서는 다음과 같은 이유로 4세기 후반설을 인정할 수 없다. 우선, 4세기 후반설은 9호분 출토 鷄首壺의 제작시기에 근거를 둔 것으로 전세기간을 크게 인정하지 않은 견해라 할 수 있는데, 이에 대해서는 바로 앞에서 논의한 것을 참고할 때 설득력이 약하다고 할 수 있다. 둘째로, 용원리 1호 출토 단봉문환두대도는 기본구도가 무령왕릉 출토 단용문환두대도와 완전히 일치하고 있다. 이 경우, 용원리 1호분이 4세기 후반에 축조되었다고 한다면 근 120년 동안 양식의 변화가 없었음을 보여주는데, 이는 장식유물의 양식변화를 고려할 때 납득하기 어려운 일이라 할 수 있다. 셋째로, 용원리 1호분 출토 단봉문환두대도의 봉작문의 기본적인 도상은 무용총·장천 1호분의 삼족오의 형태와 기본속성상 일치하고 있다 (도 30). 그런데 상기 고분의 편년이 5세기 중엽 이후인 사실을 감안할 때, 4세기 후반설은 설득력이 약하다 하겠다. 왜냐하면 고구려고분벽화에서 용원리 1호분 출토 단봉문환두대도의 봉작문의 용각과 같은 뿔을 지닌 靈鳥는 5세기 초엽까지 전혀 확인되지 않기 때문이다. 마지막으로, 용

---


45) 공주대학교 박물관, 2000, 『龍院里 古墳群』, 494~495쪽.
46) 이상률, 2001, 「천안 두정동, 용원리 고분군의 마구」, 『한국고고학보』45, 한국고고학회.
47) 유창환, 2004, 「백제마구에 대한 기초적 연구」, 『백제연구』40, 충남대 백제연구회.

원리 1호분 출토 단봉문환두대도의 봉작의 기본적인 모습이 중국 남조시
대의 鄧州 學莊村 南朝墓에서 출토된 화상전의 봉황문과[48] 일치한다는
점이다. 특히 볏, 수염, 귀 등의 기본속성이 서로 일치하고 있다. 따라서
용원리 1호분 출토 단봉문환두대도의 제작시기는 4세기 후반이나 5세기
초엽이 될 수 없다고 할 수 있다.

무용총 삼족오

장천 1호분 삼족오

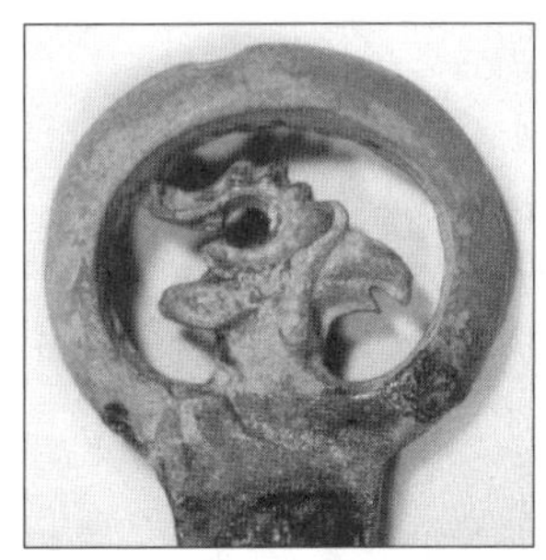

지산동 I-3 호분 단봉문환두대도

용원리 1호 석곽묘 단봉봉문환두대도

〈도 30〉 단봉문환두대도 봉문과 삼족오의 도상 비교

---

48) 이 유적의 기본적인 설명과 연대에 대해서는 다음의 글을 참고하기 바란다. 아래
   의 책에서는 鄧縣 學莊村 南朝墓의 축조시기가 梁代보다 늦지 않을 것이라 보았다.
   中國歷史博物館·南京博物館, 2000, 『魏晋南北朝文化』, 學林出版社·上海科技敎
   育出版社, 97쪽 참조.

다음으로, 6세기 초엽설에 대한 비판적 검토이다. 본 단봉문환두대도의 鞘緣金具와 柄緣金具가 素文인 점을 주목할 필요가 있다. 6세기 초엽으로 편년되는 옥전 M6호분 출토 단봉문환두대도나 신촌리 9호분 을관 출토 단봉문환두대도에는 병연금구에 交龍文이 모두 시문되어 있다. 이런 교룡문병연금구는 5세기 말엽에 출현하여 6세기 초엽에 유행한 것으로 볼 수 있는데, 이런 병연금구가 없다는 사실은 본 단봉문환두대도의 제작 시기가 6세기 초엽일 가능성이 낮음을 보여준다.

이상의 비판이 허용될 때, 용원리 1호분은 5세기 중엽에서 말엽 사이에 축조되었을 가능성이 높은데, 그 중에서도 본고에서는 5세기 말엽에 축조된 것으로 보고자 한다. 그 이유는 공반 출토된 鑣轡에(도 31) 백제의 표지적인 재갈속성인 遊環[49]이 달려 있고, 이런 형식의 표비는 '馬具의 百濟化'가 이루어지는 5세기 중엽·말엽으로 편년된다는[50] 점 때문이다. 그런데 본 표비에 대하여 방형판 아래 2脚이 달린 立聞用 金具가 공반하는 점과, 굽어진 인수외환의 제작이 본체 끝을 휘어 감아서 만든 점 등으로

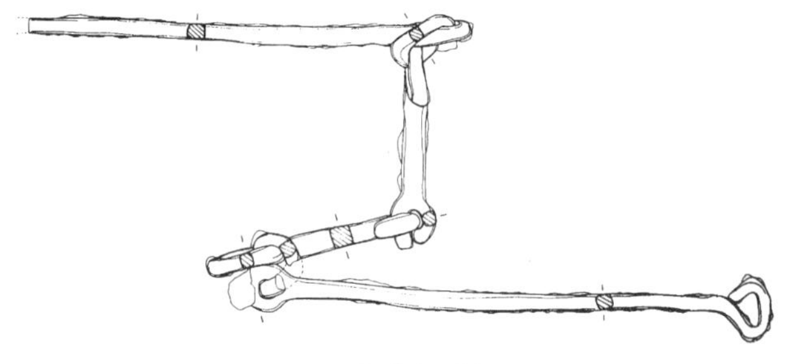

〈도 31〉 용원리 1호분 재갈

---

49) 遊環은 재갈과 고삐를 연결하는 고리를 말하는 것으로 백제 고유의 재갈의 특징이라 할 수 있다.
50) 柳昌煥, 2004, 앞의 글.

미루어 유환이 달린 백제계표비(유창환의 표비 G형[51]) 중에서도 상대적으로 늦은 시기의 속성을 보인다는 지적이 있다.[52] 이는 표비의 제작기술상의 속성변화를 반영한 것으로 합당한 견해라 생각된다. 이상으로 본 표비는 5세기 중엽에서 5세기 말엽으로 편년되는 유창환의 G형 표비 중에서도 늦은 단계에 포함될 수 있겠다. 따라서 용원리 1호분의 축조시기는 일단 5세기 말엽으로 볼 수 있겠다.

한편, 본 단봉문환두대도의 환두 외면의 장식문양에 주룡문이 부조로 시문되어 있는 점도 중요한 편년기준이 된다. 환두 외면에 용문을 입체적으로 장식한 용문환두대도로는 옥전 M3호분 출토 장식대도 4점, 옥전 M4호분 출토 단봉문환두대도, 옥전 M6호분 출토 단봉문환두대도, 무령왕릉 단용문환두대도, 창녕 교동 11호분 출토 용봉문환두대도 등으로 모두 5세기 말엽에서 6세기 초엽에 축조된 무덤에서 확인된다. 그에 비하여 환두 외면을 소문으로 처리하거나 당초문 등의 상감기법으로 시문한 용봉문환두대도는 5세기 2/4분기로 편년되는 지산동 I-3호분 출토 단봉문환두대도(素文),[53] 5세기 3/4분기로 편년되는 옥전 35호분(草文象嵌),[54] 본고에서 5세기 중엽으로 편년한 지산동 32NE-1호분(草文象嵌) 등으로 대부분 5세기 중엽까지의 무덤으로 편년된다.[55] 이런 사실은 환두 외면에 용문을 부조로 새긴 용원리 1호분의 축조시기를 5세기 말엽으로 보는 또 따른 근거라 할 수 있다.

---

51) 위의 글, 173~175쪽.
52) 이상률, 2001, 위의 글, 153~154쪽.
53) 영남문화재연구원, 2006, 『고령지산동고분군』V, 323쪽.
54) 조영제, 2007, 앞의 글, 126쪽의 편년표 참조.
55) 이상의 유물에 대한 사진은 아래의 책을 참고하였다.
   국립대구박물관, 2007, 『선사에서 조선까지 한국의 칼』(특별전 도록), 69~89쪽.

## 3. 신촌리 9호분 을관

### 1) 장식유물의 소개

① 은장단봉문환두대도(도 32): 환두 내의 봉의 볏은 양의 뿔을 연상케 하는데, 그 뿔이 머리 중앙에서 시작해 좌우로 뻗어 올라가고 끝단은 둥글 게 말린 형상을 하고 있다. 아주 뾰족한 입과 가늘고 긴 귀가 특징적이다.

② 금동단봉문환두대도(도 33): 부식이 심하여 봉작의 형상을 파악하기 어려운 편이다. 그러나 단봉문이고, 입술이 뾰족하며, 가늘고 긴 귀를 강 조한다는 점에서 위의 은장단봉문환두대도와 일치하고 있다. 병연금구에 교룡을 타출기법으로 장식하였다.

〈도 32〉 신촌리 9호분 을관 단봉문대도　　　〈도 33〉 신촌리 9호분 을관 단봉문대도

### 2) 연대비정

상기 용봉문환두대도와 함께 공반출토된 삼엽형환두대도를 대상으로 신촌리 9호분 을관에서 출토된 장식대도의 특징을 정리하면 다음과 같다.

그것은 용봉문환두대도
중에서 단봉문인 점, 단
봉문의 용각이 양갈래
로 갈라진 점, 병연금
구에 교룡문을 시문한
점, 삼엽문환두대도의
魚鱗文 柄板(도 34) 등
으로 요약된다. 삼국시
대 용봉문환두대도 중에
서 상기 속성 4가지를
모두 갖춘 유물로는 옥
전 M6호분 출토 단봉
문환두대도를(도 35) 들

〈도 34〉 신촌리 9호분
을관 삼엽문대도

〈도 35〉 옥전 M6호분
단봉문대도

수 있겠다. 이 옥전 M6호분은 신라계의 출자형금관이 출토되어 신라계유
물이 파급되는 시기에 축조된 무덤으로 볼 수 있겠다. 이에 옥전 M6호분
은 加羅가 487년 고구려와의 교통과정에서 백제와의 충돌과 패배 이후,
친신라 정책으로 외교노선을 설정한 6세기 초엽으로[56] 볼 수 있으며,[57]
신촌리 9호분 출토 용봉문환두대도 역시 동시기로 보아 6세기 초엽으로
편년할 수 있겠다(도 33 · 34 · 35 참고).

---

56) 이용현, 2000, 「加羅(大加耶)를 둘러싼 국제적 환경과 그 대외교섭」, 『한국고대사
　　연구』18, 한국고대사학회, 47~49쪽.
57) 옥전 M6호분은 옥전고분군의 유구 전체에 대한 편년에서는 V단계인 6세기 2/4
　　분기에 해당된다.
　　조영제, 2007, 앞의 글, 111~126쪽.

# Ⅳ. 신라지역

## 1. 천마총

### 1) 장식유물의 소개

① 銀製 銙帶 드리개(도 36) : 은제 과대의 드리개에서 용의 형상이 확인된다. 이 드리개는 황남대총 남분과 북분, 금관총 등의 전형적인 신라 드리개와는 확연하게 구별되는 새로운 양식이다. 용문은 맨 끝 홀 모양의 은판에 타출방식으로 시문되어 있다. 몸체는 蛇身形으로, 등부분에 갈기형의 목돌기가 표현된 점이 특기할 만하다. 길게 뻗어나간 윗입술과 두툼한 아랫입술, S자로 휘고 끝 부분만이 권상인 2개의 용각형의 뿔, 입술에 비하여 아주 작게 처리한 코, 그리고 작은 눈 등의 요소는 당시 중국용문의 요소를 고스란히 나타낸다 해도 과언이 아니다. 다만 뿔의 끝단에 花形의 돌기가 있어서 뿔 기저부에 돌기를 두는 일반적인 양식과는 차이를 보이고 있다.

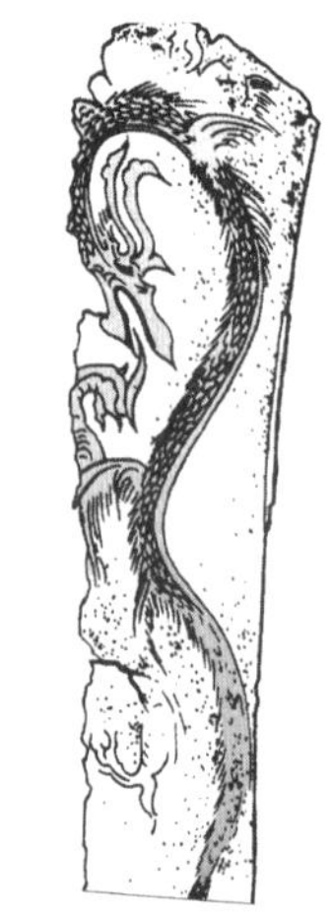 

〈도 36〉 천마총 은제과대의 용문드리개  〈도 37〉 천마총 금제과대의 용문드리개

② 金製 銙帶 드리개(도 37): 과판의 드리개 장식 중 하나에 용문이 새겨져 있는데, 세장방형의 金板 안에 뱀처럼 긴 몸통이 S자형으로 묘사되어 있고, 다리가 위를 향해 구부러져 있다. 사신형 몸통에서 꼬리 부분과 머리 부분이 가늘고 중간부분이 두껍게 표현되어 용의 모습임을 알 수 있다. 용각형 뿔이 뒤가 말린 S자 모양으로 표현되었고, 영기를 내뿜고 있다. 황남대총 남분과 북분에서 쌍봉문이 도안의 주 대상이었던 것에 비하여 본 유물의 드리개가 용문으로 바뀐 사실은 천마총이 축조된 시기에 즈음하여 상기한 은제과대의 드리개의 용문과 함께 신라지역에 용문이 서서히 최고신분상징의 장식문양으로 도입되기 시작하였음을 보여주는 것이라 할 수 있다.

③ 單鳳文環頭大刀(도 38): 관내 피장자의 佩刀로 부장된 것이다. 신라의 표지적인 장식대도인 母子大刀에서 봉작문이 확인된다. 母刀의 환두 내부에 봉작이 장식되어 있는데, 동일한 모양의 봉작이 子刀의 환두에도 있다. 기본적인 도상은 옥전 M4호분 출토 단봉문환두대도와 통한다. 이와 함께 신라의 표지적인 장식대도 형식인 母子大刀에 봉작문이 조형된 것은 매우 중요한 사실이다. 이를 통해 이 장식대도는 신라에서 자체 제작된 것이고, 신라에서는 가장 이른 시기에 제작된 용봉장식대도로 볼 수 있으며, 시기적으로는 무령왕릉 출토품보다는 분명히 앞선 것이라 할 수 있다. 여기서 황남대총 축조단계까지 장식대도에 삼엽문과 삼루문을 고집스럽게 선호하던 신라왕실이 중국계 靈鳥인 봉작을 왕권상징의 모티브로 채택했다는 점은 매우 주목할 만하다.

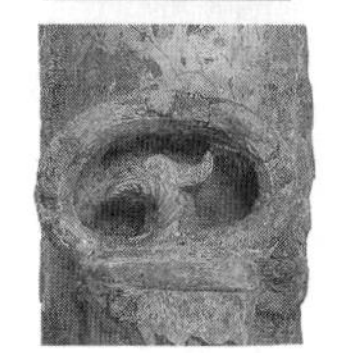

〈도 38〉
천마총 단봉문모자대도

④ 白樺樹皮製 瑞鳥圖彩畫板(도 39): 이 서조도는 부식이 심하여 전체 중에서 2폭만이 형태 파악이 가능하다. 1폭은 獸面鳥身이고 다른 1폭은 鳳雀이다. 우선 봉작문은 양쪽으로 활짝 펼친 날개와 긴 꽁지가 제대로 표현되어 있다. 측면인 까닭에 꽁지는 현재 2개만 확인되지만 원래는 세 갈래로 갈라졌을 가능성이 있다. 봉작의 중심 꽁지의 끝부분을 화염보주형으로 처리한 점이 매우 특징적이다. 머리를 살펴보면 부리는 아주 뾰족하고 고기수염은 붉은 색으로, 눈 뒤로 깃털이 길게 뻗어 있고 끝부분은 뾰족하게 마무리하였다. 머리 위에는 꽁지 끝에 있는 화염보주형의 장식이 있어 이채롭다. 머리 장식을 제외하고는 머리의 기본적인 형태가 단봉문환두대도의 형태와 일치하고 있다.

한편 獸面鳥身은 날개를 활짝 펴고 가슴을 내민 채, 긴 목을 들어서 정면을 향하고 있는 형상이다. 머리는 두 귀가 토끼같이 크고 부리가 없으며 수염이 있어서 동물의 머리를 표현한 것임이 분명하다. 몸체는 날개를 펼치고 꽁지가 뒤로 뻗은 전형적인 서조의 형태이다. 이는 남북조시기에 유행하던 봉작의 몸에 人面, 龍頭, 獸面 등을 결합한 도상과 상통하는 것이라 할 수 있다. 고구려 고분벽화에서는 삼실총에서 이런 수면조신이 확인되고 있다.

〈도 39〉
천마총 서조채화판의 獸面鳥身

## 2) 연대비정

천마총의 축조시기는 6세기 초엽으로 비정할 수 있다. 그 이유로는, 은제과대 드리개의 용각의 형태가 덕화리 1호분과 호남리 사신총에 그려진

청룡의 용각과 동일한 花形이라는 사실을 들 수 있다(도 40). 이들 고구
려벽화고분은 사신이 사벽의 전면에 그려진 사신도단계의 무덤으로 단실
묘이다. 고구려벽화고분의 편년에서 사신도단계의 무덤을 6세기 초엽으
로 보는 데에는 큰 이견이 없으므로,[58] 교차편년을 적용할 때, 천마총도
6세기 초엽으로 설정할 수 있다. 그런데 용봉문환두대도가 호우총과 식리
총에서 확인되는 단룡문이나 쌍룡문이 아닌 사실은 6세기 초엽에서도 이
른 시기라 할 수 있겠다. 이에 천마총의 축조시기는 일단 6세기 초엽전반
으로 편의상 설정해 두겠다.

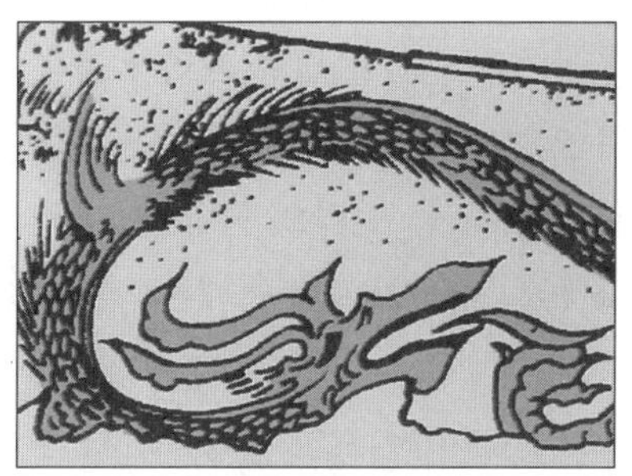

① 천마총 과대의 드리개

② 덕화리고분의 청룡

③ 호남리사신총

〈도 40〉 천마총 출토 은제과대드리개의 용각과(상) 비교자료

---

58) 전호태, 2000, 『고구려 고분벽화 연구』, 사계절, 417쪽 표10 참고.

## 2. 금관총

### 1) 장식유물의 소개

① 靑銅鐎斗(도 41-1, 2) : 초두의 손잡이 양쪽 끝부분과 몸통에 용머리를 한 개씩 모두 3개를 아주 입체감 있고 사실적으로 장식한 秀作이다. 신라지역 출토 용머리의 형상 중에서 가장 뚜렷한 형태라 할 수 있다. 풍납토성에서 확인되는 만곡형의 손잡이가 아니라 긴 직선의 손잡이 양 끝단에 용두를 입체적으로 장식하였다. 손잡이 끝부분의 용두의 기본적인 형태는 안쪽의 것과 동일하나 입을 벌린 채 인동문을 물고 있다. 그런 까닭에 입술이 벌어져 있는데, 윗입술은 거의 수직으로 꺾여 위로 치솟아 있다. 몸체에 장식한 용은 입을 벌렸으나 내부에 공간을 두지 않았다. 손잡이 안쪽의 용은 초두의 턱을 물고 있는데, 턱을 문 까닭에 입술이 안쪽으로 모아져 있다. 눈은 둥글고 눈썹이 S자형으로 폭넓게 붙어 있으며, 코는 아주 작게 표현되었고 귀는 크고 길다. 갈고리모양의 턱수염과 갈고리 모양의 턱아귀 갈기를 集線文으로 표현했다. 뿔은 용각형으로, 기저부에 벼슬 모양의 돌기가 달려 있고 끝단이 살짝 반전한다. 기본적인 형태는 전술한 용의 형상과 동일하다.

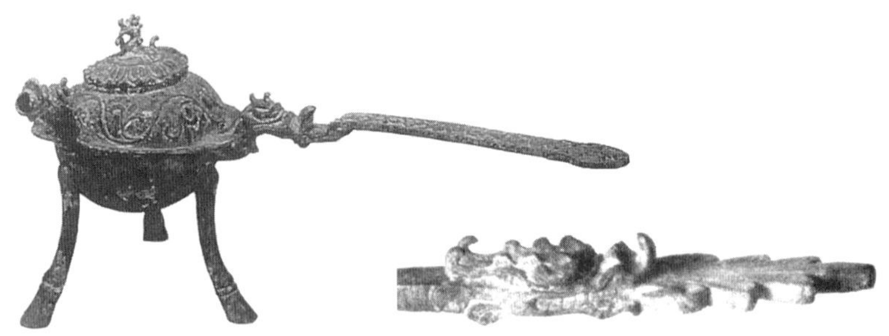

<도 41-1〉 금관총 청동초두　　　　〈도 41-2〉 금관총 초두의 용문과 인동문

이들 용의 형상은 기본적인 구도는 물론 세부형태까지도 무령왕릉 출토 용문환두대도와 거의 일치하고 있다. 특히 입에서 인동문을 내뿜고 있는 모습이 무령왕릉 출토 동탁은잔의 그것과 일치하는 점은 문양조합에서의 일치를 보여준다. 이런 용문의 도상을 통해 볼 때 금관총의 축조 시기는 무령왕릉의 축조시기와 한 세대 이상의 시차를 보이지 않을 것으로 판단된다. 그와 함께 손잡이 끝장식의 용이 인동문을 물고 있는 점은 고구려고분벽화에서 四神圖단계의 벽화고분의 문양구성과 일치하는 부분이기도 하다.

② 鬼面文 柄頭裝飾(도 42): 환두대도의 병두장식으로 귀면문이 양각으로 시문되어 있다. 우각형의 뿔이 안쪽을 향하면서 대칭적으로 표현되었고, 턱수염을 좌우 3개씩 대칭되게 표현했는데 모두 갈고리 모양이다. 눈은 위로 치켜 올라가 있다. 입이 있을 자리에는 못을 박기 위한 소공을 뚫어서 자연스럽게 입을 표현하였다. 신라지역에서 가장 이른 시기에 확인된 괴면문이라 할 수 있다.

〈도 42〉 금관총 귀면문대도

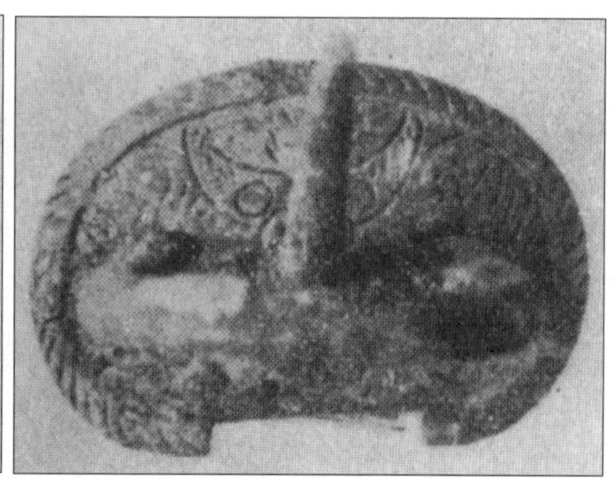

〈도 43〉 금령총 괴면문안장장식

## 2) 연대비정

이상의 검토를 통하여 금관총은 6세기 초엽으로 편년할 수 있겠는데, 그 근거는 다음과 같다. 우선, 전술했듯이 무령왕릉에서 확인되는 인동문이 여기서도 확인되고 청동초두의 용두 형태가 무령왕릉 금제단룡문환두대도의 그것과 매우 흡사하기 때문이다. 둘째로, 청동초두와 동일한 문양 구성(용두와 인동문의 결합)을 한 靑銅勺斗가 식리총에서 출토되고, 더욱이 금관총에서 청동초두가 출토되는 사실은 금관총이 6세기 초엽후반으로 편년되는 식리총과 축조시기에서 큰 차이가 없음을 보여주기 때문이다. 셋째로, 앞에서 소개한 환두대도의 鬼面文柄頭裝飾 역시 하나의 편년기준이 된다. 이 괴면문은 천마총과 금관총보다 후대에 축조된 것으로 인정되는 金鈴塚 출토 鞍裝後輪 座金具에서(도 43) 확인되는 데에 비하여[59] 금관총보다 선행하는 황남대총 남분과 북분 등에서 전혀 확인되지 않는 까닭에, 귀면문은 신라고분에서 6세기부터 등장한다고 볼 수 있기 때문이다.

이상의 검토와 함께 금관총은 일반적으로 6세기로 편년되는 천마총과 축조시기에 있어서 동시기일 가능성이 높은 사실도 방증근거가 된다. 금관총은 금속장식의 화려함과 정교함에 있어서 천마총에 비해 뒤지며, 금관의 경우에도 천마총의 4枝形보다 이른 시기로 볼 수 있는 3枝形이어서 금관총이 다소 이른 시기에 축조된 것으로 판단되어 왔다.[60] 또한 금관

---

59) 조선총독부, 1931, 앞의 글, 149쪽의 도 56.
60) 아래의 책에서는 일관되게 금관총 출토품을 5세기로 편년하고 있다. 이에 비하여 천마총은 6세기로 편년하고 있어, 양 고분 사이에 시간적인 차이가 있는 것으로 보았다.
국립경주박물관, 『신라황금』, 2001.
한편, 이한상은 송산리 4호분에서 출토된 新羅銙板의 도안과 기법이 금관총 출토품과 동일한 사실에 착안하여 송산리 4호분을 5세기 4/4분기 말부터 6세기 1/4분기까지의 연대로 편년한 후, 이입기간을 고려하여 5세기 4/4분기라는 편년을 제

총에서는 금제과대와 은제과대의 드리개에서 용문이 확인되지 않은 반면, 천마총에서는 은제과대 드리개와 금제과대 드리개에서 용문이 시문된 점도 천마총을 후행하는 무덤으로 보게 한다. 이외에도 천마총에서는 용봉문환두대도가 확인되나 금관총에서는 신라전통의 삼루환두대도가 계속 사용되는 사실도 천마총이 금관총보다 늦은 단계의 무덤일 가능성을 강하게 보여준다. 그럼에도 앞에서 검토한 바와 같이 천마총에서는 새로운 유형의 장식문양인 인동문과 귀면문이 전혀 확인되지 않은 데 반해 금관총에서는 인동문과 귀면문이 확인되어 장식문양에서는 새로운 요소를 보여준다. 이런 사실은 양 무덤 사이의 축조시기가 엇비슷할 가능성을 시사한다. 이런 사실은 양 무덤의 유물들에서 큰 시기적인 차이가 확인되지 않으며 묘형에 있어서는 동일한 묘형에 속하는 것으로 분류된다는 연구 결과와도 상통한다.[61] 즉, 형식에서의 차이는 보이지 않고 속성에서의 미

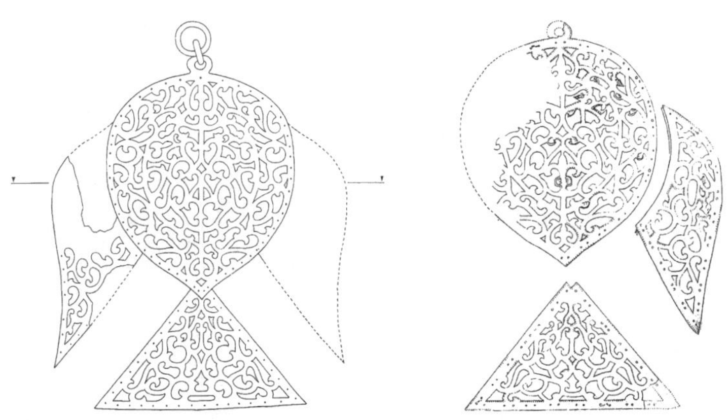

〈도 44〉 천마총 조형패식과 금관총 조형패식의 비교
(금관총 조형패식은 도면을 재구성함)

---

시하였다.
이한상, 2007, 앞의 글, 35~36쪽.

묘한 차이만이 확인될 뿐임을 알 수 있다. 이와 함께 양 무덤을 거의 비슷한 시기에 축조된 것으로 보는 결정적인 근거는 동일한 형태와 문양속성을 지닌 金銅透刻鳥形佩飾이 각각의 무덤에서 확인되고 있기 때문이다(도 44). 사진과 도면을 비교해 보면 양 무덤의 鳥形佩飾은 판박이라 할 정도로 동일한 문양을 하고 있다. 이는 이 두 개의 조형패식이 동일한 模本에 의해 제작되었을 가능성을 강하게 보여준다. 이상으로 금관총과 천마총의 축조시기에 큰 차이가 없음을 알 수 있으며, 금관총도 천마총과 동일한 6세기 초엽에 축조된 것으로 볼 수 있겠다.

## 3. 식리총

### 1) 장식유물의 소개

① 금동신발(도 45): 금동신발의 바닥판에 입체적으로 다양한 문양과 도상이 표현되어 있다. 테두리는 2줄의 연주문, 주연을 따라 일주하는 화염문, 구갑문 내에 雙鳥文·人面鳥身·全身怪獸·瑞鳥瑞獸·蓮花文 등이 시문되어 있다. 이전 단계의 금동신발과는 완전히 다른 문양요소를 보여준다.

② 쌍룡문환두대도(도 46): 옥전 M3호분 용봉문환두대도의 전통을 이어받은 쌍룡문환두대도이다. 柄緣金具와

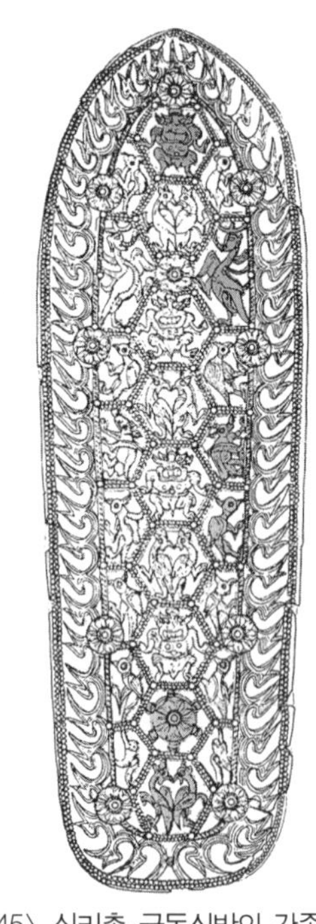

〈도 45〉 식리총 금동신발의 각종문양

---

61) 최병현, 1992, 『신라고분연구』, 일지사, 342~345쪽.

鞘口金具의 도상과 형태는 옥전 M3호분의 그것과 거의 흡사하며, 특히 경주 호우총 출토품과도 일치한다. 국립중앙박물관 소장의 쌍룡문환두대도와 함께 쌍룡문이 장식된 것으로는 매우 희귀한 예이다. 단지, 환두 내의 쌍용의 형태가 일부 결실되어 용봉문일 가능성도 배제할 수 없는 문제점이 있으나, 穴澤·馬目의 1976년도 作圖를 참고할 때,[62] 호암미술관 소장 쌍룡문환두대도·국박 소장 쌍룡문환두대도의 쌍용문과 상통하므로 일단 쌍룡문으로 보고자 한다.

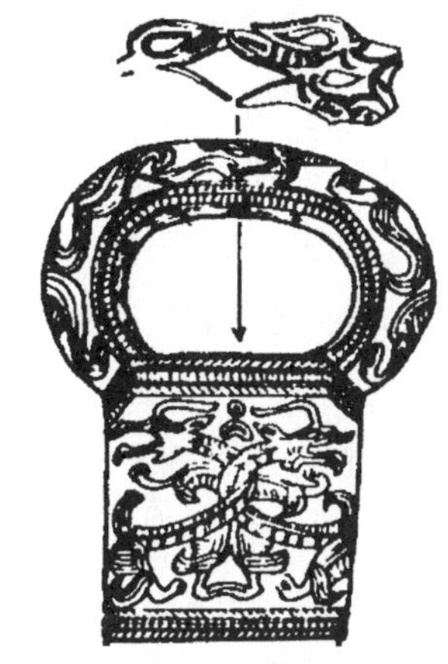

〈도 46〉 식리총 쌍룡문대도

③ 靑銅鐎斗(도 47): 손잡이 끝에 용두를 입체적으로 조각한 전형적인 초두이다. 기본적인 형태상 원주 법천리 1호분 출토 초두와 통한다. 최병

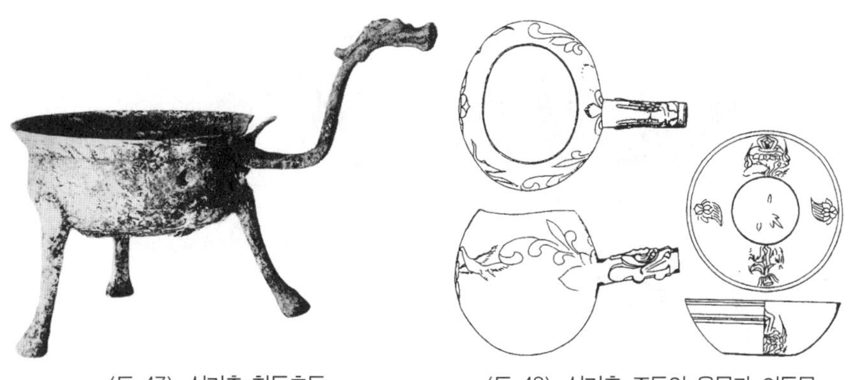

〈도 47〉 식리총 청동초두　　　　〈도 48〉 식리총 조두의 용문과 인동문

---

62) 穴澤和光·馬目順一, 1976,「龍鳳文環頭大刀試論－韓國出土例を中心として－」,『百濟研究』, 忠南大 百濟研究所, 237쪽의 도1-3 참조.

현은 이 초두에 대하여 4세기 전반기의 유물로 보고 매장연대에 대해서는 검증이 있어야 한다고 하였다.[63] 전형적인 삼연의 청동초두와 동일한 형태로 전세유물임이 확실하다.

④ 靑銅刁斗(도 48): 손잡이가 달린 용기로 기능은 보고서에 언급된 바와 같이 군사용의 刁斗일 것으로 추정된다. 용이 입을 벌려서 손잡이를 물고 있는 형상으로 전술한 금관총의 청동초두의 그것과 형태와 기법상 일치하고 있다. 몸통의 중심 가장자리를 따라서 인동문이 선각으로 시문되어 있고 그 사이로 비상하는 쌍조를 역시 선각으로 새겼다.

⑤ 龍鳳文鞍橋(도 49): 전체적으로 훼손이 심한 편이지만, 원래 용과 봉황을 번갈아 시문한 것으로 파악된다. 봉황의 머리가 훼손되어 정확한 형태파악이 어려우나, 전체적인 형태는 고구려벽화고분의 주작과 비슷하다. 용두는 아래턱부분이 멸실되었지만 용각을 비롯한 귀와 눈 부분이 그대로 남아있고, 특히 전체적인 몸통이 원형을 유지하고 있다. 용두의 전

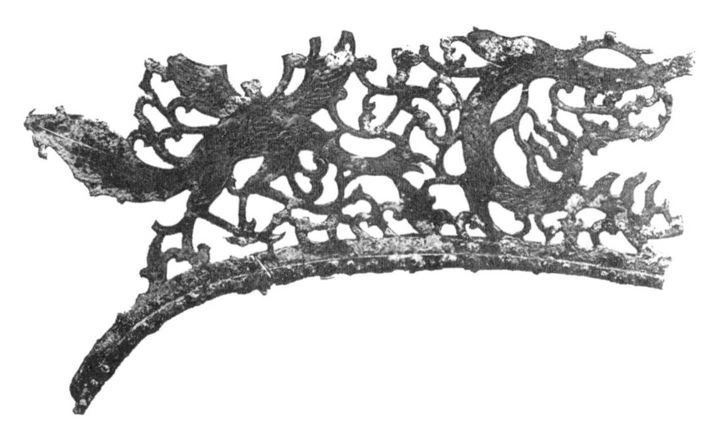

〈도 49〉 식리총 용봉문안교

---

63) 최병현, 1992, 앞의 글, 350쪽.

체적인 모습은 무령왕릉 금제단용문환두대도의 용두와 흡사하다. 특히 용각의 형태는 기본적인 도상을 본으로 하여 만든 것 같은 느낌을 준다. 용의 몸통에 표현되어 있는 화염형 갈기는 백제금동대향로의 그것과 동일한 형태이다. 이와 함께 용의 전체적인 몸통의 표현도 백제금동대향로의 그것과 연결된다.

⑥ 雙龍文板轡(도 50): 서로 얼굴을 마주하는 쌍룡이 입체적으로 시문되어 있다. 용의 몸통이 매우 가는 점이 특징적이라 할 수 있다. 호암미술관 소장 쌍룡문판비와 형태가 거의 동일하다.

⑦ 劍菱形杏葉 3점(도 51): 행엽의 상단 타원형 부분에는 대항하는 쌍봉문이 투각되어 있고, 하단의 劍菱 부분에는 등을 맞댄 쌍룡이 투각되어 있다. 용의 형상은 사신형의 몸체, 두 갈래로 뻗은 뿔, 馬耳처럼 생긴 귀, 대퇴부에 집선문으로 새겨진 肘毛, 아주 강조된 눈썹 등이 문양요소를 이루고 있다. 전형적인 대가야식의 검릉형행엽이 신라의 적석목곽분에서 출토된 사실이 무엇보다도 주목된다.

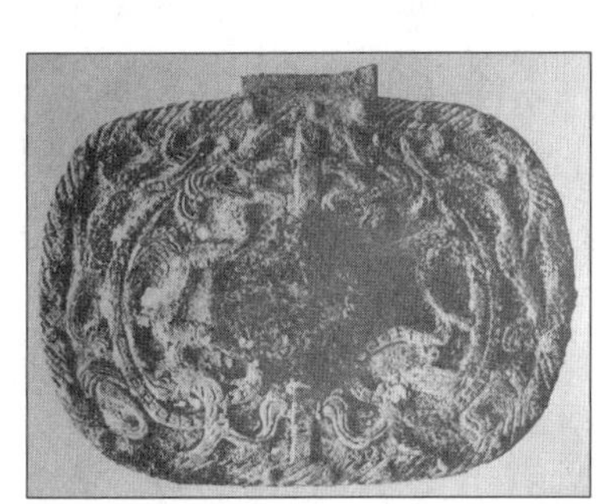

〈도 50〉 식리총 쌍용문판비

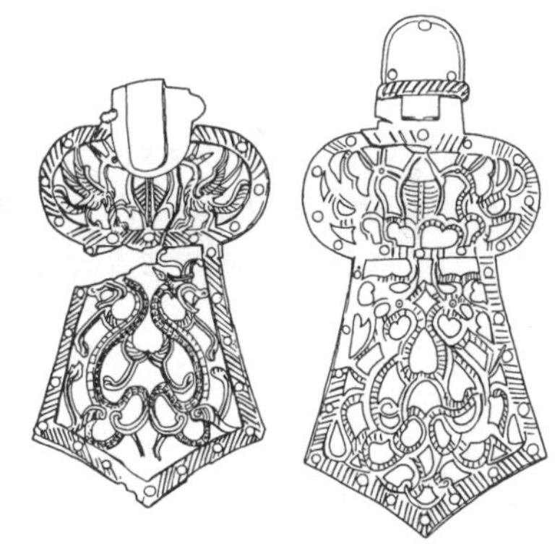

〈도 51〉 식리총 용봉문행엽

## 2) 연대 비정

식리총의 축조시기는 6세기 초엽으로 설정하여도 무방할 것이다. 그 이유로는 문양조각에서 이전 단계의 단순한 투각기법이 아닌 입체적이고 사실적인 기법이 확인되는 점, 황남대총과 천마총에서 확인되지 않는 인동문이 확인되는 점, 안교의 용문의 몸통과 뿔의 형태가 무령왕릉과 백제 금동대향로의 그것과 매우 흡사한 점 등을 들 수 있기 때문이다. 다음으로 용봉문환두대도의 주문양이 쌍룡문인 사실을 통하여 용이 실질적인 최고권위의 상징으로 등장했음을 알 수 있다. 이는 판비에서도 확인되는 사실로, 이 시기에 쌍룡문이 매우 유행하였음을 보여주고 있다. 이외에도 식리에서 확인되는 전면괴수문의 존재는 이전 단계인 천마총·금관총에서는 확인되지 않던 문양요소이자 5세기 고분에서도 확인되지 않는 요소라 할 수 있기 때문이다. 마지막으로 금동신발의 인면조신은 동일한 모티브의 문양이 무령왕릉 출토 동탁은잔에서 확인되어[64] 무령왕릉과 교차되기 때문이다. 이와 함께 전형적인 대가야식의 검릉형행엽이 식리총에서 출토된 것은 대가야가 친신라 외교노선으로 전환하기 시작한 6세기 초엽의 시대적 배경을 바탕으로 하고 있다고 볼 수 있다. 한편, 식리총에서 이전 단계와는 확연하게 다른 이국적인 문양요소가 등장하게 된 배경은 521년(법흥왕 8) 신라가 남조인 양에 사신을 보낸 것이[65] 실질적인 계기가 된 것으로 파악된다. 따라서 식리총의 축조시기는 6세기 초엽에서도 후반으로 보아야 하겠다.

---

64) 주경미, 2006, 「武寧王陵出土 銅托銀盞의 연구」, 『武寧王陵 출토유물 분석보고서』 Ⅱ, 국립공주박물관, 56쪽의 사진 1-8 및 68쪽의 도면 7 참조.

65) 『三國史記』 卷4 新羅本紀 제4, 法興王 8년조.
　　 "八年 遣使於梁 貢方物"

## 4. 호우총

### 1) 장식유물의 소개

① 단용문환두대도(도 52-1): 환두 안쪽과 초구금구, 그리고 칼의 몸통 부분에 용문이 그려져 있다. 환두는 멸실되어 정확한 형태를 알 수가 없다. 먼저 환두 안쪽의 용머리는 單龍이며 병연 금구에 雙龍이 X자로 엉켜 있는 형태를 하고 있다. 용머리의 형태는 위로 젖혀진 단순형의 윗입술, 짧게 처리한 영기, 목과 턱 사이에 짧게 돌출한 턱수염 등만이 표현되어 있다. 뿔은 중간부분이 결실되었으나, 무령왕릉 출토 용문환두대도를 참고해 볼 때 끝부분이 살짝 만곡한 S자형일 가능성이 크다. 도면에서 용의 뿔은 목 뒤로 직선으로 뻗은 형태로 표현되었지만, 그 목에서 중간부분까지는 뿔이 아니라 용의 길쭉한 귀를 나타낸 것으로 판단된다.

초구금구의 용(도 52-2)은 완전히 위로 젖혀진 입술, 운기를 내뿜는 듯한 혀, 용각형의 돌기달린 뿔 등을 특징으로 지니고 있어서, 동시기의 용의 모습과 크게 다르지 않다.

칼 몸통 부분의 용(도 52-3)은 보존처리작업을 위한 X-ray 촬영 도중에 확인되었다. 몸통의 양면에 용이 물고기를 물고 있는 상감무늬가 있다. 칼의 파손이 심하여 전체적인 무늬의 내용은 알 수 없으나 용은 금실로 물고기는 은실로 각각 상감되어 있다. 용의 몸통은 蛇身形이고, 象鼻形에 가까운 윗입술이 길게 뻗어 나가 있다. 귀와 턱수염은 남아있으나 뿔은 멸실되었다. 아주 도안화되었지만 동시기 용의 형상을 잘 전해 준다. 입 부분의 모양은 무령왕릉 동탁은잔 용문의 것과 거의 동일하다. 이 문양은 龍銜魚文이라 할 수 있는데, 중국 고대의 鳥銜魚文이 발전한 도상으로 이해된다.[66]

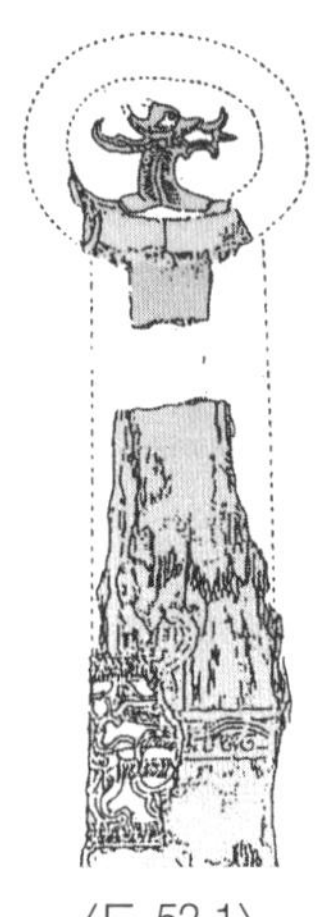

〈도 52-1〉
호우총 단용문대도

〈도 52-2〉 호우총 단용문대도의 병연금구

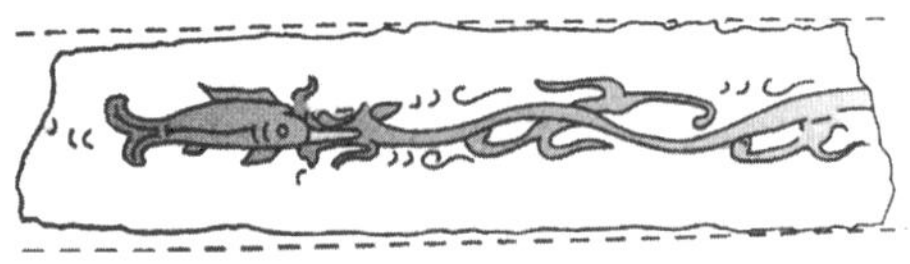

〈도 52-3〉 호우총 단용문대도의 龍銜魚文

이 호우총 용문환두대도는 單龍環頭+雙龍金具의 조합으로 분류할 수 있다. 이는 천마총 출토 봉황문환두대도와 좋은 비교대상이 될 수 있는데, 천마총 출토품이 환두는 單鳳文이면서 병연금구가 素文인 것에 비해 본 유물은 용문 일색이여서 대조적이다. 또한 호우총보다 선행형식되는 전술한 식리총의 용봉문환두대도가 쌍룡문이 주문양인 점과도 비교된다. 문양조합으로 미루어 천마총 출토품→식리총 출토품→호우총 출토품의 상대연대를 설정할 수 있다.

② 鞍橋 磯金具(도 53): 안교의 磯金具에 봉작이 장식되어 있다. 중앙의 원을 중심으로 2마리의 봉작이 배치되어 있는데, 서로 마주보는 쌍봉문과는 도상에서 차이를 보인다. 문양의 구성에 있어서 인동문을 배경으

---

66) 이와 관련하여 일본의 江田船山古墳출토 명문대도에 새가 물고기를 쫓아가는 鳥銜魚文이 새겨져 있는 주목된다(박천수, 2007, 앞의 글, 199쪽 그림 4-26 참조). 471년에 제작된 것으로 판명된 이 명문대도에 鳥銜魚文이 시문되고 6세기 초엽 후반에 제작된 것으로 판단되는 호우총 출토 단용문환두대도에 龍銜魚文이 시문된 것은 숭조관념에서 숭용관념으로의 변화를 나타낸 것이 아닌가 생각된다.

로 하고 있는 점이 가장 큰 특
징이라 할 수 있다. 위쪽의 것
은 날개를 펼치고 꽁지를 수평
에 가깝게 펼치고 있으며 날개
·꽁지·다리의 끝을 인동문으
로 처리하였다. 아래 것은 날개
를 펼치고 꽁지를 수직에 가깝
게 치켜 올린 모습으로 날개의
끝부분에 인동문을 연결시켰다.
머리에는 볏이 없으나 머리깃

〈도 53〉 호우총 봉작문안교장식

털과 목깃털이 제대로 표현되어 있다. 두 마리의 형태가 각각 서로 다르
다는 사실을 통해 볼 때, 鳳과 凰을 표시한 것이 아닌가 추측된다.


## 2) 연대비정

이 호우총 역시 6세기 초엽으로 편년된다. 그 이유로는 식리총에서와
마찬가지로 문양조각에 있어서 이전 단계의 단순한 투각기법이 아닌 입
체적이고 사실적인 기법이 확인되는 점, 황남대총과 천마총에서는 확인되
지 않았으나 금관총과 식리총에서 보이는 인동문이 확인되는 점 등을 들
수 있다. 무엇보다도 용봉문환두대도의 주문양이 단룡문인 사실은 무령
왕릉 단룡문환두대도와 상통하는 하는 요소로 할 수 있다. 참고로 삼국시
대 단룡문은 무령왕릉과 지산동 39호분에서 확인되는데, 이를 통하여 6세
기 초엽에 용봉문환두대도의 주문양이 단룡·쌍룡과 같은 용문으로 바뀌
었음을 알 수 있다. 즉, 용봉문환두대도의 주문양의 변화가 '봉작문→용
봉문→용문'이라는 일반적인 사실과 연결할 때, 단용문이 확인된 호우총
의 축조시기는 6세기 초로 보아도 무방하리라 판단된다. 또한 단룡문환두
대도의 출현과 인동문의 사용은 식리총과 마찬가지로 521년(법흥왕 8) 梁

에 사신을 파견하는 것을 계기로 한 남조문화의 유입의 결과로 추측된다. 이런 추측이 허용된다면, 호우총의 축조시기는 6세기 초엽 중에서도 후반으로 설정된다.


# V. 가야지역

## 1. 옥전 M3호분

### 1) 장식유물의 소개

옥전 M3호분에서는 단봉문환두대도 1점, 용문장환두대도 1점과 함께 용봉문환두대도 2점이 출토되었다.

① 용봉문환두대도 2점(도 54): 2점 모두 기본적인 형태는 동일하다. 용봉문은 龍頭와 鳳頭가 서로 꼬여 있으며, 龍頭의 입에는 구슬이 물려져 있으나 봉두에는 사당이 물려져 있지 않다. 용두와 봉두의 구별은 용두는 입을 벌리고 있고 봉두는 뾰족한 부리를 다물고 있다. 병연금구와 초구금구에는 몸을 X자로 교차한 쌍룡이 장식되어 있다. 입에서는 영기를 내뿜고 있고 몸과 턱의 경계에 갈기 모양의 수염이 1조 표현되어 있다. 문양 구성은 환두 내의 주문양이 용봉문이고 병연금구·초구금구의 부문양은 쌍룡문인 점이 특징적이다.

② 단봉문환두대도(도 55): 환두의 주문양은 봉문이고 병연금구의 주문양은 쌍룡문이다. 전술한 용봉문환두대도의 교룡에 비해 몸이 아주 가늘게 표현되었다. 봉작의 부리는 좁고 긴 편이고 귀가 아주 가늘고 길게 묘사되어 볏의 끝단과 연결된다. 이마 위에서는 수직으로 볏이 세워져 봉두의 구도가 십자형을 이룬다.

〈도 54〉 옥전 M3호분 용봉문대도　　　〈도 55〉 옥전 M3호분 단봉문대도

③ 용문장환두대도 초연금구의 용문: 교룡의 형태가 비교적 선명하게 남아있다.

## 2) 연대비정

옥전 M3호분의 축조시기는 옥전고분군 전체의 편년안 중에서 5세기 말엽으로 편년된다.[67] 이 글에서도 보고자의 편년을 그대로 수용한다. 그 이유는 다음과 같다. 일단, 장식유물에서 6세기를 대표하는 문양인 인동문이 확인되지 않는 점을 들 수 있다. 둘째로 석곽이 격벽에 의하여 주곽과 부곽으로 나누어진 형태로, 이를 신라고분의 묘형과 연결할 때 주부곽식의 황남대총 남분과 단독곽의 천마총의 중간단계에 속한다. 셋째로, 황남대총 남분의 등자와 옥전 M3호분의 등자를 비교할 때, 후자의 등자에서 답수부가 넓어지고 스파이크의 숫자도 증가한 점이 후행형식임을 보여준다. 이외에도 천마총에서 확인되나 황남대총 남분에서는 확인되지 않은 철제등자가 출토된 점도 또 다른 근거가 된다. 그리고 안교의 장식

---

67) 조영제, 2007, 앞의 글, 75~126쪽.

문양으로 결절점을 표시한 구갑연결문이 출토된 점도 구갑문안교가 전혀 확인되지 않은 황남대총 남분과는 비교된다. 넷째로, 옥전 M3호분을 대표하는 유물인 용봉문환두대도의 주문양이 단봉문·용봉문으로 6세기 대의 무령왕릉·호우총·식리총 등의 용봉문환두대도의 주문양인 용문과는 대조를 이루고 있는 점도 또 다른 근거가 된다. 용봉문환두대도의 주문양이 단봉문에서 용문으로 넘어가는 과도기적 단계의 형식이라 할 수 있겠다.

## 2. 고령 지산동 고분군

### 1) 지산동 Ⅰ-3호분

① 봉작문환두대도(도 56)[68]: 이 환두대도는 산청 중촌리 3호분 북토광 출토품, 천안 용원리 1호 석곽묘 출토품, 무령왕릉 출토품 중에서 가장 祖形이라 할 수 있다. 봉황의 귀가 강조되었지만 지나치게 길거나 가늘지는 않다. 눈썹과 아귀깃털이 선명하게 표현되었고 기저부에 돌기가 있는 용각형의 볏이 표현되어 있다.

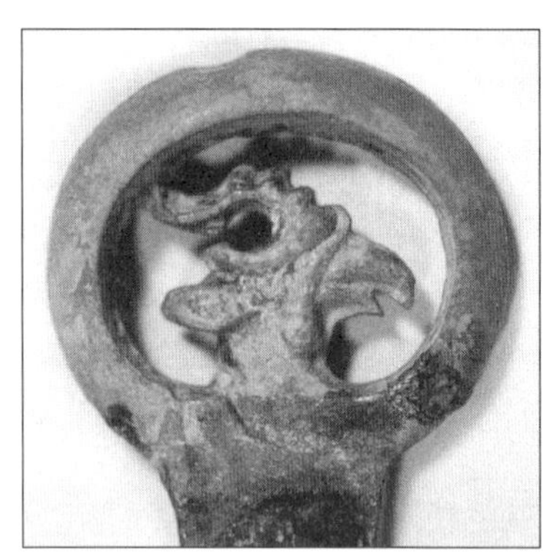

〈도 56〉 지산동 Ⅰ-3호분 단봉문환두대도

지산동 Ⅰ-3호분은 5세기 중엽으로 편년할 수 있겠다. 그 이유로는 봉작문환두대도 중에서 가장 祖形에 해당되며, 공반 토기의 양식에 의거하여 5세기 2/4분기로 편년되기 때문이다.[69]

---

68) 영남문화재연구원, 2004, 『고령 지산동고분군』Ⅰ.
69) 영남문화재연구원, 2006, 앞의 글, 323쪽.

## 2) 지산동 39호분

① 단룡문환두대도(도 57): 타원형의 환두 내부에 1마리의 용이 세밀하게 묘사되어 있다. 용의 뿔이 아주 인상적인데, 기저부의 돌기가 톱니바퀴처럼 되어 있는 점과 그 끝단을 아주 둥글게 말아 처리한 점이 일반적인 용두의 모습과 다르다. 뿐만 아니라 입에서 내뿜는 영기도 아주 크며 눈썹도 크게 처리하였다. 병연금구에는 귀갑문 내에 주작이 표현되어 있다.

주문양이 단룡문이고 병연금구의 문양이 구갑문+주작문인 사실은 무령왕릉의 문양구성과 완전히 일치하고 있다. 따라서 축조시기는 6세기 초엽 후반으로 편년할 수 있겠다.


## 3) 지산동 45호분

① 삼엽문모자대도(도 58): 상방하원형의 환두에 삼엽문이 주문양으로 大刀와 小刀에 시문되어 있다. 小刀는 大刀에 부착되었던 것으로 전형적

〈도 57〉 지산동 39호분 단용문대도　　〈도 58〉 지산동 45호분 삼엽문모자대도

인 신라의 母子大刀에 속한다. 전형적인 신라의 모자대도가 확인된 사실로 미루어 볼 때, 적어도 이 대도는 대가야가 487년 고구려와의 교통과정에서 백제와의 충돌과 패배 이후, 친신라 정책으로 외교노선을 설정한 6세기 초엽으로[70] 볼 수 있겠다.

# Ⅵ. 고구려벽화고분과의 교차편년

## 1. 연구방법

고구려벽화고분의 편년을 가야를 포함한 주요고분의 편년과 연결하여 설정하는 방법으로는 삼족오, 황룡, 사신도 등이 벽화의 화제에서 차지하는 비중을 용봉문환두대도의 환두 내 주문양의 변화와 교차·비교하는 방법이 유효할 수 있다. 이와 함께 신라고분에서 출토된 칠기 등과 같은 장식유물의 문양을 통하여 비교연대를 추출해 내는 방법도 보완적 수단이 될 수 있겠다.

앞에서 살핀 분석결과를 토대로 할 경우 용봉문환두대도는 단봉문환두대도(5세기 중엽, 지산동 Ⅰ-3호분·지산동 32NE-1호분) → 용봉문환두대도(5세기 말엽, 옥전 M3호분) → 단용문환두대도(6세기 초엽후반, 무령왕릉·호우총) 등으로 발전했을 가능성이 높다. 여기서 용봉문환두대도는 6세기 초엽에 쌍용문환두대도로 발전하고(6세기 초엽후반, 식리총) 단봉문환두대도는 5세기 말엽(용원리 1호분)과 6세기 초엽(천마총, 옥전 M4호

---

70) 이용현, 2000, 앞의 글, 47~49쪽.

분, 옥전 M6호분, 신촌리 9호분 옹관)에도 여전히 제작되었다고 할 수 있
다.71)

〈표 2〉 용봉문환두대도 출토 고분의 단계별 편년

| 주문양 | 5세기 중엽 | 5세기 말엽 | 6세기 초엽전반 | 6세기 초엽후반 |
|---|---|---|---|---|
| 단봉문 | 지산동 Ⅰ-3호분<br>지산동 32NE-1호분<br>옥전 35호분 | 용원리 1호분<br>용원리 12호분<br>옥전 M3호분 | 옥전 M4호분<br>옥전 M6호분<br>천마총<br>신촌리 9호분 옹관 | |
| 용봉문 | | 옥전 M3호분 | | |
| 쌍용문 | | | | 식리총 |
| 단용문 | | | | 무령왕릉<br>호우총<br>지산동 39호분 |

여기서 지산동 32NE-1호분을 5세기
중엽으로 설정한 이유는 삼국시대 벽화
와 장식대도에서 봉문의 등장이 5세기
중엽 이후일 가능성이 높은 사실에 근거
하였다. 현재까지 용봉문환두대도 중에
서 가장 이른 시기의 것은 지산동 I-3호
분 출토품과 옥전 35호분 출토품(도 59)
을 들 수 있다. 이 중에서 옥전 35호분
출토품은 봉두의 모양이 고졸한 점, 환

〈도 59〉 옥전 23호분 단봉문대도

71) 용문이 장식대도에 등장하는 5세기 말엽 이후 최고권력의 상징으로 용문이 점차
　　로 위상을 확립하는 반면에 봉작문은 서서히 최고권력의 상징에서 멀어지게 된
　　것으로 파악된다. 이는 옥전고분군에서 단봉문환두대도가 출토된 M3호분(5세기
　　말엽)가 왕릉급으로 손색이 전혀 없는 것과는 달리, 단봉문환두대도가 출토된
　　M6호분(6세기 초엽)은 최고권력자로 단정할 수 없는 사실(조영제, 2007, 앞의
　　글, 272쪽)을 통하여 추측할 수 있다.

두 외면과 병연금구의 문양을 상감기법으로 시문한 점, 문양도 환두 외면은 초화문·병연금구는 서조문인 점 등으로 미루어 현재까지 출토된 옥전고분군 출토 용봉문환두대도 중에서 가장 초기형이라 할 수 있다. 이 옥전 35호분은 보고자에 의하면 옥전 M1호분과 M2호분과 비슷한 시기인 옥전 Ⅲ기(5세기 3/4분기)로 편년된다.[72] 이런 사실은 대가야지역에서 용봉문환두대도가 5세기 중엽부터 初出하였음을 보여준다 하겠다. 이외에도 지산동 32NE-1호분에서 출토된 광구장경호, 1단투창고배와 뚜껑이 옥전 23호분과 아주 흡사한 사실도[73] 참고할 만하다. 옥전고분군의 편년안에서는 옥전 23호분은 5세기 중엽으로 편년된다. 이런 편년안을 수용하는 이유는 장식대도에 용봉문이 채택되는 시점이 고구려벽화고분에서 삼족오가 본격적으로 그려지는 무용총(도 60)과 장천 1호분(도 61)의 시기를 고려할 때 크게 모순되지 않기 때문이다. 한편, 신라지역에서는 용봉문환두대도가 천마총에서 초출한다. 이는 5세기 말엽 이후 백제와의 교류

〈도 60〉 무용총 삼족오

〈도 61〉 장천 1호분 삼족오

---

72) 조영제, 2007, 앞의 글, 111~126쪽.
73) 김세기, 2003, 앞의 글, 157쪽.
　　그런데, 그는 이 지산동 32NE-1호분의 연대에 대해서는 4세기 4/4분기로 편년하였다.

의 결과로 판단된다. 참고로 천마총 출토 단봉문환두대도는 신라장식대
도의 특징인 모자대도인 점으로 미루어 신라에서 자체 제작한 것으로 판
단된다.

　다음은 고구려고분벽화의 삼족오, 사신도, 황룡의 위상변화에 대한 검
토이다. 이를 표로 정리하면 다음과 같다. 벽화고분의 상대적인 서열은
사신도의 위상변화를 기준으로 하였다.

〈표 3〉 고구려 벽화고분에서의 사신도와 삼족오의 위상과 형태 변화

| 고분명 | 사신도의 위치 | 사신도의 표현 | 삼족오 (혹은 황룡) 위치 | 삼족오 모양 |
|---|---|---|---|---|
| 덕흥리 벽화고분 | 전실 천장 | 사신도 미출현 | | 보통의 까마귀 |
| 약수리 벽화고분 | 현실 천장 | 고졸한 모습 | 천장 고임돌 | 용각이 없는 庶鳥 |
| 무용총 | 현실 천장 | 현무 빠짐<br>한쌍 수탉이 주작을 대신 | 천장 덮개돌 | 용각이 있는 靈鳥 |
| 장천 1호 | 현실 천장 | 비교적 사실적인 표현 | 천장 덮개돌 | |
| 삼실총 | 현실 창방 | 정형화로의 과도기적 특징 | | |
| 대안리 1호분 | 현실 하단 | 정형화에 근접 | | |
| 덕화리 1호분 | 현실 전면 | 정형화<br>현무는 주인공상과 공반 | | |
| 호남리 사신총 | 현실 전면 | 현실전면에 사신만 차지 | | |
| 진파리 1호분 | 현실 전면 | 인동연화문을 배경 | 천장 덮개돌 | |
| 통구 사신총 | 현실 전면 | 괴수와 인동연화문 조합 | 황룡,<br>천장 덮개돌 | |
| 오회분 4호묘 | 현실 전면 | 괴수와 인동연화문 조합 | 황룡,<br>천장 덮개돌 | |

　위의 표를 통하여 5세기 초엽으로 편년되는 덕흥리 벽화고분과 약수리
벽화고분에서 삼족오는 단지 천계의 일부로서 표현되어 있을 뿐만 아니
라, 해 속의 삼족오도 비상하는 보통의 까마귀로 표현되었을 뿐 龍角이
달리고 다리가 3개인 靈鳥로 표현되지 않았다. 그에 비해 무용총과 장천
1호분에서는 삼족오가 천장의 뚜껑돌에 두꺼비와 함께 표현되어 있고, 주

작의 몸통에 용각이 달리고 다리가 세 개 표현되는 등 신령스러운 새의 모습을 여실히 보여준다. 이런 삼족오의 모습이 사신도단계의 무덤이 본격적으로 등장하기 이전의 각저총, 천황지신총, 쌍영총 등에서 여전히 영조로서 표현되고 있으나, 사신총단계의 사신총, 오회분 4호묘, 오회분 5호묘에서는 복희에 의해 옮겨지는 수동적인 존재로 위상이 급락한다(도 62).

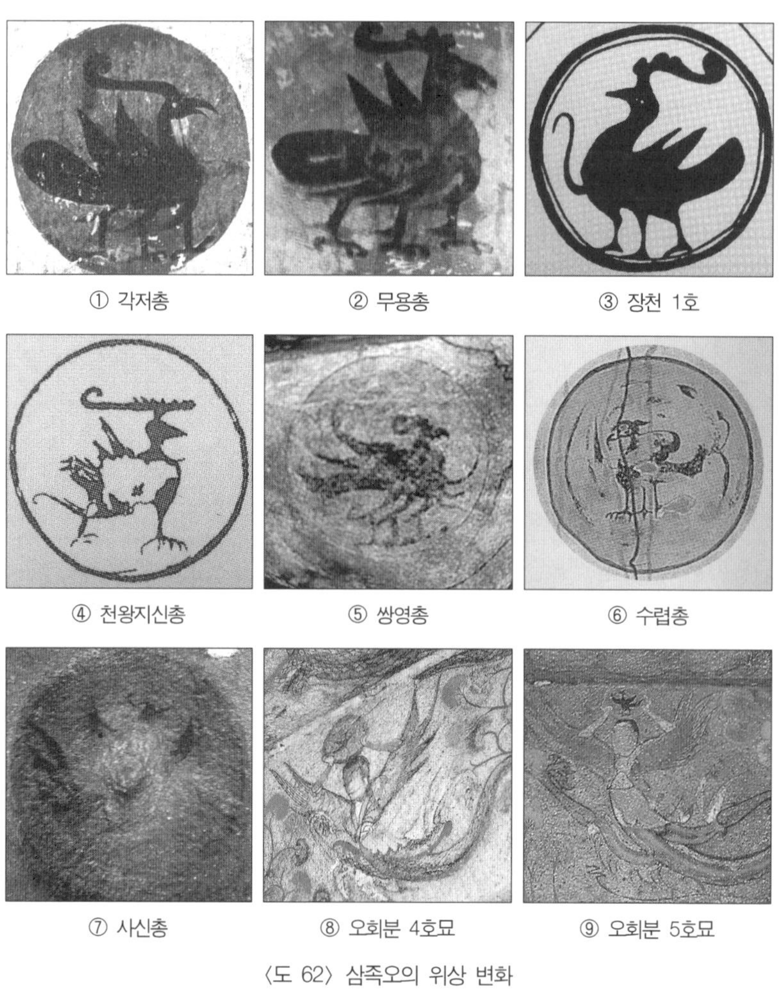

① 각저총　　　　② 무용총　　　　③ 장천 1호

④ 천왕지신총　　　⑤ 쌍영총　　　　⑥ 수렵총

⑦ 사신총　　　　⑧ 오회분 4호묘　　⑨ 오회분 5호묘

〈도 62〉 삼족오의 위상 변화

## 2. 비교검토

이상에서의 〈표 3〉을 중심으로 고구려 벽화고분과 삼국고분의 편년을 상호비교해 보면 다음과 같다.


### 1) 5세기 중엽

우선, 삼족오가 용각이 달린 신령스러운 靈鳥로 표현되기 시작한 것은 무용총·장천 1호분부터라는 사실이 주목되어야 한다. 이전 단계의 덕흥리 벽화고분·약수리 벽화고분에서 삼족오가 그냥 까마귀를 묘사했을 뿐, 특별한 신령성을 부여하지 않은 것과는 매우 대조적이라 할 수 있다. 이런 대조는 덕흥리 벽화고분·

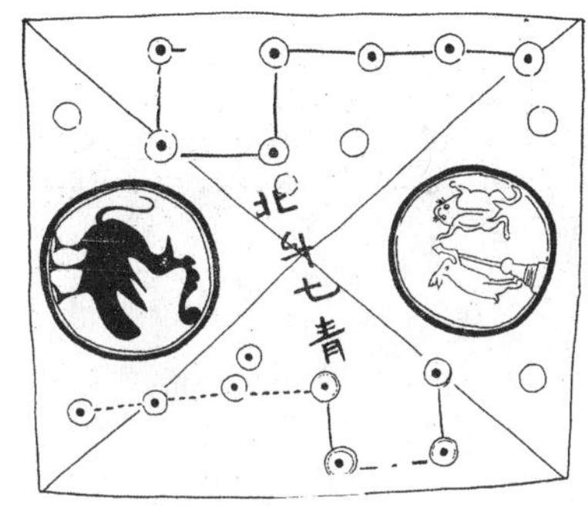

〈도 63〉 장천 1호분의 천장석의 일상과 월상

약수리 벽화고분에서 삼족오가 천장고임돌에 단지 천상의 일부로만 표현된 것에 비하여 무용총·장천 1호분에서는 천장덮개돌에(도 63) 천상의 중심으로 크게 표현된 것으로 분명히 확인된다. 이를 통하여 삼국사회에 三足鳥와 鳳雀이 영조로서 인식되기 시작한 것은 5세기 중엽부터라 할 수 있겠다. 따라서 단봉문환두대도가 출토된 옥전 35호분, 지산동 32NE-1호분, 지산동 I-3호분 등은 5세기 중엽 이후의 고분으로 편년될 수 있겠다. 한편으로, 5세기 중엽으로 편년한 황남대총 남분에서도 최고권력을 상징하는 문양인 관식장식에 쌍봉문이 시문되어 있는데, 이를 통해서도 삼족오가 강조된 무용총·장천 1호분은 5세기 중엽으로 편년될 수 있다.

## 2) 6세기 초엽후반

무령왕릉과 교차되는 고구려벽화고분으로 통구 사신총과 오회분 4호묘를 들 수 있다. 이 시기는 고구려 벽화고분에서 四神이 가장 중심적인 위치를 점하고 황룡이 천장석에 그려지는 시기이기도 하다. 또한 문양조합에서 인동문, 황룡, 괴수, 귀갑화문 등이 정형화되는 시기라 할 수 있다. 이런 문양조합이 처음으로 확인되는 벽화고분은 통구 사신총와 오회분 4호묘이다(도 64).

오회분 4호묘 천장의 황룡

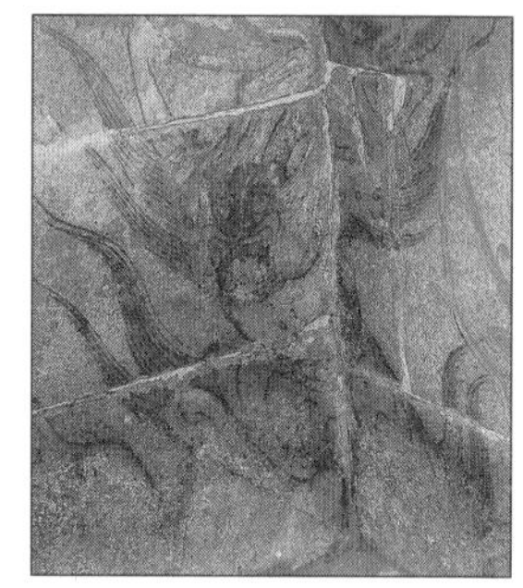

오회분 4호묘의 괴수

오회분 4호묘의 인동문, 연화문 등

통구 사신총 천장의 황룡

〈도 64〉 오회분 4호묘와 통구 사신총의 벽화구성

상기의 고구려벽화고분의 문양조합은 무령왕릉에서도 그대로 확인된다. 즉, 사신단계의 벽화고분에서 확인되는 황룡, 인동문, 인동연화문, 괴수, 귀갑문 등이 무령왕릉에서 확인되고 있는 것이다. 특히 연속귀갑문을 벽장식으로 구획하고 그 안에 연꽃, 인동문, 화염문, 선인 등을 배치한 방식은 양 고분 사이의 교차를 더욱 확고하게 입증해 주고 있다. 따라서 통구 사신총과 오회분 4호묘의 축조시기는 6세기 초엽후반으로 편년하여도 큰 무리가 없다고 볼 수 있다. 한편, 상기 고구려벽화고분은 호우총과도 연결된다. 호우총의 단룡문환두대도의 구성(주문양 단룡, 병연금구 교룡), 즉 환두 내에 주문양으로 단룡을 두고 병연금구에 쌍룡을 배치한 문양구성은 통구 사신총·오회분 4호묘에서 천장석에 황룡을 그리고 고임돌에 교룡을 배치한 것과 상통하고 있다.

### 3) 6세기 초엽전반

앞에서 천마총과 금관총의 축조시기가 거의 동시기일 가능성을 제시하고 6세기 초엽전반으로 편년하였다. 우선, 천마총과 비교되는 고구려벽화고분으로는 덕화리 벽화고분과 호남리 사신총을 들 수 있다. 이들 고구려벽화고분의 청룡의 형태를 살펴보면, 모두 용각의 말단 형태가 이 花形이어서 다른 용문과는 확연한 차이를 보이는데, 천마총 은제과대드리개의 龍角의 형태와 완전히 일치한다(도 40 참조).

다음은 금관총 출토 청동초두이다. 앞에서도 언급했듯이 이 청동초두의 장식문양은 용·인동문·연화문의 결합이라는 점이 가장 특징적이다. 이런 결합은 무령왕릉 출토품에서 정형화되지만 고구려고분벽화에서는 진파리 1호분과 진파리 4호분부터 초출한다. 특히 진파리 1호분의 청룡에서는 용이 내뿜는 영기로 인동연화문이(도 65) 표현되어 있다. 문양구성이 거의 일치하는 점이 주목되며 이들 고분들을 동시기로 편년할 수 있는 단서라 할 수 있다.

<도 65> 진파리 1호분의 청룡과 인동문

　금관총은 천마총과 거의 동시기에 축조된 무덤이나, 조금 일찍 축조된 무덤이라는 견해가 일반적이다. 일부 학자는 5세기 말엽의 무덤으로도 비정하지만, 이 청동초두로 미루어 삼국문화에 용문과 인동연화문이 장식문양의 주문양으로 등장하는 6세기 대에 축조된 무덤일 가능성이 매우 높다. 왜냐하면, 현재까지 고구려고분벽화와 장식문양 중에서 5세기 말에 인동문이 확인된 적이 전혀 없기 때문이다. 한편으로 금관총은 식리총과 호우총보다 선행하는 무덤으로 절대다수가 보고 있는데, 이를 통하여 5세기 말엽후반에 편년될 수도 없다. 따라서 금관총의 축조시기는 일단 6세기 초엽전반으로 보는 것이 합당하며, 이와 연동하여 진파리 1호분의 축조시기도 6세기 초엽전반으로 설정해 두고자 한다. 이처럼 진파리 1호분을 초엽전반으로 설정해 둘 때에 진파리 1호분의 천장의 그림에 황룡이 출현하지 않고, 이전 단계의 일월문(삼족오와 두꺼비)이 그려진 이유가 이해된다.

## 4) 5세기 말엽

5세기 말엽에 해당하는 시기로서, 신라의 황남대총 북분과 옥전 M3호분 등이 고구려 벽화고분의 인물풍속·사신단계와 연결될 수 있다. 그 이유로는 이 단계는 용이 아직 최고 권력의 상징으로 등장하지 않는 시점이어서 벽화의 화제에서 용보다는 주작이나 삼족오 등 神鳥가 중심을 이루는 시기라 할 수 있다. 이런 까닭에 삼족오가 천장석에 그려지거나 日像 내에 龍角을 가진 靈鳥로 그려진 무덤, 벽화고분에서 천장석에 황룡이 등장하지 않은 무덤, 인동문이 아직 식물장식문으로 등장하지 않은 무덤, 사신이 벽면에 그려지지 않고 주로 창방이나 천장고임돌에 그려지되 독립공간을 확보한 무덤 등을 포함할 수 있겠다. 이에 삼실총, 대안리 1호분, 천황지신총 등을 이 시기에 포함시킬 수 있겠다.

한편, 5세기 말엽으로 편년된 옥전 M3호분에서 봉작문과 함께 용문이 장식문양으로 본격적으로 등장하면서 병연금구에도 교룡의 형태로 묘사

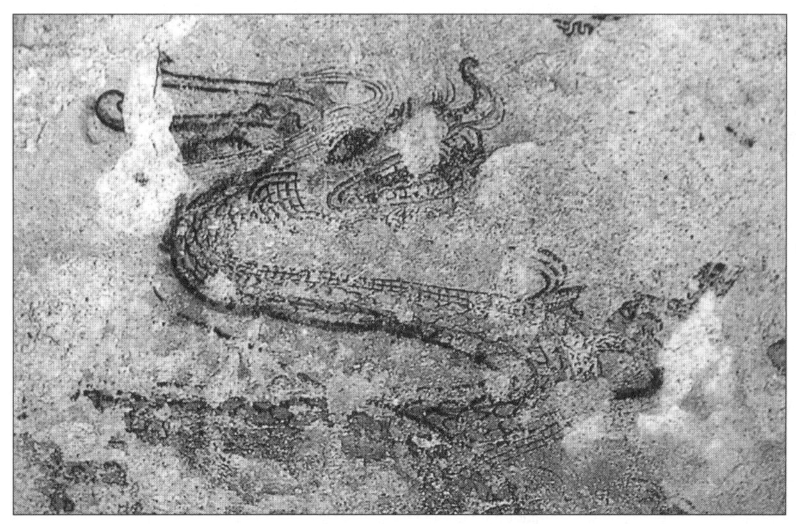

〈도 66〉 대안리 1호분의 청룡

된다. 이는 이 단계부터 용문이 정형화되어 장식문양으로 유행하기 시작
함을 보여준다. 그런데 이런 용문양의 정형화는 고구려고분벽화에서 대
안리 1호분에서부터(도 66) 본격화된다.[74] 따라서 대안리 1호분의 출현시
기도 5세기 말엽으로 볼 수 있겠다.


# Ⅶ. 결 론


이제까지 삼국시대 주요고분의 축조시기를 용봉 등 장식문양을 중심으로
교차연대법을 적용하여 검토해 보았다. 이를 표로 정리하면 다음과 같다.

| 실연대 | | 고구려 | 백제 | 가야 | 신라 |
|---|---|---|---|---|---|
| 5C 초엽 | | 태왕릉<br>덕흥리 벽화고분<br>약수리 벽화고분 | | | |
| 5C 중엽 | | 무용총,<br>장천 1호분 | | 지산동 I-3호<br>지산동 32NE-1호<br>옥전 35호분 | 황남대총<br>남분 |
| 5C 말엽 | | 삼실총<br>대안리 1호분<br>천왕지신총 | 용원리 1호분<br>수촌리 1호분 | 옥전 M3호 | 황남대총<br>북분 |
| 6C<br>초엽[75] | 전반 | 덕화리 1호분<br>호남리 사신총<br>진파리 1호분 | 신촌리 9호분 을관<br>수촌리 4호분 | 지산동 45호 | 금관총<br>천마총 |
| | 후반 | 통구사신총<br>오회분 5호묘 | 무령왕릉 | 지산동 39호분 | 식리총<br>호우총 |

---

74) 이경미, 2007, 앞의 글, 190~191쪽.
75) 여기서 6세기 초엽의 전반과 후반의 구분은 520년을 기점으로 편의상 정하였다.

우선, 태왕릉의 피장자는 고고자료의 분석에 기초한 연구결과 중에서 송계현·桃崎祐輔·김성태의 견해에 전적으로 동의하여 광개토왕으로 보았다. 본고의 이런 판단은 덕흥리 벽화고분에 전혀 등장하지 않는 사신도가 태왕릉의 금동등자에서 확인되는 사실에 근거하였다. 그리고 태왕릉을 5세기 초엽에 축조된 광개토왕릉으로 볼 경우, 동일 계보에 속하지만 문양이나 속성에서 후속형식의 등자가 출토된 황남대총 남분은 광개토왕보다 먼저 사망한 내물왕이 될 수 없고, 무덤의 규모와 당시의 정세로 미루어 눌지왕의 무덤으로 보는 것이 온당하다고 보았다.

한편, 무덤의 축조연대가 분명한 무령왕릉의 문양구성을 교차편년의 하나의 지표로 삼았다. 무령왕릉의 문양구성은 최고 권력의 상징으로서 용문의 등장, 삼엽연봉문을 대신한 인동문의 성행, 새로운 벽사적 존재로서 괴수·괴면의 출현 등으로 요약된다. 이런 문양구성을 보이는 무덤으로는 고구려의 통구 사신총과 오회분 4호묘, 대가야의 지산동 39호분, 신라의 식리총과 호우총 등을 포함시키고, 그 축조시기는 6세기 초엽후반으로 보았다.

고구려벽화고분에서 사신도단계의 시작을 6세기 초엽으로 보는 일반적인 견해를 수용하여, 사신이 벽면 전면에 그려졌으나 천장석에 황룡이 아직 등장하지 않은 덕화리 1호분, 호남리 사신총, 진파리 1호분 등은, 6세기 초엽후반으로 편년되는 통구 사신총, 오회분 4호묘와 비교하여 선행하는 무덤으로 파악하고 6세기 초엽전반에 편년하였다. 이런 편년에 기초하여 덕화리 1호분·호남리 사신총과 동일한 용각의 형태가 시문된 용문이 확인된 천마총의 연대를 6세기 초엽전반으로 편년하는 한편, 천마총과 동일한 규격과 형태의 鳥形裝飾이 출토된 금관총의 연대도 6세기 초엽전반으로 보았다. 이외에 지산동 45호분은 신라식의 母子大刀가 출토된 사실에 비추어 대가야가 친신라정책을 추진한 6세기 초엽전반으로 보았다. 신촌리 9호분 을관은 단봉문환두대도의 주문양과 병연금구의 교룡장식이 옥전 M6호분과 상통하는 사실에 착안하여, 그 실연대는 옥전고분군의 편년에 따라 6세기 초엽전반으로 편년하였다. 한편, 수촌리 4호분은 출토 금동관모와 금동신발에 용문이 주문양인 사실을 근거로 6세기 초엽으로 편년한 후, 무령왕릉의 주된 장식문양인 인동문이 확인되지 않는 점에 비추어 6세기 초엽전반으로 편년하였다.

5세기 말엽에 해당되는 무덤으로는 옥전 M3호분을 비롯하여 고구려의 삼실총·천왕지신총·대안리 1호분, 백제의 용원리 1호분·수촌리 1호분, 신라의 황남대총 북분 등을 포함시켰다. 이는 옥전 M3호분의 용봉문 환두대도의 주문양이 용봉문인 사실에 착안하여, 백제와 대가야지역에서 아직은 용문이 최고권위의 상징으로 자리매김하지 못하였다고 본 결과라 할 수 있다. 龍文이 白虎와 함께 시문된 수촌리 1호분과, 靈鳥숭배에서 龍文숭배로 넘어가는 과도기적 단계의 삼실총·천왕지신총·대안리 1호분 등을 5세기 말엽으로 편년하였다. 용원리 1호분은 단봉문환두대도의 병연금구가 6세기대에 유행한 교룡문이 아니라 5세기 중엽의 민무늬인 사실에 근거하여 5세기 말엽으로 편년하였다.


〈참고 문헌〉


姜鍾薰, 2000, 「積石木槨墳과 新羅 麻立干時期」, 『皇南大塚의 諸照明』(제1회 국립
        경주문화재연구소 국제학술회의 발표문), 국립경주문화재연구소.
공주대학교 박물관, 2000, 『龍院里 古墳群』.
국립경주박물관, 2001, 『신라황금』.
국립대구박물관, 2007, 『선사에서 조선까지 한국의 칼』(특별전 도록).
吉林省文物考古硏究所·集安市博物館, 2004, 『集安高句麗王陵』, 文物出版社.
김세기, 2003, 『고분자료로 본 대가야연구』, 학연문화사.
김용성, 2009, 『신라왕도의 고총과 그 주변』, 학연문화사.

노태돈, 1999, 『고구려사연구』, 사계절.

桃崎祐輔, 2005, 「高句麗太王陵出土 瓦馬具からみた好太王陵說の評價」, 『海と考古學』, 六一書房.

朴淳發, 2005, 「公州 水村里 古墳群 出土 中國瓷器와 交叉年代 問題」, 『4~5세기 금강유역의 백제문화와 공주 수촌리유적』(충청남도역사문화원 제5기 정기 심포지엄 발표문), 충청남도역사문화원.

박천수, 2007, 『새로 쓰는 고대 한일교섭사』, 사회평론.

송계현, 2005, 「환인과 집안의 고구려 갑주」, 『북방사논총』3, 고구려연구재단.

신경철, 2005, 「가야고분문화 연구에 있어서 옥전고분군」, 『고분연구에 있어서 옥전고분군의 위상』(제1회 다라국사 학술회의 발표문), 경상대학교박물관·합천군.

영남문화재연구원, 2004, 『고령 지산동고분군』Ⅰ.

______________, 2006, 『고령 지산동고분군』Ⅴ.

遼寧省文物考古硏究所, 2002, 『三燕文物精華』, 遼寧人民出版社.

유창환, 2004, 「백제마구에 대한 기초적 연구」, 『백제연구』40, 충남대 백제연구회.

______, 2007, 『加耶馬具의 硏究』, 동의대학교 박사학위논문.

이경미, 2007, 『韓國古代 龍鳳文樣의 역사고고학적 硏究』, 성균관대학교 박사학위논문.

이도학, 2009, 「고구려 왕릉 연구의 현단계와 문제점」, 『고구려발해연구』34, 고구려발해연구회.

이병도 역주, 1983, 『삼국사기』상, 을유문화사.

이상률, 2001, 「천안 두정동, 용원리 고분군의 마구」, 『한국고고학보』45, 한국고고학회.

이용현, 2000, 「加羅(大加耶)를 둘러싼 국제적 환경과 그 대외교섭」, 『한국고대사연구』18, 한국고대사학회.

이한상, 2007, 「5~6세기 금속장신구의 연대론」, 『고고학탐구』창간호, 고고학탐구회.

이훈, 2004, 「묘제를 통해 본 수촌리유적의 연대와 성격」, 『백제문화』33, 공주대 백제문화연구소.

____, 2005, 「수촌리고분군 출토 백제마구에 대한 검토」, 『4~5세기 금강유역의 백제문화와 공주 수촌리유적』(충청남도역사문화원 제5기 정기 심포지엄 발표문), 충청남도역사문화원.

____, 2006, 「공주 수촌리 백제 금동관의 고고학적 성격」, 『충청학과 충청문화』5권 2호, 충청남도역사문화원.

장창은, 2004, 「신라 訥祇王代 고구려세력의 축출과 그 배경」, 『한국고대사연구』33, 한국고대사학회.

田村晃一, 2001, 「高句麗の積石塚の年代と被葬者をめぐる問題について」, 『樂浪と高句麗の考古學』, 同成社.

전호태, 2000, 『고구려 고분벽화 연구』, 사계절.

町田 章, 1987, 『古代東アジアの裝飾墓』, 同朋舍出版社.

朝鮮總督府, 1931, 『慶州金鈴塚飾履塚發掘調査보고－圖版篇－』(大正十三年度古蹟調査報告 第1冊).

조영제, 2007, 『옥전고분군과 다라국』, 학연문화사.

주경미, 2006, 「武寧王陵出土 銅托銀盞의 연구」, 『武寧王陵 출토유물 분석보고서』Ⅱ, 국립공주박물관.

中國歷史博物館・南京博物館, 2000, 『魏晋南北朝文化』, 學林出版社・上海科技敎育出版社.

集安縣文物保管所, 1983, 「集安高句麗墓葬發掘簡報」, 『考古』83-4.

최병현, 1992, 『신라고분연구』, 일지사.

穴澤和光・馬目順一, 1976, 「龍鳳文環頭大刀試論－韓國出土例を中心として－」, 『百濟研究』, 忠南大 百濟研究所.

# 통일신라시대 지방고분의 발전과 편년 제4장

도형훈 _ 행정안전부

## Ⅰ. 머리말

통일신라시대 고분에 관한 그간의 연구는 크게 두 가지 방향으로 이루어져 왔다. 첫째는 무덤의 구조적 특징에 대한 연구[1]인데, 연구의 중심이 왕경을 중심으로 한 통일 이전의 신라 고분에 있었다. 따라서 6~7세기 신라 고분의 연장선에서 연구될 뿐, 엄밀한 의미의 통일신라 고분에 관한 연구는 이루어지지 않았다. 둘째, 통일신라의 대표적 묘제인 석실묘와 석곽묘의 지방 확산 과정에 주목한 연구이다.[2] 이들의 연구는 신라의 영토

---

1) 최병현, 1992, 『신라고분연구』, 일지사.
   홍보식, 2001, 『6~7세기대 신라고분 연구』, 부산대학교 대학원 박사학위논문.
2) 김호진, 1999, 『신라 횡혈식 석실분 연구―경주지역과 한강유역의 비교』, 영남대학교대학원 석사학위논문.

확장 단계에서 점령지역에 대해 신라 문화의 이식이 어떻게 진행되었는지를 고분을 통해 검토해 보았다는 점에서 의의가 있으나, 연구시기가 신라 영토 확장기에 한정되어 있어 통일 이후에 나타나는 고분 양식의 변화는 다루지 않았다.

이상에서, 기존 연구의 한계는 크게 두 가지로 요약할 수 있다. 첫째, 시기적으로 기존의 연구는 대부분 신라 통일 이전인 6~7세기경에 나타나는 통일신라 고분의 형성 과정 및 지방 파급 현상에만 초점이 맞추어진 문제이다. 이로 인해, 통일 이후 고분의 전체적인 편년안이나 변천과정 등에 관해서는 연구가 이루어지지 않았다. 둘째, 지역적으로 기존의 연구는 신라의 왕경인 경주를 위주로 진행되어 그 외 지방의 고분에 대한 연구는 이루어진 바가 없다. 결국, 기존의 연구는 통일신라시대의 지방 고분에 대한 연구의 부재라는 한계를 지니고 있음을 부인할 수 없다.[3] 그리고 이러한 연구 상의 한계로 인해 통일신라 고분과 부장유물에 대한 전체적인 편년과 형식 분류가 이루어지지 않아, 발굴고분에 대한 분석과 고찰에 있어 많은 어려움이 따르는 것이 현실이다.

하지만, 최근 통일신라시대의 유적이 계속 확인되는 등 연구의 기본 요건인 고고학적 자료가 어느 정도 확보된 만큼, 이를 통한 종합적 분석연구가 충분히 가능한 시점이 도래되었다. 따라서 본고는 최근 축적된 자료를 대상으로 하여 통일신라 묘제 연구의 기초가 될 형식 분류와 편년에 초점을 맞추어 연구를 진행하고자 한다. 이와 함께, 당시 고분문화의 형성을 통해 알 수 있는 역사적 배경에 관해서도 간단히 언급하고자 한다.

한편, 통일신라 지방의 고분에 대한 연구 목적 상, 경주 이외의 모든

---

山本孝文, 2001, 「고분자료로 본 신라세력의 호서지방 진출」, 『호남고고학』4 · 5 합본, 호남고고학회.
3) 본고의 대상이 되는 지방(local)은 왕경인 중앙과는 대비되는 기타 지역을 의미한다.

지역을 대상으로 해야 하나, 현재까지 자료의 축적이 경기 및 충청 지역에서 많이 이루어진 점을 감안하여, 우선 한반도 중서부 지방에서 확인된 79기의 고분[4]을 대상으로 연구를 진행하고자 한다. 그리고 이 지역을 대상으로 도출한 연구결과가 왕경을 제외한 통일신라 전 지역에 통용될 수 있는지를 검토하기 위하여 한반도 남서부지방·울릉도 지역에서 발굴 보고된 고분들에 적용하여 연구 성과를 방증 하고자 한다.

# Ⅱ. 부장유물을 통한 편년 설정

## 1. 부장유물 변화양상

통일신라시대 고분의 편년 및 변화양상을 연구하기 위해서는 우선 부장유물을 통한 편년의 설정이 이루어져야 한다. 통일신라 고분은 유물의 부장이 많지 않은 것을 그 특징으로 하는데, 주로 토기와 과대편 등이 확인된다. 따라서, 이 시기의 편년은 토기의 문양 및 기형, 그리고 과대의 형태 등을 통해 설정할 수 있다.

통일신라 토기의 문양은 인화문으로 대표되는데, 인화문의 성립 및 발전, 퇴화의 과정을 통해 단계 설정이 가능하다. 즉, 통일신라의 전형적인 인화문이 성립되기 이전 단계로서 신라 후기의 二重圓文·水滴形文·半圓点文 등이 유행하는 단계, 본격적인 인화문 토기가 등장해서 성행하는 단계, 인화문이 퇴화되는 단계, 인화문이 완전히 소멸하고 침선문 등 간소화된 문양이 사용되는 단계의 4단계로 구분이 가능하다.

---

4) 〈별첨 1〉 참조.

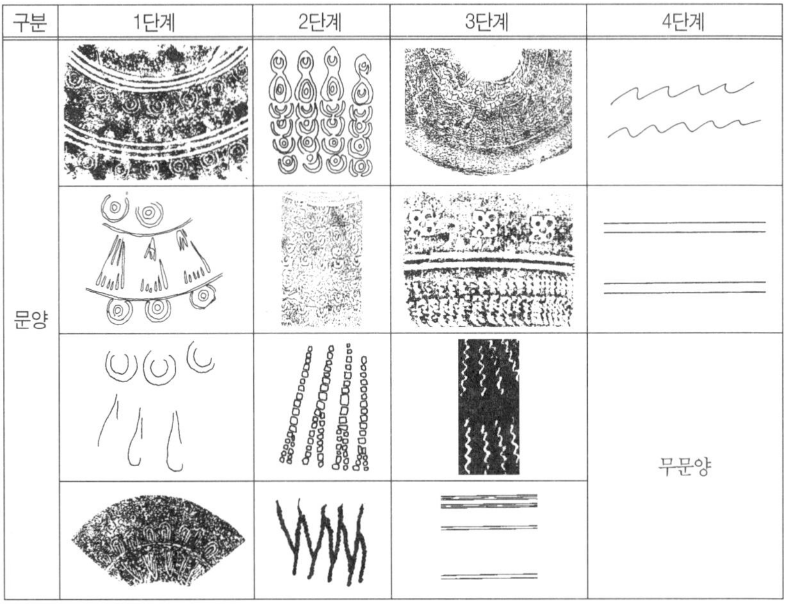

| 구분 | 1단계 | 2단계 | 3단계 | 4단계 |
|---|---|---|---|---|
| 문양 | | | | |
| | | | | 무문양 |

〈그림 1〉 통일신라시대 토기 문양 변화양상

　　기형에 있어서는 완형토기와 병형토기의 변화양상을 통해 단계 설정이 가능하다. 이들 토기는 구연부와 동체부, 저부 등에서 변화양상이 확인되는데, 문양상의 변화와 마찬가지로 4단계로의 구분이 가능하다. 완류의 토기 기형은 첫째로 굽이 점점 낮아지다가 마지막 단계에는 동체의 일부를 깎아서 제작했으며, 둘째로 구연부가 점점 외반되는 경향이 심화되고, 셋째로 뚜껑과 세트를 이룬 유개대부완에서 무개대부완으로 변화되며, 넷째로 토기의 단면이 초기의 고배 단계 이후 'U'자형에서 'V'자형으로 변화5)되어 간다. 병형토기의 기형은 먼저 목이 점차 길어지며 전체적인 단

---

5) 김원룡은 통일신라의 토기를 기종의 결합상, 기형의 변화, 장식수법 등을 기준으로 실연대상의 구분없이 전기와 후기 양식으로 구분하였는데, 완의 경우 전기의 U자형 단면이 후기로 갈수록 V자형으로 변화되는 것으로 보았다.
　김원룡, 1984, 「統一新羅土器初考」, 『고고미술』162·163, 한국미술사학회, 149~

면이 타원형에서 마름모형으로 변화되는 양상이 확인된다. 또한 입술부
분의 각이 분명하게 외반되는 형태에서 목에서 이어지는 각이 부드러워
지는 형태로 변화되어 간다.

| 구분 | 1단계 | 2단계 | 3단계 | 4단계 |
|---|---|---|---|---|
| 완형<br>토기 | 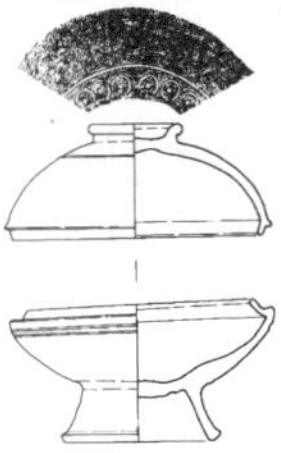 충주 큰골 4호분 | 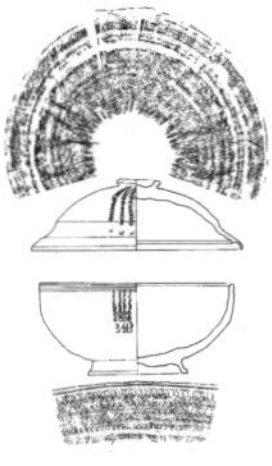 영동 가곡리 석실묘 | 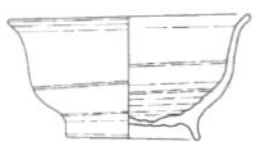 용인 보정리 17호분 | 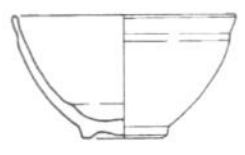 청주 용담동 1호분 |
| 병형<br>토기 | 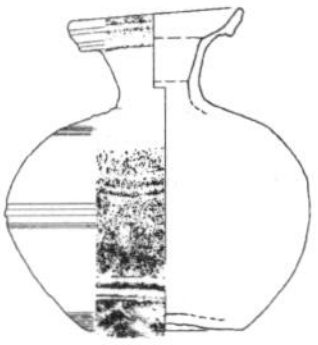 청주 명암동<br>98-2호분 | 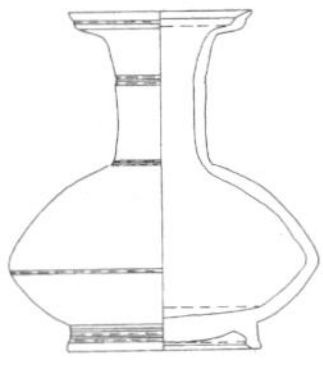 군포 산본 3호분 | 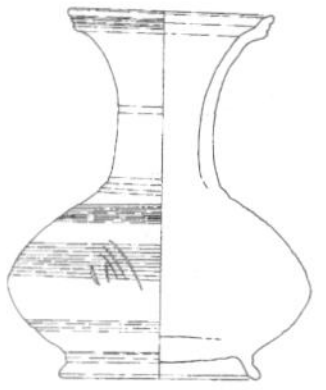 음성 문촌리<br>다-1호분 | 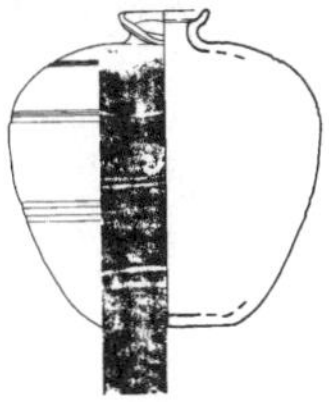 청주 용담동 24호분 |

〈그림 2〉 통일신라 토기 기형 변화양상

　　통일신라시대 지방의 고분에서 출토되는 과대는 크게 두 가지 형식으
로 구분할 수 있다. 이는 재질, 형태, 더 나아가 제작 기법에서 분명한 차
이를 보이는데, 당의 영향을 받은 당식정형과대와 이를 탈피한 비정형과
대로 구분할 수 있다.

　　당식정형과대는 청동재질로서 주조로 제작되었으며, 방형 또는 반원형
의 과판으로 이루어진 과대이다. 제작 기법 상으로는 과대의 앞판과 뒤판

---

161쪽 ; 1986, 「統一新羅土器」, 『韓國史論』15, 국사편찬위원회, 501~540쪽.

을 결합하는 방식을 하나의 지표로 삼을 수 있다. 이러한 형식의 과대는 앞판과 뒤판을 고정하는 방법에 있어 앞판 제작 시 리벳을 주출하여 그것으로 허리띠와 뒤판의 구멍을 함께 고정하는 방식으로 제작된다. 이 형식의 과대는 중앙인 경주와 전국 각지에서 확인이 되는데, 대부분 비슷한 형태와 크기를 보이고 있어 정형화된 양식이 성행하였음을 알 수 있다.[6]

<표 1> 통일신라시대 과대 비교

| 구분 | 당식정형과대 | 비정형과대 |
|---|---|---|
| 재질 | 청동 | 청동+철제 |
| 제작 기법 | 주조 | 주조+단조 |
| 예 | 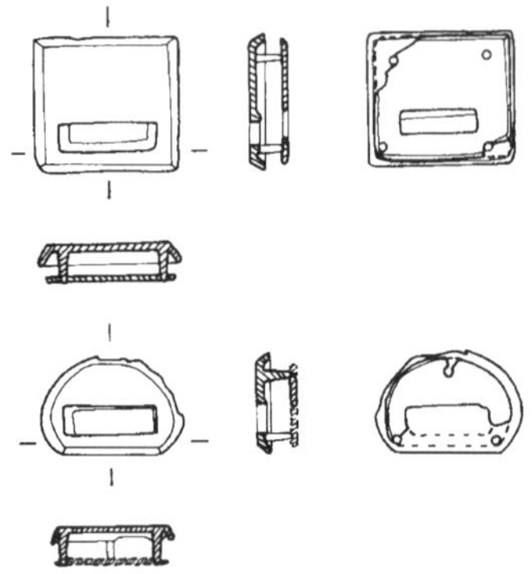 | 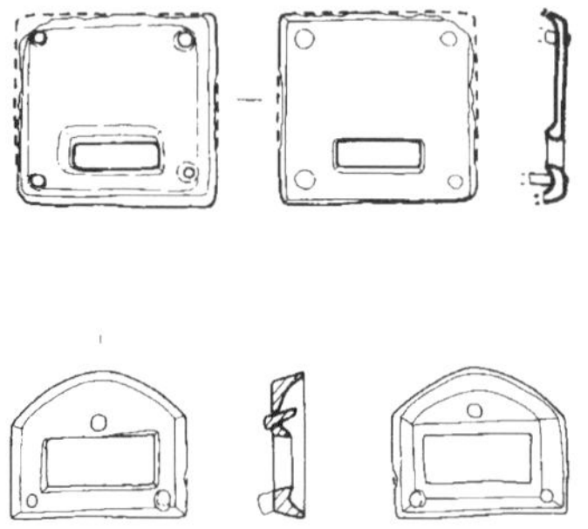 |

비정형과대는 청동 외에 철이 사용되며, 제작 기법 상으로도 주조 외에 단조를 이용한 경우가 많다. 정형과대와 비교할 때 우선 형태에서 속성 변화가 생겨나 보다 다양한 크기와 형태를 보이는데, 반원형 과판의 경우 상원하방의 특징적 형태도 확인된다. 가장 특징적인 차이는 앞판과 뒤판을 고정하는 방식으로, 앞판 제작 시 리벳을 주출하는 것이 아니라, 별도

---

6) 山本孝文, 2004, 「한반도 당식과대와 그 역사적 의의」, 『영남고고학』34, 영남고고학회, 82쪽.

의 못을 부착하여 사용하거나 앞 뒤판 모두 구멍을 뚫은 후 못을 통과시
켜 고정시키는 방식을 적용하였다. 이 형식의 과대는 중앙에서는 발견 예
가 적은 반면 지방에서는 각지에서 확인이 되고 있다. 山本孝文은 이를
두고, 중앙의 정형화된 생산 시스템에서 탈피하여 지방 각지에서 독자적
으로 과대를 생산하여 사용한 것으로 보았다.[7]


## 2. 편년 설정


앞 절에서 살펴 본 토기와 과대에 대한 기본적 고찰을 토대로, 본고에
서는 통일신라시대 고분 출토 유물의 편년을 총 4단계로 구분하여 살펴
보고자 한다.

Ⅰ기는 토기 문양에 있어, 아직까지 정형화된 통일신라 인화문이 등장
하기 전 단계로 水滴形文·半圓点文 등의 문양이 유행한다. 토기의 기형
은 신라 후기의 전통이 남아있는 유개고배와 목이 짧고 통통한 형태의 병
이 유행하고 Ⅱ기에 본격화되는 U자형 완이 일부 확인된다. 과대는 본고
의 대상 고분 중 보은 부수리 3호분 1기에서 당식과대가 확인되지만, 그
외 고분에는 출토되는 바가 없는 것으로 보아 아직까지 정형화된 당식과
대는 보편화되지 않은 것으로 판단된다. 전반적으로 신라 후기의 전통이
일부 남아있는 것이 이 단계 유물의 특징이라 할 수 있다.

이 단계의 편년과 관련하여 설정 근거는 다음과 같다. 편년은 주로 토
기에 시문된 문양을 통해 접근이 가능하다. 단, 통일신라시대 인화문의
경우 각 형식간의 공존 기간이 길고,[8] 이른 시기의 형식으로 판단되는 문

---

7) 山本孝文, 2004, 위의 글, 84쪽.
8) 홍보식, 2004, 「통일신라토기의 상한과 하한」, 『영남고고학』34, 영남고고학회, 52
~54쪽.

양이 통일신라 늦은 시기에도 나타나는 예가 종종 발견된다는 점에서 그 하한시점보다는 상한시점에 주목하여 편년을 설정하고자 한다. 수적형문과 이중원문, 반원점문 등 초기 인화문으로 대표되는 Ⅰ기 문양의 상한시점은 통일신라 토기의 성립 시기와 연동시킬 수 있다. 宮川禎一[9]의 경우 이 단계에 속하는 문양들을 신라 후기 양식으로 보고 그 상한을 600년경을 전후로 하여 6세기 후반에서 7세기 전반으로 편년하였다. 그리고 이러한 형식의 토기가 통일 이후 소멸되어 7세기 중엽에 등장하는 종장연속문으로 대체된 것으로 보았다. 그러나, 이러한 편년안은 몇 가지 측면에서 수긍하기 어려운 면이 있다. 첫째, 이러한 문양이 시문된 토기가 통일신라시대 이후 등장한 종장연속문이 시문된 토기와 공반되는 예가 많다는 점에서 그 하한이 7세기 중엽이었다는 주장은 받아들이기가 어렵다. 둘째, 통일신라 토기의 성립시점이 안압지, 부소산성, 미륵사지 등의 출토품 등을 통해 660년 백제 멸망 전후를 한 시점에 이루어진 것으로 보는 견해[10]가 설득력이 있고, 부여 정림사지 출토 인화문 토기의 편년에 관한 견해[11]도 이를 뒷받침하여, 상한시점을 7세기 중엽의 시기로 보는 것이 보다 타당하다.

특히, 이러한 편년은 경주 황성동 석실묘를 통해서도 더욱 방증된다. 황성동 석실묘에서는 토용과 토기 등의 부장유물이 확인되었는데, 토용의 복식을 통해서 절대 연대 산출이 어느 정도 가능하다. 『三國史記』에 의하면 통일신라는 진덕왕 3년(649)에 중국 의관이 채용되고, 문무왕 4년(664)에 부인의 의복도 중국식으로 바뀌게 된다. 이 고분에서 출토된 토용의 복식은 남자의 경우 중국식을 반영하고 있으나 여자의 경우는 그렇지가 않다. 이에 근거할 때, 이 고분은 649~664년 사이에 조성된 것으로

---

9) 宮川禎一, 1988, 「新羅陶質土器研究の一視点」, 『古代文化』40-6, 34~35쪽.

10) 홍보식, 2004, 앞의 글, 48~52쪽.

11) 이희준, 1994, 「부여 정림사지 蓮池유적 출토의 신라 인화문토기」, 『한국고고학보』31, 한국고고학회, 126~129쪽.

판단된다. 한편, 이 고분에서 출토된 유물 중 봉분 밖에 있거나 교란토층에서 발견된 유물을 제외하고 축조 시 매장된 것이 분명한 봉분 내 묘실 등에서 출토된 토기만을 살펴보면 Ⅰ기 문양의 편년 설정이 가능하다. 이 고분의 봉분 내에서 출토된 토기로는 신라 후기의 전통이 남아있는 유개고배와 유개대부완이 있는데, 일부 간단한 종장연속문과 함께 수적형문과 이중원문 등 Ⅰ기의 문양이 주로 시문되어 있다. 따라서 Ⅰ기 문양이 이 고분의 축조 시기에 사용된 것으로 볼 수 있고, 상한시점은 660년을 전후한 7세기 중엽으로 보는 것이 타당하다고 판단된다.

Ⅱ기는 통일신라시대의 전형적인 부장유물이 확인되는 시기로서 이 시기의 토기 문양으로는 정형화된 종장연속의 인화문이 시문된다. 토기의 기형은 고배가 더 이상 나타나지 않고 뚜껑과 세트를 이룬 U자형의 유개대부완과 목이 길어지는 가운데 마름모형의 동체와 정제된 균형미를 이루는 병 등이 주류를 이룬다. 과대는 이때부터 정형화된 당식 과대가 전국적으로 확산되어 각지의 고분에서 확인된다. 본고의 79기 고분 중 이러한 유물상을 보이는 고분이 33기로 가장 많은 사실을 통해, 이 단계에 통일신라시대의 전형적인 부장유물이 성행했음을 알 수 있다. 또한 다른 단계의 경우 토기 문양이나 기형의 통일성이 결여된 데 비하여, Ⅱ기의 유물들은 대부분 유사한 문양과 기형을 보인다는 점에서도, 이 시기에 통일신라의 정형화된 유물 구성이 형성된 것으로 볼 수 있다.

Ⅱ기의 편년과 관련하여 설정 근거는 다음과 같다. Ⅱ기의 편년 역시 Ⅰ기와 마찬가지로 문양을 중심으로 설정되는데, 우선, Ⅱ기의 편년 근거를 살펴보기 위해서는 이 단계 문양의 대표적 양식인 종장연속문에 대한 고찰이 필요하다.

통일신라시대 인화문 토기의 문양에 대한 대표적 연구자인 宮川禎一은 7~8세기 대에 걸쳐 나타나는 인화문 토기의 문양을 총 6가지 형식으로 나누어 고찰한 바 있다.[12] 그가 제시한 종장연속문의 구분은 이후 연구에 있어 많은 기초를 제공하고 있는데, 기법상의 차이에 따라 A, B, C 세 가지 형식으로 구분된다.

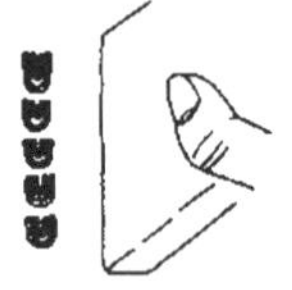

1. 종장연속문 A기법　　　2. 종장연속문 B기법　　　3. 종장연속문 C기법

※ 宮川禎一의 인화문 기법을 정리한 高正龍의 표에서 발췌[13](高正龍, 2000, 29쪽)

〈그림 3〉 宮川禎一의 종장연속문 분류

宮川禎一은 통일신라시대 종장연속문의 사용 시기를 수적형문 등 초기의 인화문이 소멸하고 A기법이 출현하는 7세기 중엽에서 C기법이 소멸하는 9세기 전엽까지로 보고 있다. 세부적으로는 A기법이 7세기 중엽에 등장하여 B기법이 등장하는 8세기 초까지 사용된 것으로 보았고, B기법은 8세기 초의 극히 짧은 시기에 유행한 것으로 보고 있다. C기법은 8세기 전엽에 등장한 이후 8세기 중엽부터 감소하다가 9세기 전엽에는 소멸한 것으로 편년하였다.

그러나 宮川禎一의 이러한 편년안은 최근 새롭게 축적된 자료들을 통해 검증할 때 수긍하기 어려운 부분이 많다. 첫째는 각 기법간의 공존을 간과한 문제이다. 그에 의하면 종장연속문은 A, B, C 각 기법이 이전 기법의 영향으로부터 파생되는 가운데, A→B→C의 순으로 단선적인 발전양상을 나타낸다. 그리고 이러한 단선적인 발전 속에 각 기법이 상호간의 공존기간 없이 순차적으로 발생한 것으로 판단하였다. 물론 이러한 기법

---

12) 宮川禎一, 1988, 앞의 글, 34~35쪽.

13) 高正龍, 2000, 「葛項寺石塔 と 舍利容器」, 『朝鮮古代研究』2, 朝鮮古代研究會, 29쪽.

상의 순차적 발생은 어느 정도 인정이 된다. 음성 문촌리 5호분, 충주 수룡리 4호분 등에서 종장연속문 A기법이 시문된 토기가 신라 후기의 전통이 보이는 이른 시기의 고배와 공반되며, 앞서 살펴 본 황성동 석실묘에서 수적형문 등 초기의 인화문과 종장연속문 A기법이 공반되는 예를 통해 A기법이 세 가지 기법 중 가장 이른 시기에 등장했다는 주장은 타당하다고 볼 수 있다. 또한 파주 법흥리 A지구 1호 석실묘에서 종장연속문 C기법이 시문된 토기가 퇴화된 인화문이 시문된 토기와 공반되며, 절대연대가 확인된 부산 시립 박물관 소장 永泰二年銘製壺(766년)와 함께 출토된 항아리에 花文과 함께 종장연속문 C기법이 시문된 점[14] 등으로 미루어 C기법이 늦은 시기에 사용된 형식임은 분명한 듯 하다. 문제는 이러한 기법상의 시간적 차이가 단절적으로 이루어진 것이 아니고, 상당히 오랜 기간동안 공존하며 지속되었다는 점이다. 하나의 유구 내에서 공반된 토기는 물론이고 하나의 토기 내에서도 A기법과 B기법, 또는 A기법과 C기법이 함께 시문된 예가 있다는 점[15]에서 각 기법이 단절된 그의 편년안은 수용되기가 어렵다.

또한 인화문 토기의 하한시점과 관련해서도 비판의 여지가 있다. 그는 종장연속문 C기법의 하한을 9세기 전엽으로 보고, 그 이후 인화문 토기가 소멸된 것으로 보았다. 그러나, 다소 변형되거나 감소되는 경향은 있더라도, 9세기 전엽 이후에도 종장연속문 등 인화문이 시문된 토기가 계속 사용되었음을 보여주는 자료들을 통해 이러한 편년은 받아들이기 힘든 면이 있다. 미륵사지 출토 大中十二年(858)銘 토기와 공반된 토기에서 인화문이 시문된 뚜껑이 확인[16]되고, 경주 왕경지구와 안압지에서 통일신라

---

14) 박경원, 정원경, 1983, 「永泰二十年銘製壺」, 『부산직할시립박물관연보』6, 부산직할시립박물관, 45~62쪽.

15) 홍보식, 2004, 앞의 글, 54쪽.

16) 문화재관리국 문화재연구소, 1989, 『미륵사 : 유적발굴조사보고서』Ⅰ, 353쪽 ; 최맹식, 1991, 「통일신라 줄무늬 및 덧띠무늬 토기병에 관한 소고」, 『문화재』24, 국

최말기까지 사용된 인화문 토기가 발견된 사실들을 통해 9세기 전엽에 인화문이 소멸되었다는 그의 견해는 전면 수정될 필요가 있다.

이처럼 종장연속문 등 통일신라 인화문에 대한 기존 연구의 문제점 속에 본고에서는 전형적인 인화문으로 대표되는 종장연속문이 유행하는 Ⅱ기 편년의 상한시점을 7세기 후엽으로 설정하고자 한다. 이러한 상한시점의 설정은 앞서 살펴 본 경주 황성동 석실묘와 용강동 석실묘[17)의 부장토기에 대한 비교를 통해 접근이 가능하다. 토용의 복식을 통해 각각 7세기 중엽과 7세기 후엽 이후로 편년되는 이들 고분에서 출토된 토기는 모두 인화문이 시문되어 있지만, 그 구성에 있어 약간의 차이를 보이고 있다. 7세기 중엽으로 편년되는 황성동 고분의 경우 교란토층과 호석 밖의 후대에 매장된 토기를 제외하고, 봉토 내에서 확인된 토기만 살펴보면 용강동 고분에 비해 상대적으로 수적형문 등 Ⅰ기 문양의 비중이 높게 나타난다. 또한 하나의 토기 내에 Ⅰ기의 문양과 일부 종장연속문이 함께 시문된 것으로 보아, Ⅰ기의 문양에서 Ⅱ기의 정형화된 종장연속문으로 넘어가는 이행양상을 보여주고 있다. 반면, 7세기 후엽으로 편년되는 용강동 고분의 경우 Ⅰ기의 문양이 크게 감소해 1~2개체 정도에서만 확인되며, 황성동 고분 출토품과 달리 전면을 정형화된 A기법의 종장연속문으로 시문한 토기가 발견된다. 이런 사실은 이 시기 이후 통일신라의 전형적인 종장연속 인화문이 성립되었음을 확인케 한다.

한편, 토기의 전면에 連續馬蹄形文 등 종장연속문이 시문되기 시작한

---

립문화재연구소, 81쪽.

17) 용강동 석실묘의 부장유물로는 토기와 토용 등이 확인되는데, 토용의 복식을 통해 절대연대에 의한 상한시점 산출이 가능하다. 용강동 고분에서 출토되는 토용은 남녀 모두 唐의 복식을 보이고 있어, 당의 복식 수용이 완료된 664년, 즉 7세기 후엽 이후에 조성된 고분으로 편년된다.

조유전·신창수, 1986, 「경주 용강동 고분 발굴조사개보」, 『문화재』19, 국립문화재연구소, 127~129쪽.

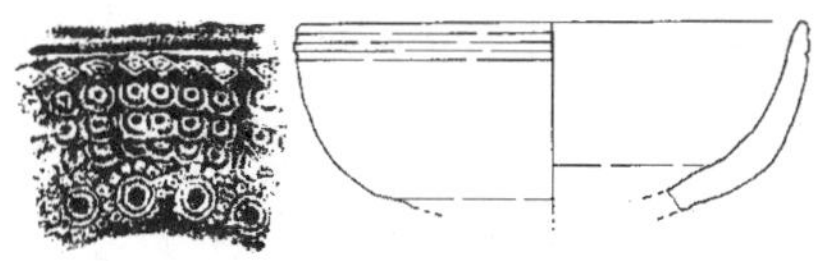 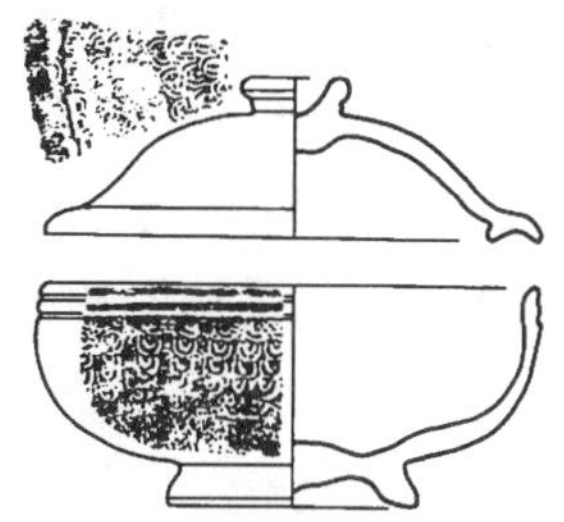

<그림 4> 황성동석실묘 출토 토기　　　〈그림 5〉 용강동 석실묘 출토 토기

시점을 7세기 후엽에서 8세기 초로 본 기존의 연구[18] 또한 이러한 편년을 뒷받침하는 견해라 할 수 있다. 따라서 본고에서는 종장연속문으로 대표되는 통일신라의 전형적인 인화문이 성행하는 단계인 Ⅱ기의 상한 시점을 7세기 후엽 이후로 설정한다.

한편, Ⅱ기에는 토기 외에 당식정형과대가 등장하는데, 이에 대한 편년역시 7세기 후엽 이후로 설정이 가능하다. 역사적으로 649년 이후 당의 복식이 수용되고, 문무왕 5년(665)에 당에서 온 복식 중에 요대도 포함되어 있다(『三國史記』 券6 新羅本紀 文武王 5年條 "唐皇帝遣使來 弔兼進贈紫衣一襲腰帶一條 …")는 점으로 미루어, 이후 중국의 제품을 모방한 당식과대가 사용된 것으로 볼 수 있다. 또한 『三國史記』에 의하면 문무왕 15년인 677년에 "구리쇠로 모든 관청과 주와 군의 인장을 주조하여 이를 나누어주었다"(『三國史記』 券7 新羅本紀 文武王 15年條 "春正月 以銅鑄百司及州郡印 頒之")는 내용이 있는데, 이 또한 정형과대의 사용과 관련해 중요한 암시를 준다. 모든 관청과 주·군의 인장을 주조를 통해 대량 생산해서 나누어주었다는 것은 중앙에서 지방의 관리들에게 권한을 부여하고 통제하기 위한 조치라 할 수 있다. 인장 분여와 같은 맥락에서

---

18) 홍보식, 2004, 앞의 글, 52쪽.

비슷한 시기에 청동 재질의 과대를 주조로 대량생산하여 각 지방으로 분배했을 것이라는 판단에 근거할 때, 당식 정형과대는 7세기 후엽 이후 전국 각지에서 사용된 것으로 판단된다.

Ⅲ기는 이전 단계의 정형성이 떨어지기 시작하는 단계이다. 이 시기의 토기 문양은 정형성이 떨어진 인화문과 음각횡침선 등 단순문양이 등장하는 특징을 보이고 있다. 완형 토기는 구연부가 외반되고 굽이 더욱 낮아진 형태의 대부완이 부장되는데 뚜껑과 세트를 이루는 경우가 감소한다. 병형 토기는 일부 Ⅱ기의 장경병이 부장되다가 9세기 이후 목과 구연부를 함께 제작한 형태의 장경병이 등장하게 된다.[19] 또한 기존의 장경병과는 다른 새로운 형태의 병도 등장하게 된다. 과대는 정형과대와 함께 비정형과대가 나타나는데 9세기 이후 점차 비정형과대가 유행한다. 전반적으로 Ⅲ기는 전 단계에 형성된 전형적인 통일신라시대 유물 양상이 퇴색하면서 정형성이 붕괴된 유물들이 나타나는 특징을 보이고 있다.

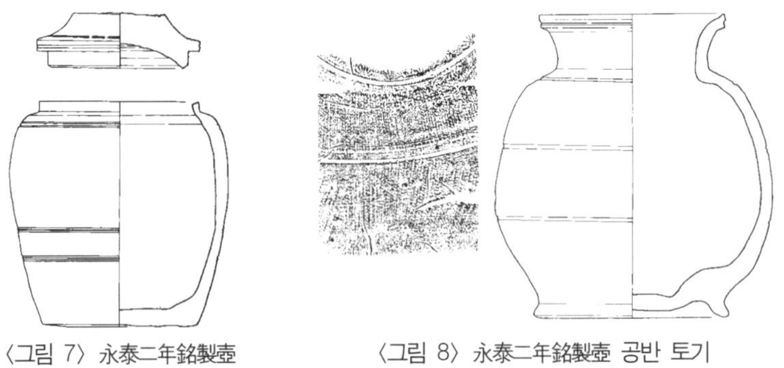

〈그림 7〉 永泰二年銘製壺          〈그림 8〉 永泰二年銘製壺 공반 토기

Ⅲ기의 편년 근거 역시 토기 문양에서 찾을 수 있다. 이 단계 문양의 편년은 각종 절대연대 자료를 통해 확인되고 있다. 그 중 가장 주목되는

---

19) 도형훈, 2006, 『통일신라시대 지방고분 연구-한반도 중서부 지방을 중심으로-』, 성균관대학교 석사학위논문, 59~60쪽.

자료는 앞서 살펴본 永泰二年銘製壺
(766년)와 이와 공반 출토된 토기이다.

永泰二年銘製壺의 경우 음각횡침선이
시문되어 있는데, 이와 공반된 토기에
서는 종장연속문 C기법과 함께 花文이
확인되어, 8세기 후엽 이후 정형성이
떨어진 인화문과 음각횡침선 등이 사용

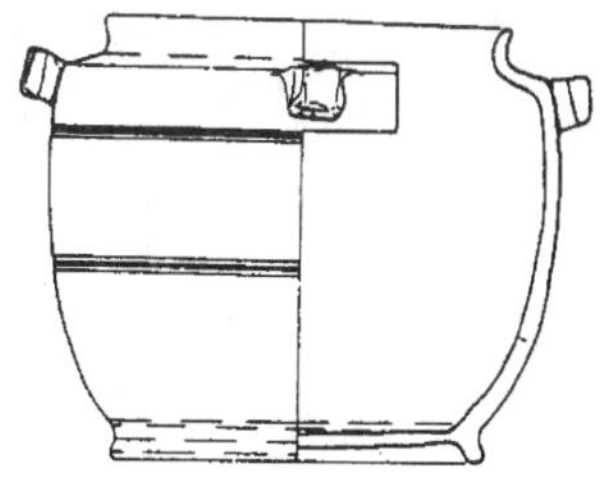

〈그림 6〉 元和十年銘壺

되기 시작했음을 보여준다. 또한 전민애왕릉 수습 조사 과정에서 발견된
元和 十年(815)명 토기에서도 음각횡침선만이 시문되어 있다. 이 두 자료
에 근거할 때, 8세기 후엽을 기점으로 인화문이 점차 퇴화되기 시작하면
서 9세기에 이르면 음각횡침선이 유행하게 되고, 다른 한편으로는 花文
등 장식문양이 부가된 인화문이 사용되었음을 알 수 있다.

과대는 이 단계에 이르면, 역시 큰 변화를 보여 Ⅱ기와는 다른 비정형
과대가 등장한다. 비정형과대의 편년에 관해, 山本孝文[20]의 경우 진안 수
천리 유적에서 통일신라 말기의 토기로 여겨지는 대부완과 공반된 과대
를 통해 9~10세기 대에 사용된 것으로 보았다. 이에 관해, 물론 대부분의
비정형 과대가 통일신라 말기 토기와 공반되지만, 파주 법흥리 A지구 1호
분, 청주 용정 Ⅱ지구 2호분 등에서 정형화가 떨어지는 종장연속문 등 3
단계의 문양이 시문된 토기와의 공반 현상도 확인됨에 따라 그 상한 시점
이 8세기 후엽 경으로 올라갈 가능성도 있다고 판단된다. 역사적으로 흥
덕왕 9년(834)에 지위의 상하와 의복의 구분이 경박해짐을 언급하면서 복
식에 대한 금령을 발표(『三國史記』 券33 雜志 2 色服條 "興德王卽位九年
太和八年 下敎曰『人有上下 位有尊卑 名例不同 衣服亦異 俗漸澆薄 民競
奢華 只尙異物之珍寄 却嫌土産之鄙野 禮數失於逼僭 風俗至於陵夷 敢率
舊章 以申明命 苟或故犯 國有常刑』")하게 되는데, 이를 통해 이보다 앞선

---

20) 山本孝文, 2004, 앞의 글, 82쪽.

시기부터 다양한 형태의 과대가 지방 각지에서 생산되어 사용되었음을 짐작할 수 있다. 즉, 통일신라 당식과대의 비정형 형태는 8세기 후엽 경을 상한으로 하여 9세기 이후 전국 각지에서 생산·성행한 것으로 판단된다.

이상의 각 유물별 편년을 살펴 본 결과, Ⅲ기의 유물은 8세기 후엽을 상한으로 하여 성립된 것으로 판단된다. 그리고 그 특징은 토기의 문양과 기형, 과대에 있어 전 단계의 정형성이 붕괴되고 다양하면서도 새로운 양식이 등장하는 것으로 규정할 수 있다.

Ⅳ기는 통일신라 말기에 해당하는 시기로 전 단계에 시작된 정형성의 붕괴가 심화되어 고려 전기로의 이행 양상이 나타나는 단계이다. 이 시기의 토기 문양은 전 단계에 시작된 문양 감소 경향이 심화되고 무문양의 토기가 등장하는 특징을 보인다. 토기의 기형에 있어서는 굽을 깎아서 제작한 청자 기형을 가진 V자형 완이 등장하고[21], 기존의 장경병과는 다른 새로운 기형의 토기가 성행한다. 또한 이 단계에는 기존에 유행하던 토기의 뚜껑이 사라져 유개대부완이 소멸하는 양상을 보인다. 과대는 비정형 과대가 확인된다. 전반적으로 Ⅲ기에 시작된 변화가 심화되는 가운데, 기존과는 다른 새로운 양식의 유물이 등장하는 것으로 특징지을 수 있다.

이 시기의 편년과 관련해서는, Ⅲ기에 시작된 문양 감소의 경향과 연관하여 생각할 수 있는데, 그 구분 시점이 명확하지는 않다. 다만, 미륵사지, 울릉도, 보령 진죽리 등의 출토 토기 문양에 대한 분석을 통해 9세기 중엽 이후 침선의 수 등 전체적인 문양 감소 현상이 심화된 것으로 본 기존 연구[22]와 경북 봉화 취서사 석탑에서 발견된 咸通八年(867)銘 사리함에 문양이 거의 시문되어 있지 않다는 점 등을 통해 9세기 중후엽으로 편년을 설정하고자 한다.

---

21) 도형훈, 2006, 앞의 글, 52~53쪽.
22) 한유진, 1993, 『통일신라의 경질도기』, 이화여자대학교 석사학위논문, 39~44쪽.

〈표 2〉 통일신라 지방고분 유물 편년

| 구분 | | Ⅰ기 | Ⅱ기 | Ⅲ기 | Ⅳ기 |
|---|---|---|---|---|---|
| 토기문양 | | 이중원문, 수적형문, 반원점문 등 대형문양이 불규칙 또는 횡장연속으로 시문 | 정형화된 문양<br>종장연속문<br>A, B, C기법 시문 | 정형화 퇴색<br>문양 감소 시작<br>종장연속문과 다양한 문양이 혼합되어 시문<br>음각횡침선, 파상선문 등 단순문양 시문 | 문양 감소 심화<br>음각횡침선과 파상선문이 더욱 간소화되고 무문양 사용 |
| 토기문양 | |  |  | 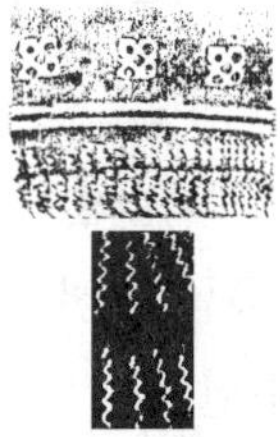 | 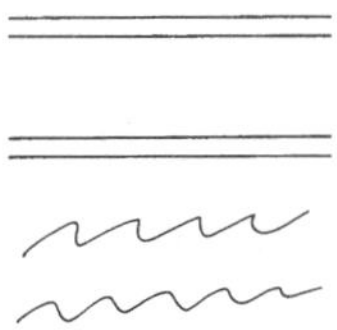 |
| 토기기형 | 완 | 유개고배와<br>U자형 완 | U자형 단면에 八자형 굽을 가진 유개대부완 유행<br>고배 소멸 | 외반된 구연에 직선 굽을 가진 완 등장<br>유개대부완 감소 | 청자 기형의 V자형 완 등장<br>깎은 굽 제작<br>유개 대부완 소멸 |
| 토기기형 | 완 | 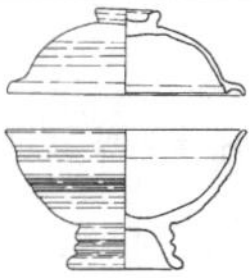 | 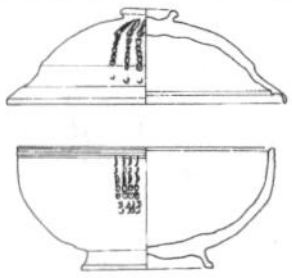 | 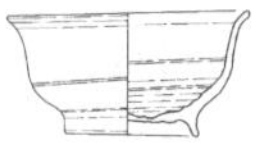 | 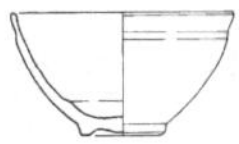 |
| 토기기형 | 병 | 목이 짧고 동체가 타원형인 장경병 | 목이 길어지며 동체가 마름모형인 장경병 | 9세기 이후 더욱 길어진 목을 구연과 함께 제작한 장경병과 새로운 형태의 병 등장 | 기존의 장경병과는 다른 새로운 형태의 병 성행 |
| 토기기형 | 병 | 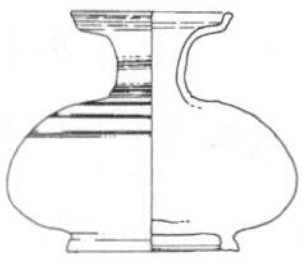 | 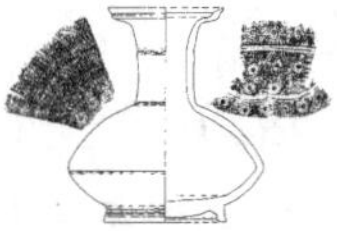 | 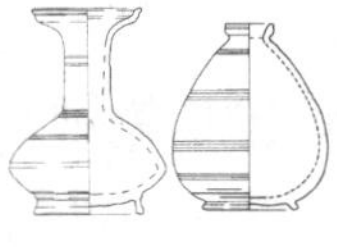 | 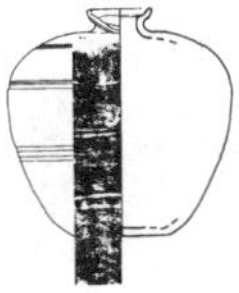 |
| 과대 | | 일부 정형과대가 발견되나 성행하지 않음 | 정형과대 | 9세기 이후<br>비정형과대 성행 | 비정형과대 |
| 과대 | | 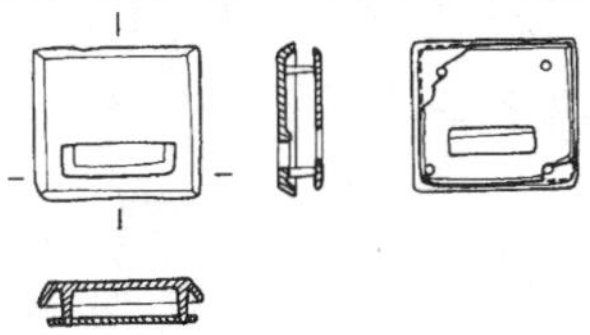 | | 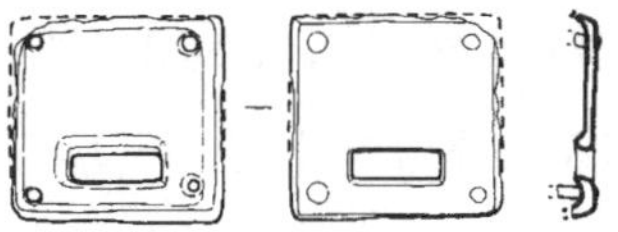 | |
| 특징 | | 신라 후기의 전통이 일부 남아있음 | 통일신라의 전형적인 유물상 성행 | 정형성 퇴색<br>새로운 양식의 유물 등장 | 비정형화 심화<br>새로운 양식의 유물상 성행 |
| 연대 | | 7세기 중엽~ | 7세기 후엽~ | 8세기 후엽~ | 9세기 중후엽~ |

# Ⅲ. 고분의 형식 및 변화양상

## 1. 속성 및 형식 검토

고분의 변화 양상을 확인하기 위해 검토해야할 여러 가지 속성들 중, 본고에서는 무덤 종류와 시신안치시설이라는 두 가지 속성을 주목하여 연구를 진행하고자 한다. 이러한 두 가지 속성을 검토대상으로 삼는 이유는 자료의 안정성에 있다. 묘실의 형태나 크기, 천정 형태, 출입시설 등 다른 구조적 특징들은 도굴이나 시간의 흐름 속에 파괴가 심해 그 원형을 파악하기 어려운 경우가 많다. 그러나 무덤의 종류와 내부의 시신안치시설은 그 원형이 비교적 잘 남아있는 경우가 많기 때문에 속성 검토 대상으로 적합하다고 판단하여, 이를 통해 고분 변화양상을 살펴보고자 한다.

통일신라시대 지방 고분에서 나타나는 무덤 종류는 크게 석실묘와 석곽묘로 나눌 수 있다. 석실묘와 석곽묘의 차이는 크게 구조적인 측면과 매장 방식의 측면에서 생각해 볼 수 있다. 먼저 구조적인 측면에서는 무덤 폭이 좁아지는 정도, 즉 세장된 정도와 무덤 입구의 존재 여부에 따라 차이가 난다. 무덤 폭에 있어 석실묘에 비해 석곽묘는 그 폭이 좁아 대체로 1m 내외의 폭을 보이고, 무덤 단축과 장축의 비율이 1 : 2 이상의 비율을 보이는 경우가 많다. 반면 석실묘는 무덤 폭의 크기가 1.5m 이상인 경우가 많고 폭이 넓어짐에 따라 단축과 장축의 비율 역시 정방형의 경우 1 : 1, 장방형의 경우도 1 : 1.5 이하인 경우가 많다. 입구의 존재 여부에 있어서, 석곽묘는 무덤 벽체에 별도의 입구가 없이 시신을 매장하는 곽으로서의 성격을 지닌다. 반면 석실묘의 경우는 석실(돌방)의 개념을 가진 묘제로, 살아있을 때처럼 무덤 안팎으로의 출입을 가능하게 하기 위해 무덤 벽체에 별도의 출입시설을 만들어 사용한다.

　석실묘와 석곽묘의 차이는 매장 방식 측면에서 보다 분명하게 나타난다. 석곽묘는 무덤 폭이 좁고 별도의 입구가 없는 등 추가장이나 합장이 없는 단장을 고려한 묘제이다. 반면, 석실묘는 무덤 폭이 넓고 출입 시설이 존재함에 따라 합장과 추가장 등 다장이 가능한 구조를 보인다는 점에서 차이가 있다.

　다음으로, 통일신라시대 중서부 지방의 고분에서 나타나는 시신안치시설은 크게 屍床과 棺으로 구분할 수 있다. 시상은 석실묘와 석곽묘에서 모두 사용된 것으로 확인되는데, 단장의 경우 시상을 한 개만 조성하였으나, 추가장이나 합장 등을 한 경우 시상이 2개 이상 확인되는 경우도 있다. 시신안치시설로서 시상을 사용하는 것은 매장 관습 상 시신을 염을 한 후 관과 같은 별도의 매장 수단 없이 바로 안치한 것을 의미한다. 따라서 시상이 사용된 무덤은 관이나 관을 만드는데 사용된 재료 등이 발견되지 않는 특징이 있다. 반면, 시신을 바로 안치하는 과정에서 사용된 두침석이나 족침석 등이 함께 발견되는 경우가 많다. 또한 경주 쌍상총이나 장산 토우총과 같은 경우, 시상에 시신을 놓는 자리를 음각하여 마련한 모습을 통해서 돌 위에 바로 시신을 안치했음을 알 수 있다.

　관을 사용한 무덤은 시상을 사용한 무덤과 마찬가지로 무덤 내부에 별도의 석재를 쌓아 시신을 안치하기 위한 시설을 갖췄다는 점에서는 동일하지만 시상이 시신을 바로 안치하기 위한 구조인 것과 달리 시신을 관에 넣어 매장했다는 점에서 차이가 있다. 따라서 구조적인 면에서도 시상에 비해 석축 과정이 간소화되어 받침돌 정도의 모습을 보인다. 관을 사용한 무덤은 관을 만드는데 사용된 관못이나 꺽쇠 등이 함께 발견되는 양상을 통해 시상을 사용한 경우와 구분할 수 있다.

　시신안치시설과 관련하여 한 가지 더 검토되어야 할 문제는 시상이나 관을 받치는 받침돌(棺臺) 등 시설의 축조방법에 관한 사항이다. 두 경우 모두 돌을 쌓아서 시신이나 관을 안치하는 시설을 만들게 되는데, 그 쌓은 형태에 따라 4가지로 구분할 수 있다. 이를 A, B, C, D유형으로 구분하여 살펴보면 다음과 같다.

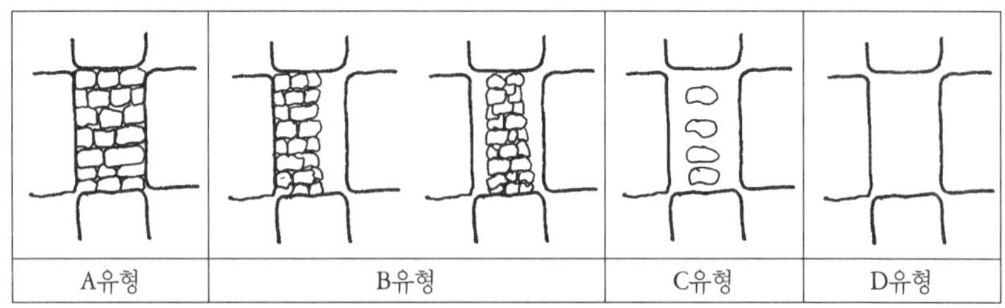



〈그림 9〉 시신안치시설 축조 유형

A유형은 할석을 묘실 바닥 전면에 깔아서 조성하는 방식이다. 상하좌우 네 벽에 붙여 돌을 깔기 때문에 무덤 바닥 내에 다른 공간은 없다. B유형은 묘실 내 한쪽 벽에 붙이거나 중앙에 할석을 깔아서 설치한 경우로, 시신안치시설이 설치되지 않은 여분의 바닥 공간이 남는 특징을 가진다. C유형은 A, B유형에 비해 바닥에 깔리는 돌의 빈도가 크게 줄어들어 적게는 3~4개 정도의 돌만을 바닥에 깔아 조성하는 형태이다. 이 경우, B유형과는 달리 시신을 바로 눕히는 것이 제한된다. 즉, B유형에서 C유형으로의 변화는 시신을 바로 눕히는 시상으로서의 기능이 약화된 것으로 풀이할 수 있다. D유형은 바닥에 별도의 시설을 갖추지 않고 맨바닥을 활용한 경우이다.

이상과 같은 무덤 종류, 시신안치시설에 대한 검토 및 조합에 기초하여, 본고에서는 통일신라시대 지방고분의 형식을 다음과 같이 설정하고자 한다.[23] 먼저 무덤 종류는 크게 석실묘와 석곽묘로 구분하여 석실묘를

---

23) 이러한 형식 설정에 있어서 시신안치시설 축조 방법은 일단 제외하는데, 그 이유

Ⅰ식, 석곽묘를 Ⅱ식으로 규정한다. 다음으로 시신안치시설은 시상과 관으로 구분하여 시상을 a식, 관을 b식으로 규정한다. 이상의 두 가지 속성 조합을 통해 Ⅰa식, Ⅰb식, Ⅱa식, Ⅱb식의 총 4가지 형식을 추출할 수 있는데, 각 형식별 속성은 다음과 같다.

> ○ Ⅰa식 : 석실-시상 무덤　　　○ Ⅱa식 : 석곽-시상 무덤
> ○ Ⅰb식 : 석실-관 무덤　　　　○ Ⅱb식 : 석곽-관 무덤

## 2. 편년 및 변화 양상

여기서는 앞서 검토한 4가지 형식과 편년을 통해 통일신라 지방 고분의 단계별 변화 양상을 살펴보고자 한다. 이를 위해 앞서 설정한 단계별로 유물 출토 양상이 나타나는 고분을 분류한 후, 이들의 형식 및 특성을 살펴봄으로써 각 단계별로 확인되는 고분 성격을 밝히고자 한다.

앞서 편년 설정에서 살펴 본대로, Ⅰ기는 7세기 중엽에서 7세기 후엽, 그 뒤에 더 지속되었다 하더라도 8세기 전에는 사라지는 통일신라 초기의 짧은 시기에 해당한다. 이 단계의 유물은 수적형문·이중원문 등 대형의 초기 인화문으로 대표되는 문양-신라 후기의 전통이 남아있는 고배-부가구연장경호에서 발전된 동체가 통통하고 목이 짧은 장경병의 조합으로 구성된다.

---

는 다음과 같다. 현재 설정한 4개의 형식에 시신안치시설 축조방법까지 추가될 경우 총 16가지의 형식이 설정된다. 이 경우 본고의 개체수가 79개에 불과한 점으로 미루어 효과적인 분석이 제한된다고 판단되기 때문에 형식 설정에는 포함시키지 않겠다. 단, 개략적인 유적의 검토 과정 가운데 시신안치시설 축조 방법에서도 일정한 변화 양상이 확인됨에 따라, 여기서 간단한 유형 분류를 하였고, 이에 대한 검토는 2절의 변화 양상에서 함께 다루고자 한다.

본고의 대상 고분 중 이상의 유물 양상이 확인되는 것으로는 음성 문촌리 나-3호분, 보은 부수리 3호분, 충주 큰골 3호분, 용인 보정리 8·17호분, 충주 단월동 9호분, 부천 고강동 5차 3호분 등 16기가 있는데, 이들을 종합적으로 살펴보면 다음과 같은 사실을 알 수 있다. 먼저 무덤 형식에 있어 Ⅰa식과 Ⅱa식, 즉 시상을 사용한 석실묘와 석곽묘가 각각 8기씩 총 16기 확인되어 두 형식이 비슷한 비율을 보인다. 석실묘가 석곽묘와 비슷한 비율을 보이고, 호석이 있는 고분도 4기가 확인되어 지방에서 대형고분이 축조되고 있음을 알 수 있다. 시신안치시설로는 시상만 사용되었는데, 16기 중 9기(56%)의 고분에서 두침석 및 족침석이 확인되었다. 반면, 관못이 전혀 발견되지 않아 시신을 관에 안치하지 않고 시상 위에 바로 안치하는 매장방식이 사용된 것으로 판단된다. 시상의 축조 방법은 바닥의 전면에 조성한 A유형이 7기, 별도의 공간을 남겨두고 조성한 B유형이 9기에서 확인되어 비슷한 비율을 보인다.

기타 매장과 관련된 특징으로 11기(68%)의 고분에서 유물의 부장이 頭部 등 별도의 공간에 집중적으로 배치되는 양상이 확인되며, 8기의 석실묘 중 6기에서 추가장 및 합장 등이 확인됨을 통해 다장이 보편적으로 이루어졌음을 알 수 있다. 이 단계에는 무덤의 구조적 특징과 부장유물, 매장 풍습 등으로 볼 때, 신라 후기의 전통이 남아있는 양상을 보이고, 아직까지 통일신라의 정형화된 고분 문화는 형성되지 않은 것으로 판단된다.

Ⅱ기는 7세기 후엽부터 시작되는 시기로, 대체로 통일신라시대의 중기와 일치하고 있다. 이 단계의 유물은 정형화된 A, B, C기법의 종장연속문으로 대표되는 인화문－八자형의 낮은 굽을 가진 U자형 완－동체 단면이 마름모이고 전 단계보다 목이 길어진 장경병－정형과대의 조합 등으로 이루어진다. 본고의 대상 고분 중 이러한 유물 양상이 확인되는 것으로는 보은 부수리 1호분, 영동 가곡리 고분, 충주 단월동 6호분, 용인 근삼리 1호분, 청주 용담동 4호·12호분, 여주 상리 94-3호분, 군포 산본 1·3·6

호분 등 총 33기의 고분이 있다.

이들을 종합적으로 분석해보면 다음과 같은 사실을 알 수 있다. 이 단계에 이르면, 전 단계에 석실묘가 8기 확인되었던 데 반해, 4기로 반 이상 줄어든다. 그 가운데 석곽묘는 크게 증가하여 29기(88%)가 확인된다. 즉, 석실묘의 감소와 석곽묘의 증가가 대비되며 나타나는 양상을 보여준다.

시신안치시설은 시상만 사용되었는데 75%에 해당하는 24기에서 두침석이나 족침석이 발견되었다. 이 중에 관못이 확인된 예는 없다. 시상을 축조하는 방법은 A유형과 B유형이 확인되는 가운데 전 단계와 비교했을 때 비율상 차이가 있다. 33기 중 81%에 해당하는 27기에서 B유형의 축조방법이 확인되어 이 단계에서 무덤 내에 바닥공간을 남겨두고 별도의 시상을 설치하는 유형이 성행했음을 알 수 있다.

기타 매장과 관련된 특징으로 토기가 매장된 거의 모든 고분에서 유물의 부장이 시상 옆이나 묘실 모서리 부분 등 별도의 공간에 집중적으로 배치되는 양상이 확인되고 있다. 석실묘의 개체 수가 줄어들어 전체적인 다장 풍습은 감소 양상을 보이나, 석실묘 내에서는 4기 중 3기에서 추가장이나 합장이 확인되어 아직까지 다장이 이루어지고 있음이 확인된다. 또한 호석이 둘러진 석실묘가 1기 존재해 아직까지는 지방에서 대형고분이 축조되고 있음을 알 수 있다. 이 단계에는 고분의 구조적 특징과 부장유물, 매장 풍습 등으로 볼 때, 통일신라의 정형화된 유물이 무덤 내에 집중 부장되고, 두침석이나 족침석을 갖추며 B유형으로 축조된 시상과 석곽묘가 집중적으로 사용되는 등 통일신라의 전형적인 고분 문화가 성립된 것으로 판단된다.

Ⅲ기는 8세기 후엽부터 시작되는 시기로 통일신라의 후기에 해당된다. 이 단계의 유물은 전 단계의 정형화가 퇴색되는 가운데, 변형된 형태의 인화문과 음각침선 등 새로운 문양―'Ⅱ'형의 낮은 직선 굽에 구연이 외반되어 곡선을 그리는 완―목과 구연을 함께 제작하고 목이 길어진 장경병

과 새로운 기형의 병―비정형과대의 조합으로 이루어져 있다. 이러한 유물상이 확인되는 고분으로는 군포 산본 5호분, 여주 상리 97-3호분, 청주 용담동 9호·15호분, 파주 법흥리 A-1호분, 음성 문촌리 다-1호분 등 24기가 있다.

이들 고분을 살펴보면, 우선 무덤 형식에 있어 관을 사용한 석곽묘가 12기로서 50%의 비율을 보이고, 시상을 사용한 석곽묘가 8기, 관을 사용한 석실묘가 4기의 분포를 나타낸다. 전 단계와 비교했을 때 무덤 종류 면에서 석실묘와 석곽묘의 분포는 비슷하나 시신안치시설에 있어서 큰 차이점을 보인다. 종전에 나타나지 않던 관이 확인되는 현상인데, 오히려 시상에 비해 그 사용 빈도가 높음을 알 수 있다. 시신안치시설의 축조방법에 있어서도 Ⅱ기와의 차이가 확인된다. 시상을 사용한 8기의 고분 중 절반인 4기의 고분이 각각 A유형과 B유형으로 축조된 가운데 두침석이나 족침석이 확인된 경우도 50%에 불과해 전 단계에 형성된 정형성이 많이 흐려진 모습을 보인다. 관을 사용한 무덤의 경우 청주 용담동 17호 고분[24]만을 제외한 15기의 고분에서 모두 관못이 발견된 가운데, 시설축조 방법에 있어서는 9기의 고분이 C유형을 보여 관을 받치기 위한 기능만을 위해 간소화된 양상을 알 수 있다.

기타 매장과 관련된 특징으로 토기가 매장된 고분 수가 15기로 급격히 줄어든 가운데 9기의 고분에서 이전과는 달리 분산 매장되는 특징을 보인다. 관을 사용한 고분에서는 관 위에 올려놓았던 토기가 후대에 굴러 떨어진 형태로 출토된 경우도 확인된다. 다장의 풍습은 전체적으로는 감소되는 가운데 석실묘 중 2기에서 확인되어 전 단계와 비슷한 양상이다. 호석이 있는 석실묘는 1기가 확인되어 아직까지 지방에서 대형고분이 존재하기는 하나 점점 소멸해가는 양상을 띤다. 무덤의 구조적 특징과 부장

---

24) 17호 고분의 경우, 관못은 발견되지 않았으나, 유물이 뒤집혀진 상태로 출토된 것으로 보아, 관 위에 유물을 올려놓았던 것으로 추정된다.

유물, 매장 풍습 등으로 볼 때, 이 단계에는 정형화가 퇴색된 유물이 무덤 내에 분산 부장되고, 시상과 함께 관을 사용하는 석곽묘가 주된 묘제로 사용된 것으로 미루어 전 단계의 정형화된 고분 문화가 변화된 것으로 판단된다.

Ⅳ기는 9세기 중후엽 이후의 시기로 통일신라 말기에 해당한다. 이 단계의 유물은 전 단계의 비정형화가 더욱 심화된 음각침선 등 단순문양과 무문양−'V'자형의 청자 기형을 가진 완−새로운 형태의 다양한 병−비정형과대의 조합으로 이루어진다. 이러한 유물상은 음성 문촌리 1호분, 청주 용담동 1호분, 광주 대쌍령리 3호분 등 석곽묘에서만 나타나는데, 그 개체수가 많지 않아 Ⅱa식 3기, Ⅱb식 3기만이 확인된다. 관을 사용한 무덤 3기에서는 모두 관못이 발견되었다. 한편, 시신안치시설에서는 이전 단계들과는 전혀 다른 양상이 확인되는데, 축조방법에 있어 청주 용담동 1호분을 제외한 다른 고분들은 모두 D유형의 맨바닥 구조를 가지고, 관못이 없어 시신을 그대로 안치한 것으로 보이는 고분에서도 두침석이나 족침석 등이 나타나지 않는다는 점이다.

기타 매장과 관련해서는, 부장된 토기의 양이 많지 않아 집중 또는 분산 매장 여부를 파악하기 힘드나, 토기의 출토 상태가 뒤집어진 상태로 발견된 경우가 많은 점으로 미루어 관 위에 토기를 부장했을 가능성이 있다. 다장의 풍습은 석실묘의 소멸과 함께 더 이상 확인되지 않는다. 특히, 이 단계에서는 더 이상 석실묘가 발견되지 않아 지방에서 대형고분이 사라졌음을 보여주고 있다. 이 단계는 정형성이 떨어진 유물상을 보이는 가운데, 전 단계에 비해 더욱 무덤 구조가 간소화되는 특징을 보인다. 맨바닥의 무덤 구조나 관 사용의 보편화, 무문양 토기 위주의 유물 상태 등을 통해 다음 시기인 고려 시대와 유사한 특징을 확인할 수 있다.

이상 살펴 본 각 단계별 편년 및 특성은 다음 〈표 3〉과 같이 정리할 수 있다.

〈표 3〉 통일신라 지방 고분 단계별 변화

| 구분 | | I기 | II기 | III기 | IV기 |
|---|---|---|---|---|---|
| 무덤 형식 | | 석실-시상<br>석곽-시상 | 석실-시상<br>석곽-시상 | 석곽-시상<br>석실-관<br>석곽-관 | 석곽-시상<br>석곽-관 |
| 시신안치시설 | 종류 | 시상 | 시상 | 시상 감소<br>관 등장 | 시상 유지<br>관 보편화 |
| | 축조 방법 | A, B유형<br>비슷하게 사용 | B유형 성행 | B유형 감소<br>C유형 등장/성행 | D유형 등장/성행 |
| | 두·족침석 및 관못 유무 | 두·족침석<br>일부 사용 | 두·족침석<br>사용 일반화 | 두·족침석 감소<br>관못 등장 | 관못 외에<br>발견되는 것 없음 |
| 부장유물 | 유물 특성 | 신라 후기의<br>전통이 남아있음 | 통일신라의<br>정형적인 유물 | 정형성이 붕괴 | 고려 초와 유사 |
| | 부장 상태 | 집중 매장 | 집중 매장 성행 | 분산 매장 등장 | 분산 매장 및<br>도치 상태의 출토 |
| 다장여부 | | 다장 일반화 | 다장 감소 | 다장 감소 | 다장 소멸 |
| 대형고분 | | 존재 | 감소 | 감소 | 소멸 |
| 성격 | | 신라 후기의 전통<br>유지 | 통일신라의<br>전형적인 고분<br>문화 성립 | 고분문화의<br>정형성 붕괴 | 새로운 고분 문화<br>등장 고려 초로<br>연결 |
| 연대 | | 7세기 중엽~ | 7세기 후엽~ | 8세기 후엽~ | 9세기 중후엽~ |

# 3. 타지역 적용여부 검토

지금까지 한반도 중서부 지방을 중심으로 통일신라시대 지방고분의 변화양상을 살펴보았다. 이를 통해 통일신라시대 기간동안 나타나는 고분문화에 있어서의 다양한 변화 및 특성을 알 수 있었다. 여기서 한 가지 제기될 수 있는 문제는 과연 이러한 지방 고분의 변화 양상이 다른 지역에도 그대로 적용될 수 있는가 하는 문제이다. 따라서 여기서는 지금까지

확인된 지방 고분의 변화 양상이 중서부 지방을 제외한 다른 지방 지역에
서도 적용되는지를 추가적으로 살펴보고자 한다. 이와 같은 검토는 경주
를 제외한 모든 지역을 대상으로 하여 이루어져야겠으나, 다른 지역의 경
우 현재까지 조사된 자료가 부족하여 검토가 어려움에 따라, 당시의 전주
와 무주에 해당하는 오늘날의 호남지방과 도서지방인 울릉도 지방을 통
해 살펴보고자 한다.

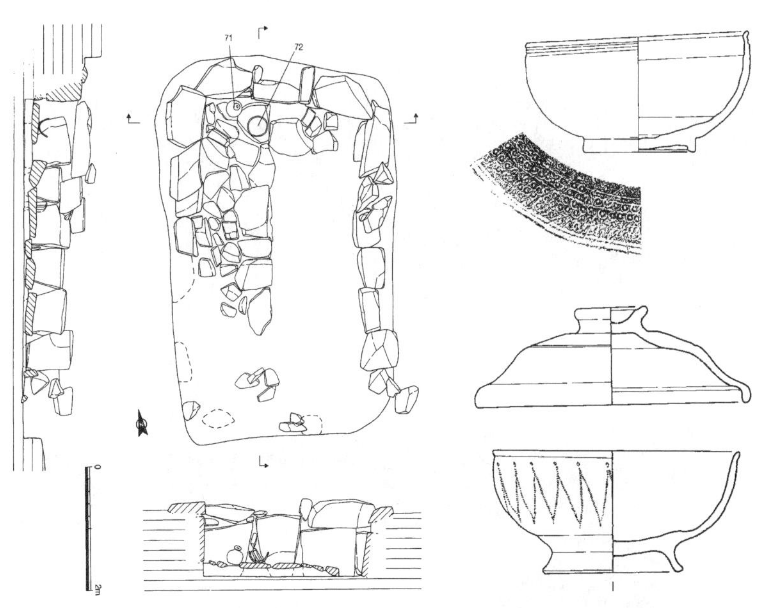

〈그림 10〉 광양 용강리 8호분 도면 및 출토 유물(대부완, 유개대부완)

진안 오룡리 석실묘와 광양 용강리 8호·15호 석곽묘에서는 Ⅱ기에 해
당하는 정형기 양식의 부장유물상이 확인되었다. 진안 오룡리 석실묘에
서는 종장연속문이 시문된 뚜껑과 청동제의 정형과대가 출토되었고, 광양

용강리 8호분에서는 종장연속문 A기법이 시문된 U자형 완이, 15호분에서
는 정형성이 보이는 종장연속문 C기법이 시문된 유개대부완이 출토되었
다. 3기의 고분 모두 시신안치시설로 시상을 사용하였는데, 축조 기법은
무덤 내 별도의 공간에 돌을 쌓아 만든 B유형이 사용되었다. 유물은 모아
서 집중 부장하였다. 이러한 양상으로 보아, 앞서 편년한 통일신라 지방
고분의 Ⅱ기에 해당하는 특징을 보이고 있음을 알 수 있다.

반면, 순천 용당동 2호 석곽묘와 진안 평지리 2호·3호·4호분에서는

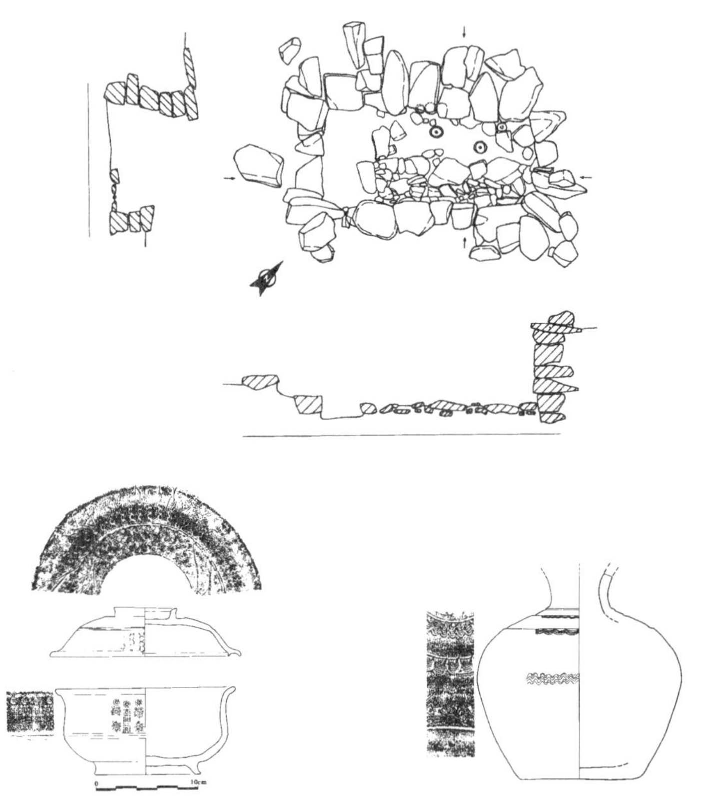

〈그림 11〉 진안 평지리 2호분 도면 및 출토유물(유개대부완, 병)

Ⅲ기 이후에 해당하는 부장유물상이 확인된다. 토기는 'Ⅱ'형은 낮은 직선 굽에 외반된 입술을 가지며 정형성이 떨어진 인화문이 시문된 완과 새로운 기형의 병이 출토되었고, 과대는 앞판과 뒤판을 별도의 못으로 고정시키는 비정형과대가 부장되었다. 특히 부장유물의 위치가 분산되어 있어 Ⅲ기 고분의 특성을 보여준다. 무덤 구조적 측면에서도 Ⅲ기의 특징이 확인되는데, 4기 모두 관에 사용된 관못이 출토되었다.

한편 울릉도 천부동에서는 석실묘가 확인되었는데, 9세기 이후의 토기임이 확실한 무문의 편병이 출토되었다. 천부동에서는 2호분과 3호분에서 관못 등 목관을 사용한 흔적이 발견되어, 중서부 지방을 통해 나타나는 Ⅲ기 이후의 관을 사용한 매장 풍습이 도서 지방인 울릉도에서도 행해졌음을 확인할 수 있다.

이상 호남 지방과 울릉도에서 확인된 몇 기의 고분을 통해 중서부 지방의 고분을 기준으로 설정한 편년 및 무덤 변화 양상을 살펴보았다. 비록 자료의 불충분으로 인해 Ⅰ, Ⅳ기에 해당하는 고분이나 특징을 확인할 수 없었지만, 통일신라의 가장 긴 시기 동안 나타나는 Ⅱ, Ⅲ기의 고분에서 나타나는 양상이 중서부 지방을 토대로 설정한 기준과 일치하는 것을 확인할 수 있었다.25) 물론, 보다 많은 자료에 대한 확인이 필요하겠지만, 가장 중요한 변화라 할 수 있는 부장유물의 특성과 시신안치시설의 변화가 동일 선상에서 확인된다는 점을 통해 통일신라시대 중서부 지방에 나타나는 고분의 변화 양상이 다른 지역에서도 적용될 수 있을 것으로 생각한다.

---

25) 특히 소백산맥과 섬진강 등 자연적 요건으로 인해 신라 중앙의 영향이 가장 미치기 어려운 호남 지역과 울릉도 등 도서 지역에서 이와 같이 동일한 고분 변화 양상이 나타난다는 것은 전국적으로 동일한 유형의 지방 고분 문화가 성립되었음에 대한 좋은 자료가 될 수 있으리라 판단된다.

# Ⅳ. 통일신라 지방고분의 성격 및 역사적 배경

## 1. 통일신라 지방 고분의 성격

여기서는 지금까지 살펴 본 편년 및 변화 양상을 토대로 하여 통일신라 지방고분의 성격을 정리해보고자 한다. 먼저, 본고의 대상이 되는 79기의 고분을 앞서 설정한 4가지 형식으로 분류하면, 다음과 같은 분포 양상을 확인할 수 있다.

〈표 4〉 통일신라 지방 고분 형식 분포 현황

| 무덤종류<br>시신안치시설 | 석실묘-Ⅰ식<br>(형식, 개수/비율) | 석곽묘-Ⅱ식<br>(형식, 개수/비율) | 계 |
|---|---|---|---|
| 시상-a식 | Ⅰa식<br>(12 / 15%) | Ⅱa식<br>(48 / 61%) | 60<br>(76%) |
| 관-b식 | Ⅰb식<br>(4 / 5%) | Ⅱb식<br>(15 / 19%) | 19<br>(24%) |
| 계 | (16 / 20%) | (63 / 80%) | 79 |

이상 4가지 형식 중 가장 많은 분포를 보이는 형식은 Ⅱa식으로서 시상을 사용한 석곽묘가 총 79기의 고분 중 48기로서 61%의 비율을 보인다. 다음은 Ⅱb식으로 15기, 19%의 비율을 보이고, Ⅰa식이 12기/15%, Ⅰb식이 4기/5%의 비율을 나타낸다.

이상과 같이, 각 고분 형식별 분포 양상이 확인되는 가운데, 이러한 고분 형식에 있어서 나타나는 두드러진 변화 양상을 살펴보고자 한다. 지금까지 확인된 단계별 고분 변화 및 형식별 분포 양상에 따르면, 우선 무덤 종류의 속성과 관련해서는 크게 두 가지의 변화 양상이 확인된다. 첫째, 석실묘가 8세기 후엽 이후 감소하기 시작해 9세기 중엽에는 완전히 사라진다. 단계별 고분 변화 양상에 따른 〈표 3〉에서 보는 바와 같이 시상을 사용한 석실묘는 Ⅲ기, 즉 8세기 후엽 이후에는 더 이상 확인되지 않는 것을 알 수 있다. 물론 관을 사용한 석실묘가 Ⅲ기의 짧은 시기동안 사용되기는 하지만, 이는 석실묘의 감소와 관의 등장이라는 두 속성의 변화가 맞물려 나타난 결과이고, 전체적으로는 석실묘의 감소현상을 확인할 수 있다.

둘째, 석곽묘는 전 시기동안 사용되는 가운데, 특히 시상을 사용한 석곽묘가 수치상으로 가장 많은 분포를 보이는 만큼 통일신라시대 전 기간에 걸쳐 사용되었다. 그러나, 그 빈도에 있어서는 차이를 보이는데, 통일신라 고분문화의 정형기인 Ⅱ기를 정점으로 하여 그 후 감소 추세를 보인다. 이러한 원인은, Ⅲ기 이후 새로운 시신안치시설로 관이 등장함에 따라 묘제가 다양해짐에 따른 것으로 보인다. 하지만, 이와 같은 감소에도 불구하고, Ⅱa식의 고분은 통일신라 최말기까지 사용된 것으로 보이고, 정형기인 Ⅱ기에 최대 수치를 보인다는 점에서 통일신라시대 지방 고분의 대표적인 형식이었던 것으로 판단된다.

다음으로 시신안치시설의 측면에서는 시상과 관이라는 두 가지 속성이 확인되는 가운데, Ⅲ기인 8세기 후엽 이후에 관이 시신안치시설로 등장한 점이 주목된다. 통일신라의 정형화된 유물상이 나타나는 Ⅱ기까지는 시상만이 사용되다가 정형화가 퇴색되는 Ⅲ기부터 관이 등장하는 것으로 미루어, 부장유물의 비정형화와 함께 관이라는 새로운 시신안치시설이 등장한 것으로 판단된다. 관은 Ⅲ기 이후 상대적으로 개체수가 감소하는 시상과 함께 비슷한 비율을 차지하며 사용되고 있다. 또한 이러한 관을 사용하는 매장형태가 고려시대에 일반적으로 확인된다는 점에서 8세기 후엽 이후 등장한 관이 지속적으로 발전해 고려시대까지 이어진 것을 알 수 있다.

시신안치시설의 변화에 따라 그 축조 방식에서도 변화가 확인된다. 앞서 살펴 본 바에 의하면, Ⅰ기에서는 A유형과 B유형이 비슷한 비율로 나타나고, Ⅱ기에서는 B유형이 대부분인 가운데 일부 A유형이 확인된다. 반면 Ⅲ기에서는 시상을 사용한 경우는 A유형과 B유형이, 관을 사용한 경우는 C유형이 대부분인 가운데 일부 A유형과 B유형이 나타나는 양상을 보인다. Ⅳ기는 D유형이 주류를 이루고 있다.

이와 같은 양상은 시신안치시설의 차이에 따른 것으로 판단된다. A유형이나 B유형은 시신을 안치할 수 있는 공간이 충분히 조성된 시상으로서의 기능을 하는 형태인 반면, C유형과 D유형은 시신을 바로 안치하는 것이 아니라 관을 받치기 위해 조성한 형태임을 볼 수 있다. 따라서 이러한 축조 방법의 차이는 시신안치시설의 종류에 따라 사용하고자 하는 용도에 맞게 변화된 것으로 파악된다. 한편, B유형의 시신안치시설이 Ⅱ기를 정점으로 하여 전후시기에 증가와 감소를 보이는 것으로 보아, 역시 Ⅱ기의 다른 요소들과 마찬가지로 통일신라시대 고분 구조에 있어 정형적인 시신안치시설 형태였음을 알 수 있다. B유형에서는 두침석이나 족침석이 확인되는 경우도 많아 별도의 조성된 공간에 두침석과 족침석을 갖춘 후 시신을 안치하는 정형화된 매장 풍습이 Ⅱ기에 성행한 것으로 판단된다.

이상 살펴 본 고분 형식의 사용 시기 변화를 통해 시상을 사용한 석곽묘가 통일신라 전반에 걸쳐 사용된 가운데, 특히 Ⅱ기의 정형기에 성행하여 통일신라 지방의 대표적 고분 양식이었음을 알 수 있었다. 또한 석실묘로 대표되는 대형고분이 지방에서 점차 소멸되고, 기존의 정형성이 붕괴되는 가운데 새로운 양식이 등장하는 8세기 후엽의 Ⅲ기에 새로운 양식인 관이 등장함을 알 수 있었다.

## 2. 역사적 배경

지금까지 살펴 본 바에 따르면 통일신라 지방 고분의 변화 양상은 다음과 같이 요약할 수 있다. 첫째, 무덤 형식면에서는 시상을 사용한 석곽묘가 통일신라 지방의 주요 묘제로 사용되는 가운데 전형적인 통일신라의 고분양식이 나타나는 Ⅱ기를 정점으로 하여 전후시기동안 증감하는 것을 알 수 있다. 둘째, 석실묘의 점진적인 소멸과정을 통해 지방에서 대형 고분이 점차 감소되다가 통일신라 말에는 완전히 사라짐을 알 수 있다. 셋째, 시상을 사용한 석곽묘가 감소함과 함께 Ⅲ기 이후 새로운 시신안치시설로 관이 등장하였다. 넷째, 시신안치시설을 축조하는 방식에 있어 Ⅱ기에 정형화된 형태로 묘실 내 일정공간에 할석을 쌓아 시설을 축조하는 방식이 성행하였으나, 이후 관의 사용과 함께 점차 간소화되어 Ⅳ기에 이르면 맨 바닥 구조가 등장하게 된다. 다섯째, 유물의 부장 방식에 있어 묘실 내 일정한 공간에 집중 매장하는 풍습이 Ⅱ기에 성행하였으나, 이후 분산매장이 일반화되어갔음을 알 수 있다. 끝으로, 석실묘의 감소와 궤를 같이 하여 다장의 풍습도 점차 단장으로 변화되는 양상을 보이고 있다. 이와 같은 변화 속에, 다음과 같은 고찰을 통해서 각 단계별 역사적 배경 및 의미를 간략히 살펴보고자 한다.

Ⅰ기는 기본적으로 신라 후기 전통과의 연속성 가운데 그 성격을 파악할 수 있다. 7세기 중엽에서 후엽에 이르는 시기는 신라가 삼국 통일 전쟁을 거쳐 막 통일을 완성한 단계이다. 비록 통일은 이루었지만, 계속적으로 백제, 고구려 부흥운동 세력의 진압과 나당 전쟁 등으로 인해 신라는 전국 각지를 효율적으로 통제할 수 있는 정치적 통합을 이룩할 수 없었다. 이처럼 아직까지 불안정했던 당시의 정치·사회적 구조 속에 통일에 따른 새로운 문화의 성립과 발전은 기대할 수 없었고, 따라서 전 시기

인 신라 후기의 문화가 그대로 이어진 것으로 보인다. 통일 이전 단계로 편년되는 중원 누암리, 여주 매룡리 등의 고분에서는 신라가 이 지역을 영역화한 후 파급된 신라 후기의 전통이 그대로 나타나, 진흥왕 때의 삼국 영토 확장기부터 7세기 중엽 전후로 이어지는 신라 후기와의 연속성을 잘 보여주고 있다. 신라 후기 고분의 특징은 묘실 내에 높게 쌓은 高시상대 위에 족침석과 두침석을 마련해 시신을 안치하고 추가장 및 합장 등이 성행한 것 등을 들 수 있다. 이러한 경향은 용인 보정리 고분 등에서 30cm 가량의 높이로 쌓은 시상이나 충주 단월동 9호분의 5단 이상 쌓아올린 시상 등에서도 확인이 되고 있다. 이처럼 신라 후기의 고분 전통은 비록 신라가 삼국통일을 이룩하였다 하더라도 그 초기까지 그대로 이어져 고분의 연속성을 확인할 수 있다.

그러나, 이러한 신라 후기의 전통은 7세기 후엽 이후 Ⅱ기에 이르면 완전히 사라지고, 새로운 형태의 정형적인 통일신라 고분 양식이 성립된다. 7세기 후엽 이후의 통일신라 중기는 당과의 우호적인 관계 속에 사회적 안정을 도모한 가운데, 강력한 전제왕권과 지방통치가 이루어진 시기였다. 중앙에서는 귀족의 대표인 상대등의 권한이 약해지는 대신, 왕권의 방파제 역할을 하는 중시의 권한이 강해졌다. 지방에서는 왕경 중심의 지배체제를 관철시키기 위한 거점도시인 소경이 운영26)되고, 주-군-현의 지방 제도가 정비된 가운데 가장 작은 단위인 縣까지 중앙에서 少守나 縣令 등 관리가 파견되었다. 여기서 중요한 점은 중앙에서 파견된 현령이 지방의 토착 인물로 구성된 촌주보다 주도적으로 현을 이끌고 장악한 모습이다. 현령은 현의 관청격인 縣司를 구성하고 지방 사원과의 긴밀한 관계 속에 사찰의 조영과 鑄鐘사업 등을 주도적으로 이끌어가는 등 지방 사회에서 활발한 활동을 하였다.27) 이는 삼국 통일 이전의 신라에서 촌주

---

26) 김재홍, 2003, 「통일신라의 국가와 사회」, 『통일신라』, 국립중앙박물관, 283쪽.
27) 文聖王 18년(856)에 만들어진 『竅興寺鍾銘』에 의하면 현령 萱榮은 含梁 출신의

가 지방의 최고 유력자로서 실질적으로 현을 이끌었던 것과는 분명 달라
진 모습으로 중앙의 왕권 강화에 따라 왕을 대리하는 지방관에게 지역지
배의 실권이 부여되었음을 의미한다.[28] 물론, 통일신라 이전의 삼국시대
고대국가들 역시 중앙집권적 고대국가를 형성했다고 할 수 있으나, 통일
신라시대의 중앙집권적 지방 통제는 한반도 최초로 9주 5소경이라는 제
도적 장치를 통해 이루어졌고, 현 단위의 지방관 파견을 통해 지방 깊숙
한 곳까지 통치가 이루어졌다는 점에서 근본적으로 차이가 있다. 이러한
중앙집권을 통한 사회적 안정은 문화적 측면에도 영향을 미쳐, 불국사가
창건(751년)되는 등 통일신라 문화의 전성기를 구가하게 된다.

이와 같은 사회적 안정은 고분에도 적용되어, 전 시기와는 구별된 통일
신라만의 전형적인 양식을 성립시킬 수 있었다. 화려하면서도 정형화된
인화문 토기와 당식과대 등이 매장되고 석곽묘를 주된 묘제로 하여 두침
석과 시상을 갖춘 시신안치시설 위에 시신을 매장하는 II기의 고분 양상
은 이러한 통일신라 안정기의 정형 및 규격화된 고분 양식으로 규정할 수
있다.

그러나 8세기 후엽 이후의 III기에 이르면 통일신라의 전형적인 고분은
그 정형성이 붕괴되고, 새로운 양식의 시신안치시설 및 부장유물이 등장
하는 양상을 보이고 있다. 이러한 현상은 8세기 후엽의 신라 하대에 나타
나는 중앙집권의 붕괴와의 관계 속에 생각할 수 있다. 전 단계까지 강력
하게 유지되었던 중앙집권은 통일신라 고분에 있어 정형화를 이룬 원동
력이 될 수 있었다. 그러나, 중앙의 통제가 약해짐에 따라 강하게 통제되
던 고분 양식의 정형화는 각 지방별로 붕괴되기 시작한 것으로 이해된다.
중앙에서 부여한 정형과대가 쇠퇴하는 가운데 지방 각지에서 비정형과대
가 개별적으로 생산·성행하고, 정형화되었던 토기 양상이나 무덤 내 부

---

왕경인으로 鑄鐘사업 등 각종 관내 사업에 활발하게 활동했음을 알 수 있다.
28) 김재홍, 2003, 위의 글, 283쪽.

장 형식이 붕괴되는 것은 바로 이와 같은 비정형화를 보여주는 단면이라 할 수 있다.

이러한 정형·규격화의 붕괴 양상은 Ⅳ기에 이르면 더욱 심화되는데, 다음 시대인 고려시대로 이어지는 연속성이 확인된다. 고려 전기에는 통일신라 후기에 등장한 관의 사용이 보편화되어 일반적으로 사용되고, 무덤 바닥에 별도의 시설을 만들지 않고 맨바닥에 관을 안치하는 경우가 많다. 또한 매장 풍습에 있어서도 단독장을 원칙으로 하고, 유물 역시 분산하여 부장하는 경향이 많다. 이러한 경향은 통일신라 Ⅳ기의 양상과 유사한 것으로 통일신라 말에 성립된 고분 양식의 전통이 고려 초까지 그대로 이어졌음을 알 수 있다. 또한, Ⅰ기 이후 점차 감소하기 시작한 석실묘 등 대형고분은 Ⅳ기에 이르면 거의 소멸되는 양상을 보이는데, 고려시대에 이르러 왕족의 무덤 외에는 석실묘를 사용하는 예가 사라지는 현상 등을 통해 두 시기간의 연계성을 확인할 수 있다. 그리고 이와 같은 고분의 변화는 당시 후삼국 체제 하에서 극도로 혼란스러워진 사회상을 통해 이해할 수 있을 것이다. 후삼국시대의 혼란 속에, 중앙의 존재는 거의 유명무실했고, 이에 따라 기존 체제는 급속히 몰락하게 된다. 결국 이러한 혼란은 새로운 시대로의 변화를 필요로 하게 되고, 다음 시대인 고려시대로의 전이 과정이 고분을 통해 나타난 것으로 이해된다.


## Ⅴ. 맺음말


지금까지 한반도 중서부 지방에서 확인된 고분을 중심으로 통일신라시대 지방 고분의 형식과 편년을 설정하고, 이를 토대로 고분 변화 양상 및 그 변화 배경에 대해 살펴보았다. 그 결과, 먼저 통일신라의 지방 고분은 무덤종류에 있어 석실묘와 석곽묘, 시신안치시설에 있어 시상과 관이라는 속성을 조합하여 모두 4가지의 형식으로 구분할 수 있다. 그리고 이러한 형식과 부장유물을 통한 편년 설정에 기초하여 통일신라의 고분이 모두 4단계에 걸쳐 변화되었음을 알 수 있었다. 우선 Ⅰ기는 신라 후기의 전통이 남아있는 7세기 중엽에서 7세기 후엽에 이르는 시기로 아직까지 통일신라의 정형화된 고분 문화는 성립되지 않는다. 이 시기의 무덤 종류로는 석실묘와 석곽묘가 비슷한 비율로 사용되었다. 시신안치시설로는 시상만 사용되었는데, 신라 후기 高시상대의 전통이 남아 있기도 하다. 시신매장에 있어서는 추가장 및 합장 등 다장이 보편적으로 이루어졌고, 지방에서 여전히 대형분이 존재한다.

Ⅱ기는 통일신라시대의 정형화된 고분 문화가 성립하게 되는 7세기 후엽 이후의 시기이다. 이 시기에는 묘제상 석곽묘가 가장 널리 축조되어 통일신라시대 지방의 대표적 묘제로 자리한다. 석실묘는 이전 단계에 비해 감소하는 추세를 보이며, 특히 대형고분은 점차 소멸되어 간다. 시신안치시설로는 여전히 시상이 이용되며, 시상의 축조 방법 및 형태, 두침석과 족침석의 구비 등에서 정형화된 양상을 띤다. 시신매장에 있어서는 추가장 및 합장 등 다장이 전 단계보다는 감소되지만 여전히 이루어진다.

Ⅲ기는 묘제상, 특히 매장풍습에서 새로운 방식이 도입되는 劃期로서 8세기 후엽 이후의 시기에 해당한다. 이 시기에 나타나는 묘제상의 가장 큰 변화는 관의 등장과 단장의 유행이라 할 수 있다. 두침석·족침석의 소멸과 관못의 등장은 이 단계부터 목관을 사용하기 시작하였음을 여실히 보여주며, 또한 2~3차 시상대의 소멸은 단장의 일반화를 시사한다. 이런 묘제상의 변화와 함께 지방의 고분군에서 대형분이 점차로 사라져 가는 추세 역시 이 단계에 더욱 뚜렷해진다.

Ⅳ기는 전 단계에 나타난 정형성의 붕괴가 심화되고, 고려전기 묘제로 이행하는 9세기 중후엽 이후의 과도기적 시기이다. 이 단계의 가장 큰 특징은 더 이상 석실묘가 축조되지 않아 지방에서 대형고분이 소멸한다는 점이다. 그리고 이전단계부터 나타나기 시작한 묘제에서의 변화가 이 단계에 더욱 확산되어 시신매장에 있어서는 추가장과 합장이 완전히 사라지고 단독장이 보편화된다.

마지막으로, 위의 고고학적 분석과 검토를 토대로 통일신라시대 지방 고분에 투영된 역사적 배경에 대해 살펴보았다. 그 결과, 통일 이후 불안정한 사회가 점차 안정화되어가는 가운데, 중앙집권의 강화 등과 맞물려 묘제상의 정형화가 나타남을 알 수 있었다. 반면, 통일신라의 후기로 갈수록 사회의 안정화 및 중앙집권의 약화가 나타나면서 묘제에 있어서도 정형화가 붕괴되고 새로운 시대인 고려시대로의 전이가 나타남을 확인할 수 있었다.

한편, 본 연구는 어디까지나 한반도 중서부 지방을 대상으로 이루어졌다는 점에서 한계를 지닌다. 따라서 기타 지방 지역의 고분을 통한 방증 및 경주지역 고분과의 유기적 관계 속에서 고찰하는 작업이 필요하다. 이러한 내용에 관해서는 추후 연구를 통해 지속적으로 보완하도록 하겠다.

1. 시상 사용 석실묘(Ⅰa식)

| 고분명 | 무덤 종류 | 시신안치시설 | | | | 무덤구조 | | | 다장 여부 | 부장유물 | | 단계 (연대) |
|---|---|---|---|---|---|---|---|---|---|---|---|---|
| | | 종류 | 축조 방법 | 관못 | 두침 족침 | 묘실 형태 | 묘실크기 | 호석 | | 출토유물 | 부장 상태 | |
| 용인 보정리 8호 | 석실 | 시상 | B유형 | × | ○ | 종장방 | 300×95×100 | 무 | 추가장 | 고배, 대부완, 비정형과대 | ? | Ⅰ기(7C 중엽~) |
| 용인 보정리 17호 | 석실 | 시상 | B유형 | × | × | 종장방 | 320×153×? | 유 | 추가장 | 발, 대부완 | ? | Ⅰ기(7C 중엽~) |
| 파주 성동리 1호 | 석실 | 시상 | A유형 | × | × | 종장방 | 440×190×140 | 유 | · | 청동 요패 | ? | Ⅰ기(7C 중엽~) |
| 보은 부수리 3호 | 석실 | 시상 | B유형 | × | ○ | 종장방 | 240×163×? | 유 | 추가장 | 장경병, 고배, 개, 정형과대, 완 | 집중 | Ⅰ기(7C 중엽~) |
| 음성 문촌리 나-3호 | 석실 | 시상 | B유형 | × | ○ | 종장방 | 240×150×55 | 무 | 추가장 | 유개고배, 유개대부완, 장경병 등 | 집중 | Ⅰ기(7C 중엽~) |
| 충주 큰골 3호 | 석실 | 시상 | A유형 | × | ○ | 종장방 | 231×111×? | 무 | 합장 | 유개고배, 장경병 등 | 집중 | Ⅰ기(7C 중엽~) |
| 충주 큰골 4호 | 석실 | 시상 | B유형 | × | ○ | 정방 | 228×234×? | 무 | 추가장 | 유개 고배, 개 등 | 집중 | Ⅰ기(7C 중엽~) |
| 충주 단월동 9호 | 석실 | 시상 | B유형 | × | × | 종장방 | 220×172×? | 유 | · | 수적형문, 이중원문 문양 토기편 | ? | Ⅰ기(7C 중엽~) |
| 여주 상리 94-3호 | 석실 | 시상 | A유형 | × | × | 종장방 | 247×200×? | 무 | 합장 | 정형과대편 | ? | Ⅱ기(7C 후엽~) |
| 보은 부수리 1호 | 석실 | 시상 | B유형 | × | ○ | 종장방 | 225×184×? | 유 | 추가장 | 장경병, 개, 완, 정형과대 등 | 집중 | Ⅱ기(7C 후엽~) |
| 충주 단월동 6호 | 석실 | 시상 | B유형 | × | ○ | 종장방 | 215×150×? | 무 | · | 장경병, 개 등 | 집중 | Ⅱ기(7C 후엽~) |
| 영동 가곡리 고분 | 석실 | 시상 | B유형 | × | ○ | 종장방 | 230×153×? | 무 | 추가장 | 유개대부완, 장경병, 정형과대 등 | 집중 | Ⅱ기(7C 후엽~) |

2. 시상 사용 석곽묘(IIa식)

| 고분명 | 무덤종류 | 시신안치시설 | | | | 무덤구조 | | | 다장여부 | 부장유물 | | 단계(연대) |
| --- | --- | --- | --- | --- | --- | --- | --- | --- | --- | --- | --- | --- |
| | | 종류 | 축조방법 | 관못 | 두침족침 | 묘실형태 | 묘실크기 | 호석 | | 출토유물 | 부장상태 | |
| 부천 고강동 5차 3호 | 석곽 | 시상 | A유형 | × | × | 종장방 | 250×184×92 | 무 | · | 연장발, 장경병 | 집중 | I기(7C 중엽~) |
| 음성 미곡리 1호 | 석곽 | 시상 | A유형 | × | ○ | 종장방 | 130×35 | 무 | · | 장경병, 유개고배 | 집중 | I기(7C 중엽~) |
| 음성 문촌리 5호 | 석곽 | 시상 | A유형 | × | × | 종장방 | 104×42 | 무 | · | 개, 고배 | ? | I기(7C 중엽~) |
| 청주 명암동 98-2호 | 석곽 | 시상 | B유형 | × | ○ | 종장방 | 300×270×80 | 무 | · | 장경병, 유개고배, 누암리식과대 등 | 집중 | I기(7C 중엽~) |
| 청주 명암동 99-2호 | 석곽 | 시상 | A유형 | × | ○ | 종장방 | 210×90×70 | 무 | · | 연질완, 파수부호 | 집중 | I기(7C 중엽~) |
| 청주 용정 I-6호 | 석곽 | 시상 | B유형 | × | × | 종장방 | 324×210×80 | 무 | · | 고배, 개 | 집중 | I기(7C 중엽~) |
| 충주 수룡리 4호 | 석곽 | 시상 | B유형 | × | ○ | 종장방 | 250×125×? | 무 | · | 유개대부완, 고배 | 집중 | I기(7C 중엽~) |
| 부여 갓점골 6호 | 석곽 | 시상 | A유형 | × | × | 종장방 | 196×96×? | 무 | · | 대부완 | 집중 | I기(7C 중엽~) |
| 용인 근삼리 1호 | 석곽 | 시상 | B유형 | × | ○ | ? | 145×104 | 무 | · | 장경병, 대부완, 개 | 집중 | II기(7C 후엽~) |
| 용인 덕풍동 1호 | 석곽 | 시상 | B유형 | × | × | 종장방 | 180×80×45 | 무 | · | 정형과대 | ? | II기(7C 후엽~) |
| 용인 덕풍동 4호 | 석곽 | 시상 | B유형 | × | × | 종장방 | 200×90×50 | 무 | · | 장경병, 대부완 | 집중 | II기(7C 후엽~) |
| 군포 산본 1호 | 석곽 | 시상 | B유형 | × | × | 종장방 | 242×95×? | 유 | · | 유개대부완, 대부완, 정형과대 | 집중 | II기(7C 후엽~) |
| 군포 산본 3호 | 석곽 | 시상 | B유형 | × | × | 종장방 | 330×190×? | 무 | · | 인화문 장경병 | 집중 | II기(7C 후엽~) |
| 군포 산본 6호 | 석곽 | 시상 | A유형 | × | × | 종장방 | 260×110×106 | 무 | · | 정형과대, 토기편 | ? | II기(7C 후엽~) |
| 부천 고강동 4차 6호 | 석곽 | 시상 | A유형 | × | ○ | 종장방 | 210×70×68 | 무 | · | 대부완, 개 | 집중 | II기(7C 후엽~) |
| 부천 고강동 5차 1호 | 석곽 | 시상 | B유형 | × | ○ | 종장방 | 370×185×108 | 유 | · | 유개대부완, 장경병 | 집중 | II기(7C 후엽~) |

| 고분명 | 무덤<br>종류 | 시신안치시설 | | | | 무덤구조 | | | 다장<br>여부 | 부장유물 | | 단계<br>(연대) |
| | | 종류 | 축조<br>방법 | 관못 | 두침<br>족침 | 묘실<br>형태 | 묘실크기 | 호석 | | 출토유물 | 부장<br>상태 | |
|---|---|---|---|---|---|---|---|---|---|---|---|---|
| 음성 미곡리 2호 | 석곽 | 시상 | B유형 | × | × | 종장방 | 152×40 | 무 | · | 장경병 | ? | Ⅱ기(7C 후엽~) |
| 음성 미곡리 9호 | 석곽 | 시상 | B유형 | × | ○ | 종장방 | 180×90 | 무 | · | 개, 대부완 | 집중 | Ⅱ기(7C 후엽~) |
| 음성 문촌리 2호 | 석곽 | 시상 | B유형 | × | ○ | 종장방 | 100×55 | 무 | · | 개, 대부완 | 집중 | Ⅱ기(7C 후엽~) |
| 청주 명암동 99-1호 | 석곽 | 시상 | B유형 | × | ○ | 종장방 | 210×71×95 | 무 | · | 대부완 | 집중 | Ⅱ기(7C 후엽~) |
| 청주 명암동 99-3호 | 석곽 | 시상 | B유형 | × | ○ | 종장방 | 120×50×30 | 무 | · | 대부완 | 집중 | Ⅱ기(7C 후엽~) |
| 청주 명암동 99-4호 | 석곽 | 시상 | B유형 | × | ○ | 종장방 | 220×50×50 | 무 | · | 유개대부완, 파수부호 등 | 집중 | Ⅱ기(7C 후엽~) |
| 청주 용정 Ⅰ-7호 | 석곽 | 시상 | B유형 | × | ○ | 종장방 | 210×145×35 | 무 | · | 유개대부완, 파수부호 | 집중 | Ⅱ기(7C 후엽~) |
| 청주 용정 Ⅱ-2호 | 석곽 | 시상 | B유형 | × | ○ | 종장방 | 279×177×47 | 무 | · | 대부완, 유개호, 정형과대, 개 | 집중 | Ⅱ기(7C 후엽~) |
| 청주 용정 Ⅱ-4호 | 석곽 | 시상 | B유형 | × | ○ | ? | 90×164×25<br>(잔존) | 무 | · | 대부완, 개 | 집중 | Ⅱ기(7C 후엽~) |
| 청주 용담동 2호 | 석곽 | 시상 | B유형 | × | ○ | 종장방 | 170×95×55 | 무 | · | 대부완, 파수부호 | 집중 | Ⅱ기(7C 후엽~) |
| 청주 용담동 4호 | 석곽 | 시상 | A유형 | × | ○ | 종장방 | 148×55×70 | 무 | · | 장경병, 완, 철도자 등 | 집중 | Ⅱ기(7C 후엽~) |
| 청주 용담동 5호 | 석곽 | 시상 | B유형 | × | ○ | 종장방 | 170×70×70 | 무 | · | 유개대부완 | 집중 | Ⅱ기(7C 후엽~) |
| 청주 용담동 12호 | 석곽 | 시상 | A유형 | × | ○ | 종장방 | 210×80×60 | 무 | · | 장경병, 대부완 | 집중 | Ⅱ기(7C 후엽~) |
| 청주 분평동 Ⅱ-1호 | 석곽 | 시상 | B유형 | × | ○ | 종장방 | 310×182 | 무 | · | 유개대부완, 완, 호 | 집중 | Ⅱ기(7C 후엽~) |
| 청원 남촌리 401호 | 석곽 | 시상 | A유형 | × | × | 종장방 | 340×160 | 무 | · | 개 | ? | Ⅱ기(7C 후엽~) |
| 청원 남촌리 406호 | 석곽 | 시상 | B유형 | × | ○ | 종장방 | 280×170 | 무 | · | 유개대부완, 개 | 집중 | Ⅱ기(7C 후엽~) |

| 고분명 | 무덤종류 | 시신안치시설 | | | | 무덤구조 | | | 다장여부 | 부장유물 | | 단계(연대) |
|---|---|---|---|---|---|---|---|---|---|---|---|---|
| | | 종류 | 축조방법 | 관못 | 두침족침 | 묘실형태 | 묘실크기 | 호석 | | 출토유물 | 부장상태 | |
| 충주 수룡리 2호 | 석곽 | 시상 | B유형 | × | ○ | 종장방 | 180×65×? | 무 | · | 유개대부완, 개 | 집중 | Ⅱ기(7C 후엽~) |
| 충주 단월동 4호 | 석곽 | 시상 | B유형 | × | × | ? | ? | 무 | · | 대부완, 개 | 집중 | Ⅱ기(7C 후엽~) |
| 대전 노은동 A-2지구 2호 | 석곽 | 시상 | B유형 | × | ○ | 종장방 | 245×110×? | 무 | · | 대부완, 유개대부완, 정형과대 | 집중 | Ⅱ기(7C 후엽~) |
| 대전 노은동 A-4지구 1호 | 석곽 | 시상 | B유형 | × | ○ | 종장방 | 292×195×? | 무 | · | 대부완 | ? | Ⅱ기(7C 후엽~) |
| 광주 대쌍령리 9호 | 석곽 | 시상 | B유형 | × | ○ | 종장방 | ? | 무 | · | 유개대부완, 장경병 | 집중 | Ⅱ기(7C 후엽~) |
| 여주 상리 97-3호 | 석곽 | 시상 | B유형 | × | × | 종장방 | 283×199×127 | 무 | · | 장경병 | ? | Ⅲ기(8C 후엽~) |
| 군포 산본 5호 | 석곽 | 시상 | A유형 | × | × | 종장방 | 235×98 | 무 | · | 호, 비정형과대 | ? | Ⅲ기(8C 후엽~) |
| 청주 용담동 8호 | 석곽 | 시상 | B유형 | × | ○ | 종장방 | 210×77×35 | 무 | · | · | ? | Ⅲ기(8C 후엽~) |
| 청주 용담동 9호 | 석곽 | 시상 | A유형 | × | × | 종장방 | 190×65×70 | 무 | · | 유개대부완 | 집중 | Ⅲ기(8C 후엽~) |
| 청주 용담동 15호 | 석곽 | 시상 | A유형 | × | ○ | 종장방 | 180×84×50 | 무 | · | 대부완, 호 | 분산 | Ⅲ기(8C 후엽~) |
| 청원 남촌리 405호 | 석곽 | 시상 | B유형 | × | ○ | 종장방 | 230×155 | 무 | · | 대부완, 개 | 분산 | Ⅲ기(8C 후엽~) |
| 대전 노은동 A-2지구 1호 | 석곽 | 시상 | ? | × | × | 종장방 | 218×100×? | 무 | · | 호, 비정형과대 | ? | Ⅲ기(8C 후엽~) |
| 대전 노은동 A-4지구 3호 | 석곽 | 시상 | B유형 | × | ○ | 종장방 | 255×145×? | 무 | · | 비정형과대 | ? | Ⅲ기(8C 후엽~) |
| 음성 문촌리 1호 | 석곽 | 시상 | D유형 | × | × | 종장방 | 210×70 | 무 | · | 비정형과대 | ? | Ⅳ기(9C 중후엽~) |
| 청주 용담동 1호 | 석곽 | 시상 | A유형 | × | × | 종장방 | 200×90×90 | 무 | · | 장경병, 대부완, 비정형과대 | 분산 | Ⅳ기(9C 중후엽~) |
| 청주 용담동 24호 | 석곽 | 시상 | D유형 | × | × | 종장방 | 230×80×60 | 무 | · | 병, 유개대부완, 비정형과대 | 분산 | Ⅳ기(9C 중후엽~) |

3. 관 사용 석실묘( I b식)

| 고분명 | 무덤 종류 | 시신안치시설 | | | | 무덤구조 | | | 다장 여부 | 부장유물 | | 단계 (연대) |
|---|---|---|---|---|---|---|---|---|---|---|---|---|
| | | 종류 | 축조 방법 | 관못 | 두침 족침 | 묘실 형태 | 묘실크기 | 호석 | | 출토유물 | 부장 상태 | |
| 여주 상리 94-5호 | 석실 | 관 | B유형 | ○ | × | 정방 | 232×210×? | 유 | 합장 | 호 구연부 | ? | Ⅲ기(8C 후엽~) |
| 파주 법흥리 A-1호 | 석실 | 관 | C유형 | ○ | × | 종장방 | 230×145 ×68 | 무 | · | 유개대부완, 유개파수부호, 비정형과대 등 | 분산 | Ⅲ기(8C 후엽~) |
| 음성 문촌리 다-1호 | 석실 | 관 | D유형 | ○ | × | 종장방 | 276×238×? | 무 | · | 장경병, 환병, 정형 및 비정형과대 | 분산 | Ⅲ기(8C 후엽~) |
| 충주 단월동 5호 | 석실 | 관 | A유형 | ○ | × | 종장방 | 250×190×? | 무 | 합장 | 병 | ? | Ⅲ기(8C 후엽~) |

4. 관 사용 석곽묘(IIb식)

| 고분명 | 무덤종류 | 시신안치시설 | | | | 무덤구조 | | | 다장여부 | 부장유물 | | 단계(연대) |
|---|---|---|---|---|---|---|---|---|---|---|---|---|
| | | 종류 | 축조방법 | 관못 | 두침족침 | 묘실형태 | 묘실크기 | 호석 | | 출토유물 | 부장상태 | |
| 파주 법흥리 A-2호 | 석곽 | 관 | C유형 | ○ | × | 종장방 | 234×91×44 | 무 | · | 비정형과대 | ? | Ⅲ기(8C 후엽~) |
| 파주 법흥리 A-4호 | 석곽 | 관 | C유형 | ○ | × | 종장방 | 220×93×86 | 유 | · | 비정형과대 | ? | Ⅲ기(8C 후엽~) |
| 파주 법흥리 A-5호 | 석곽 | 관 | C유형 | ○ | × | 종장방 | 206×93×98 | 무 | · | 비정형과대 | ? | Ⅲ기(8C 후엽~) |
| 파주 법흥리 B-2호 | 석곽 | 관 | C유형 | ○ | × | 종장방 | 254×130×100 | 무 | · | 유개대부완, 비정형과대 | 분산 | Ⅲ기(8C 후엽~) |
| 파주 법흥리 B-3호 | 석곽 | 관 | C유형 | ○ | × | 종장방 | 215×88×30 | 무 | · | 비정형과대 | ? | Ⅲ기(8C 후엽~) |
| 음성 오궁리 4호 | 석곽 | 관 | B유형 | ○ | × | 종장방 | 245×110×? | 무 | · | · | ? | Ⅲ기(8C 후엽~) |
| 청주 용담동 7호 | 석곽 | 관 | C유형 | ○ | × | 종장방 | 230×55×110 | 무 | · | 정형 및 비정형과대 | ? | Ⅲ기(8C 후엽~) |
| 청주 용담동 17호 | 석곽 | 관 | B유형 | × | × | 종장방 | ?×75×? | 무 | · | 병, 완 | 분산 | Ⅲ기(8C 후엽~) |
| 청주 용정 Ⅰ-3호 | 석곽 | 관 | C유형 | ○ | × | ? | 137×205×49 (잔존) | 무 | · | · | ? | Ⅲ기(8C 후엽~) |
| 청주 용정 Ⅰ-4호 | 석곽 | 관 | C유형 | ○ | × | ? | 120×165×45 (잔존) | 무 | · | · | ? | Ⅲ기(8C 후엽~) |
| 청주 용정 Ⅱ-7호 | 석곽 | 관 | B유형 | ○ | × | 종장방 | 292×190×92 | 무 | · | · | ? | Ⅲ기(8C 후엽~) |
| 청양 장승리 A-24호 | 석곽 | 관 | A유형 | ○ | × | 종장방 | 200×98×? | 무 | · | 장경병, 대부완 | 분산 | Ⅲ기(8C 후엽~) |
| 청주 용담동 26호 | 석곽 | 관 | D유형 | ○ | × | 종장방 | 130×50×60 | 무 | · | · | ? | Ⅳ기(9C 중후엽~) |
| 광주 대쌍령리 3호 | 석곽 | 관 | D유형 | ○ | × | 종장방 | ? | 무 | · | 병, 완 | 분산 | Ⅳ기(9C 중후엽~) |
| 광주 대쌍령리 4호 | 석곽 | 관 | D유형 | ○ | × | 종장방 | ? | 무 | · | 병, 완 | 분산 | Ⅳ기(9C 중후엽~) |

〈참고 문헌〉

국사편찬위원회, 1998, 「통일신라」, 『한국사』9.

___________, 2005, 『상장례, 삶과 죽음의 방정식』, 두산동아.

金三代子, 1990, 「喪葬禮 用具 및 用品」, 『영원한 만남-한국 상장례』, 국립민속박
　　　물관.

김재홍, 2003, 「통일신라의 국가와 사회」, 『통일신라』, 국립중앙박물관.

김호진, 1999, 『신라 횡혈식석실분 연구 : 경주지역과 한강유역의 비교』, 영남대학
　　　교 석사학위논문.

도형훈, 2006, 『통일신라시대 지방고분 연구-한반도 중서부 지방을 중심으로』, 성균
　　　관대학교 석사학위논문.

박경원·정원경, 1983, 「永泰二十年銘製壺」, 『부산직할시립박물관연보』6, 부산직할
　　　시립박물관.

山本孝文, 2001, 「고분자료로 본 신라세력의 호서지방 진출」, 『호서고고학』4·5합
　　　본, 호서고고학회.

_______, 2004, 「한반도의 당식과대와 그 역사적 의의」, 『영남고고학』34, 영남고고
　　　학회.

영암군·이화여자대학교박물관, 1999, 『영암의 토기전통과 구림도기』, 이화여자대
　　　학교출판부.

이화여자대학교박물관, 1987, 『통일신라·고려 질그릇』.

이희인, 2004, 「중부지방 고려고분의 유형과 계층」, 『한국상고사학보』제45권, 한국
　　　상고사학회.

이희준, 1994, 「부여 정림사지 蓮池유적 출토의 신라 인화문토기」, 『한국고고학보』
　　　31, 한국고고학회.

조유전·신창수, 1986, 「경주 용강동고분 발굴조사 개보」, 『문화재』19, 문화재관리
　　　국.

차순철, 2005, 「경주 월산리유적 B-1호분 출토 교구에 대하여」, 『慶研考古』5, 국립
　　　경주문화재연구소.

최근영, 1999, 『통일신라시대의 지방세력연구』(증보판), 신서원.

최맹식, 1991, 「통일신라 줄무늬 및 덧띠무늬 토기병에 관한 소고」, 『문화재』24, 문
　　　화재관리국.

최병현, 1992, 『신라고분연구』, 일지사.

한유진, 1993, 『통일신라의 경질도기』, 이화여자대학교 석사학위논문.

홍보식, 2001, 「6~7세기대 신라토기의 제문제」, 『6~7세기 영남지방의 고고학』, 영남 고고학회.

______, 2001, 『6~7세기대 신라고분 연구』, 부산대학교 박사학위논문.

______, 2004, 「통일신라토기의 상한과 하한」, 『영남고고학』34, 영남고고학회.

高正龍, 2000, 「葛項寺石塔 と 舍利容器」, 『朝鮮古代硏究』2, 朝鮮古代硏究會.

宮川禎一, 1988, 「新羅陶質土器硏究の一視点」, 『古代文化』40-6.

______, 1993, 「新羅印花文陶器變遷の劃期」, 『古文化談叢』30-中, 九州古文化硏 究會.

______, 2000, 「新羅印花紋土器の 文樣分析－慶州雁鴨池出土土器の 檢討」, 『朝 鮮古代硏究』2, 朝鮮古代硏究會.

關野雄, 1988, 『新中國の考古學』, 中國社會科學院 考古硏究所.

段鵬琦, 1984, 「唐代墓葬的攴掘与硏究」, 『新中國的考古發現和硏究』.

阿部義平, 1976, 「銙帶と官位制について」, 『東北考古學の諸問題』, 東北考古學會.

尹藤玄三, 1983, 「八世紀の銙帶に示される授位」, 『法政史學』36, 法政大學史學會.

井上尙明, 1987, 「銙帶をめぐる二, 三の問題」, 『埼玉の考古學』, 新人物往來社.

田中廣明, 1990, 「律令時代の身分表象Ⅰ」, 『土曜考古』15, 土曜考古學研究會.

______, 1991, 「律令時代の身分表象Ⅱ」, 『土曜考古』16, 土曜考古學研究會.

許自然, 2006, 『중국 황토 지역의 역대 무덤들』(최무장 역), 백산자료원.

# 고려시대 무덤의 변천 제5장

이희인 _ 인천광역시립박물관

## I. 머리말

고려시대는 삼국~통일신라시대 석축묘의 전통이 점차 소멸되면서 토광묘가 보편적인 묘제로 자리 잡게 되는 시기로 우리나라 묘제사에서 하나의 전환기라 할 수 있다. 또한 지역이나 집단별로 차별적이었던 이전시기의 묘제와 달리 무덤구조와 부장유물이 전국적으로 보편화되는 양상이 나타나게 된다. 고려시대에 시작된 묘제의 변화는 조선을 거쳐 근대에 이르기까지의 우리나라 무덤문화의 큰 틀을 이루게 된다.

그러나 고려시대 묘제는 고고학과 문헌사의 점이지대에서 그동안 연구자료로 인정받지 못하였다. 최근 고려시대 무덤이 가지는 학술적 가치에 대한 인식이 증대함에 따라 관련 연구도 조금씩 진전되면서 무덤의 입지와 매장법, 부장품 등에 관한 대강의 내용이 밝혀지고 있다. 그렇지만 기왕의 연구수준은 아직까지 고고학적 자료해석의 첫 단계라 할 수 있는 편년설정에 대한 논의도 구체적으로 이루어지지 않고 있는 초보적인 단계에 머물고 있다.

사실 고려시대 무덤의 편년은 용이하지 않다. 고려시대 무덤 가운데 대부분을 차지하는 석곽묘와 토광묘는 아주 단순한 구조를 띠고 있어 시간의 흐름에 따른 무덤의 구조나 형태상의 변화를 감지하기 어렵다. 또한 무덤 편년의 기준이 되는 자기류의 편년이 미술사적 해석에 의존하고 있으며 그 또한 다양한 이견이 존재하기 때문이다.

이처럼 지금 단계에서 고려시대 무덤을 삼국시대처럼 세부적으로 편년하는 것은 쉽지 않다. 다만 당대의 묘제를 이해하기 위해서 시간의 흐름에 따른 변화과정을 파악하는 것이 필수적이기 때문에 지금까지의 자료를 바탕으로 대략적이나마 전반적인 흐름을 살펴볼 필요가 있다. 따라서 이 글에서 고려시대 무덤의 개략적인 변천과정을 묘제별로 살펴보도록 하겠다.

## II. 무덤의 유형

고려시대 무덤은 크게 石室墓와 石槨墓, 土壙墓 등으로 분류할 수 있다.[1) 이상의 무덤들은 고려시대 이전부터 전통적으로 사용되었던 것으로

---

1) 灰槨墓가 고려시대부터 축조되었다고 보기도 하며, 실제 존재할 가능성도 있다. 그러나 아직까지 고려시대에 전형적인 회곽묘가 조성되었다고 볼 만한 자료는 없는 것으로 판단되며 그에 따라 조선시대 묘제로 보는 것이 적절할 것이다.

통일신라 묘제의 전통을 잇고 있지만 묘제별로 세부적인 구조와 형태에서 적지 않은 차이가 있다.

석실묘는 고려 왕실의 묘제로 사용되었다. 석실묘의 매장주체부는 횡구식 석실로 장축비 1.1~1.3:1의 장방형의 형태로 규모는 대략 2.8~3.6×2.2~3.4, 높이 2m 내외다(도면 1). 판석 또는 할석을 이용 벽체를 축조하고 천정은 판석 수 매로 마감해 평천장을 이룬다. 입구인 남벽은 바닥에 문지방석을 깔고, 양 장벽에 기둥돌을 세운 뒤 판석 1매로 마감한다. 입구에서는 나무문으로 이중문을 설치한 흔적이 남아있는 예가 많다. 석실의 중앙에는 보통 관대가 설치되며, 석실바닥은 석비레층을 그대로 사용하기도 하지만 판돌 또는 벽돌을 까는 예가 많다. 사면 벽과 천장에는 대부분 벽화가 그려진다. 묘역구조는 산지에 위치함에 따라 경사면을 따라 석단을 이용해 3~4단의 계단식으로 조성되며, 최상단에 위치한 봉분 주변으로 봉분의 남쪽을 제외한 삼면을 둘러싸는 曲墻 구조가 특징적이다. 고려시대 석실묘는 평천장의 횡구식으로 통일신라시대의 궁릉상 천정의 횡혈식 석실과 대비되는데 이러한 석실구조의 변화에 대한 배경과 과정은 아직 알려져 있지 않다.

석곽묘는 4벽을 판석이나 할석을 이용해 축조하고 내부에 목관을 안치하는 형태다(도면 1, 2). 석곽묘는 축조방식에 따라 다듬어진 板石으로 사방 벽면과 덮개를 구성하는 板石造石槨墓와 치석된 割石 또는 자연석을 이용해 벽체를 축조하는 割石造石槨墓로 구분된다.

판석조석곽묘는 매장주체부가 횡구식으로 잘 다듬어진 板石으로 네 벽면과 바닥, 덮개를 이루고 있고 내부에 벽화가 그려지고 있어 소형 석실묘로도 불리기도 한다. 그러나 이 석곽묘는 석실묘에 비해 장폭비가 2.3~2.5:1 가량으로 보다 장방형에 가까우며 높이도 대부분 1m 내외로 석실보다는 석곽으로 보는 것이 적절하다. 또한 파주 서곡리 벽화묘[2]와 같이

---

2) 국립문화재연구소, 1993, 『파주서곡리고려벽화묘 발굴조사보고서』.

고려의 고위관료의 무덤으로 주요 사용되었던 것으로 판단됨에 따라 왕릉의 석실묘와 구분하여 별도의 유형으로 보는 것이 적절할 것으로 보인다. 따라서 석곽 축조재료에 따라 할석으로 축조된 일반적인 석곽묘와 구분하기 위해 판석조석곽묘로 구분하고자 한다. 이 판석조석곽묘는 석실묘와 함께 고려시대에 새롭게 등장한 유형이다.

할석조석곽묘(이하 석곽묘)는 판석조석곽묘에 비해 규모가 작고, 벽체가 깨진 할석을 이용해 쌓는 유형으로 이전시기부터 전통적으로 사용되어온 유형이다. 그렇지만 통일신라시대에 시상대가 설치되었던 것과는 달리 목관사용이 일반적으로 되면서 석곽묘에서 시상대가 사라지는 변화가 나타난다. 또한 수혈식과 횡구식 석곽묘가 공존하는데 횡구식석곽묘의 경우 통일신라 횡구식석곽묘처럼 추가장을 전제로 하지는 않는다. 석곽묘에는 매장주체부 이외에 별도의 시설이 설치되지 않는 것이 보통이지만 고려 후기에 들어 전면에 3단의 석단 등 석실묘의 묘역시설을 모방하는 예도 확인된다(도면 2).

토광묘는 구덩이를 파고 목관 또는 시신을 직접 안치하는 단순한 형태로 석곽묘와 더불어 고려시대 가장 보편적으로 사용되는 묘제다. 토광의 규모는 대략 180~270cm, 너비 40~70cm 정도로, 별도의 시설 없이 매장주체부만 조성되는 것이 대부분이다. 그러나 석곽묘에서와 같이 고려 후기에 접어들면서 전면에 석단이 설치되거나 3면에 곡장이 설치되는 경우도 나타나고 있다. 토광묘도 수십 기가 모여 고분군을 형성한다(도면 2).

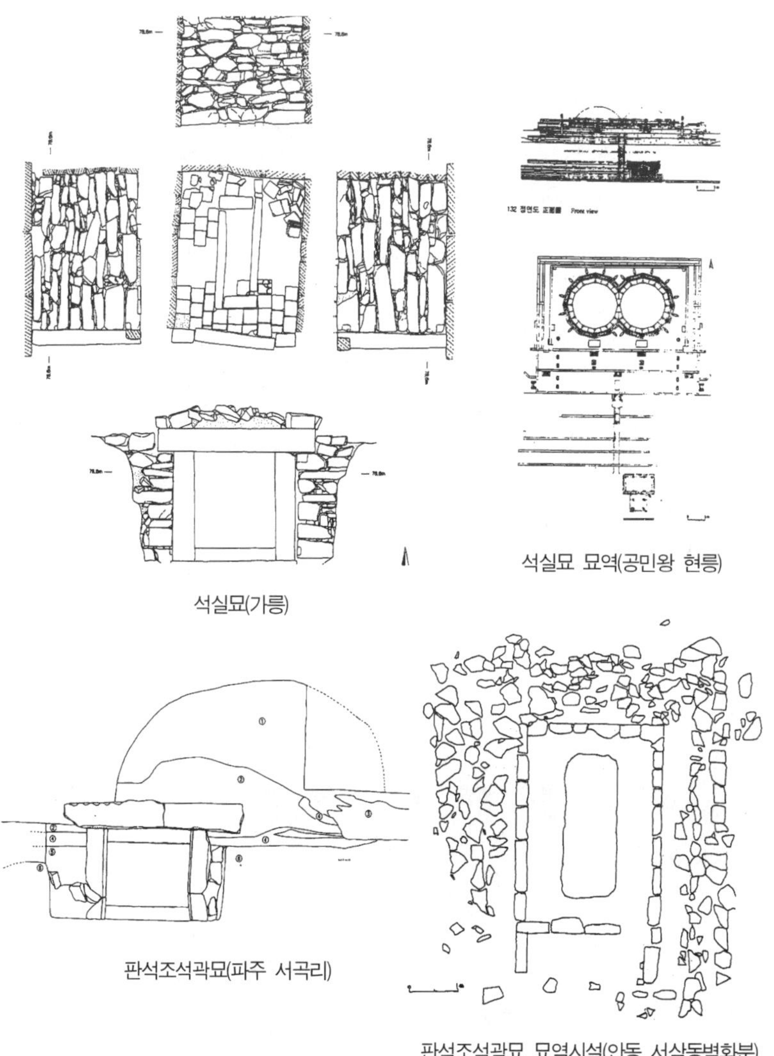

석실묘(가릉)

석실묘 묘역(공민왕 현릉)

판석조석곽묘(파주 서곡리)

판석조석곽묘 묘역시설(안동 서삼동벽화분)

〈도면 1〉 고려 석실묘와 판석조석곽묘

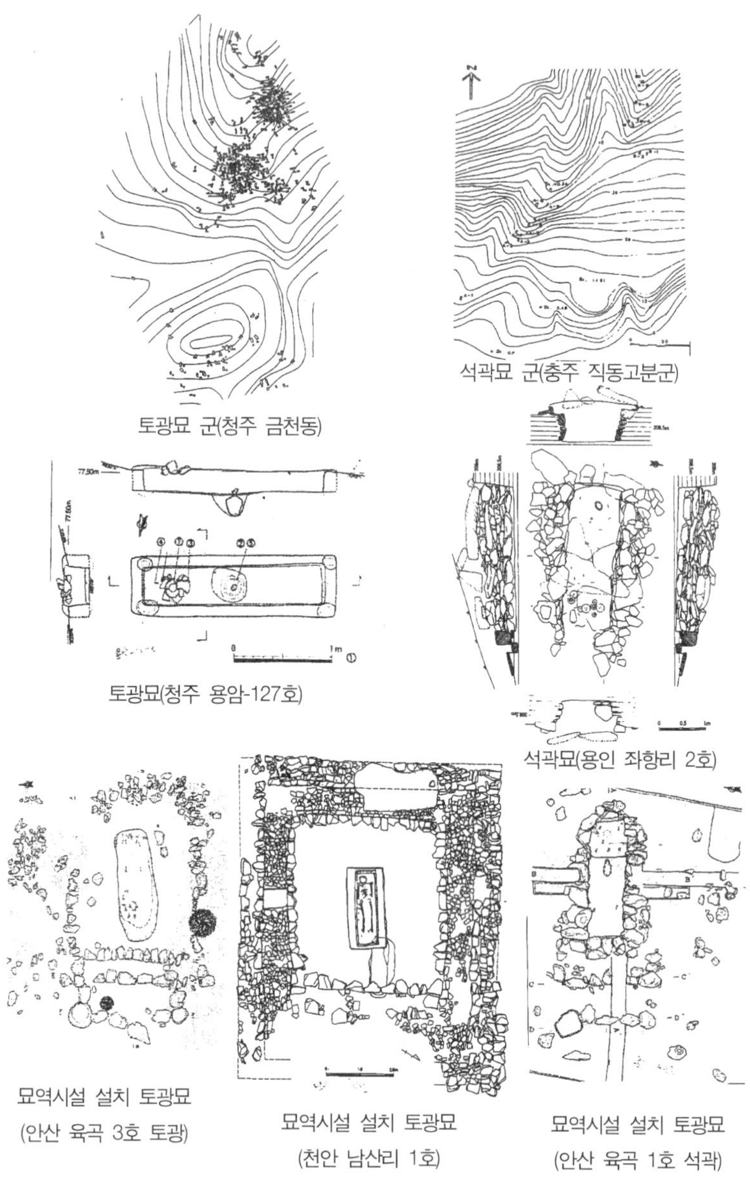


〈도면 2〉 고려 석곽묘와 토광묘

이 밖에 고려시대는 불교식 火葬이
성행했던 것으로 알려져 있다.3) 화장은
통일신라시대부터 본격적으로 사용된 장
법으로 고려시대 묘지명에서 화장의 예
가 다수 확인된다. 지금까지 고고학적
유적에서 화장이 성행했던 흔적이 확인
된 예는 거의 없는데 석관묘와 일반용기
에 화장한 유골을 안치했던 것으로 파악
되고 있다. 석관묘는 판석 6매를 조립해
만든 1m 내외의 상자 형태다. 외면에는
사신도등이 선각되어 있으며 전체적으
로 석실묘를 축소한 형태로 상류계층이
사용되었던 것으로 보인다.4) 이 밖에 일
반 생활 토기에 유골을 넣은 뒤 구덩이

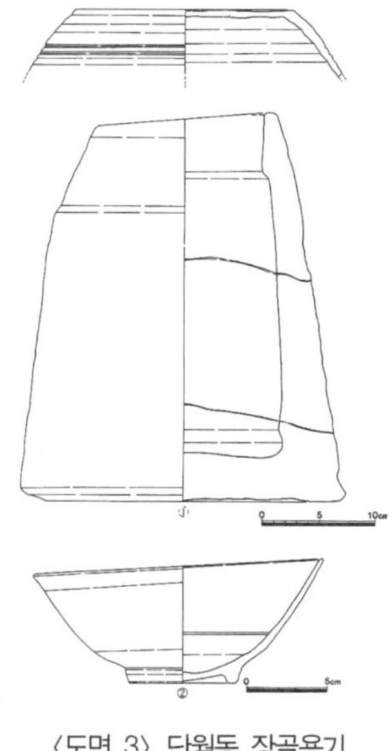

〈도면 3〉 단월동 장골용기

에 묻은 단순한 형태도 있어5) 하층민의 화장묘 모습을 짐작할 수 있다
(도면 3).

석실묘에서부터 토광묘에 이르기까지 고려시대 무덤에는 자기와 도기,
청동기명과 금속품 등이 주로 부장된다. 묘제별 부장품은 질적인 차이가
있을 뿐 부장품의 기본적인 구성에는 큰 차이는 없다 청자와 백자는 대접
과 접시를 중심으로 병, 잔, 주자 등 다양한 기종이 확인되며 도기는 병,
호, 缸이 주로 출토된다. 금속기로는 합, 동경, 청동시저, 동(은)곳, 가위,
동전 등이 일반적으로 부장된다. 이 가운데 발과 접시, 시저는 가장 기본
적인 품목으로 세트를 이루는 경우가 많다. 고려시대 무덤의 부장품은 대

---

3) 박진훈, 2006, 「고려 사람들의 죽음과 장례-관인 가족을 중심으로-」, 『한국사
　　연구』135, 한국사연구회.

4) 鄭吉子, 1985, 「高麗貴族의 組立式石棺과 그 線刻畵 硏究」, 『歷史學報』108.

5) 忠州博物館, 1996, 『丹月洞高麗古墳群 2次發掘報告書』.

부분 부장을 위해 별도로 제작된 것이 아니라 실생활용도로 제작된 일용품들로 구성된 점이 특징적이다. 이처럼 생활용품이 무덤에 부장되는 양상은 통일신라시대 생활토기가 주요 부장품으로 등장하면서[6] 시작된 것으로 파악된다.

한편 고려시대 무덤의 제 유형은 被葬者의 계층에 따른 차이를 반영하고 있다. 아직 묘제별 계층성을 구체적으로 규정하기는 어렵지만, 석실묘는 왕실의 묘제, 석곽묘 중 판석조석곽묘는 고급 귀족층, 석곽묘와 토광묘는 중간지배층과 하층민의 무덤으로 크게 구분할 수 있다.[7]


# Ⅲ. 석실묘


석실묘는 앞서 언급한 바와 같이 왕실의 묘제인 까닭에 개성과 천도기 도읍이 있었던 강화도에만 분포한다. 지금까지 개성 주변의 왕릉에 대해 어느 정도 조사가 이루어졌으며[8] 강화도의 왕(비)릉도 3기가 발굴되어[9] 대략적인 구조와 형태를 살펴볼 수 있다.

그런데 북한 측 자료는 도면이나 사진자료가 매우 소략하기 때문에 구체적인 변화양상을 파악하기 어렵다. 지금까지의 자료를 토대로 보았을

---

6) 洪潽植, 2001, 『6~7世紀代 新羅古墳研究』, 釜山大學校博士學位論文, 263쪽.
7) 이희인, 2004a, 「중부지방 고려고분의 유형과 계층」, 『한국상고사학보』45호, 한국상고사학회, 110쪽.
8) 김인철, 2003, 『고려무덤 발굴보고』, 백산자료원 ; 리창언, 1990, 「고려돌칸흙무덤의 몇 가지 문제」, 『조선고고연구』90-3 ; 왕성수, 1990, 「개성일대 고려왕릉에 대하여」, 『조선고고연구』90-2 ; 전주농, 1963, 「공민왕현릉」, 『고고학자료집』3.
9) 국립문화재연구소, 2002, 『강화 석릉』 ; 국립문화재연구소, 2007, 『강화 고려왕릉』.

〈사진 1〉 강화 곤릉                 〈사진 2〉 강화 곤릉 석실 내부

때 석실묘는 석실의 입구, 벽체조성방식, 관대 등 몇몇 속성에서 시간적 변화를 살펴볼 수 있으며 전반적인 축조수준과 방식이 강화 천도기를 기점으로 점차 약식화 되는 것으로 판단된다.[10]

석실묘는 평천장의 횡구식 석실로 통일신라시대의 왕릉인 궁륭식 천정의 횡형식 석실과는 완전히 다른 형태를 띠고 있어 왕조교체와 함께 구조가 완전히 변화되었던 것으로 추정된다. 그런데 온혜릉과 현릉, 안릉과 같은 고려 초기의 석실에서는 남벽 중앙으로 좁고 짧은 연도가 남아있고, 석실내부로 1단의 고임돌을 설치한 후 그 위에 천정을 올린 고임식 천정으로 되어 있다. 이와 같은 초기 석실의 구조는 고구려 횡형식석실과의 유사성을 찾아볼 수 있는데 이에 대한 연관성 여부에 대해서 세밀한 검토가 요망된다. 이와 같이 남벽 중앙에 좁고 짧은 연도가 남아있는 고려 초기 석실의 입구형태는 이후 양쪽 장벽에 문주석과 바닥에 문지방석을 두고 그 사이를 판석 1매로 마감하는 방식으로 변화하게 된다(도면 4).

---

10) 이희인, 2004b, 「강화 고려고분의 유형과 구조」, 『인천문화연구』제2호, 인천광역시립박물관, 77쪽.

1. 온혜릉(10세기)
2. 태조 현릉(943)
3. 신종 양릉(1204)
4. 유릉(1122)
5. 희종 석릉(1237)
6. 7릉떼 2릉(1276 상한)

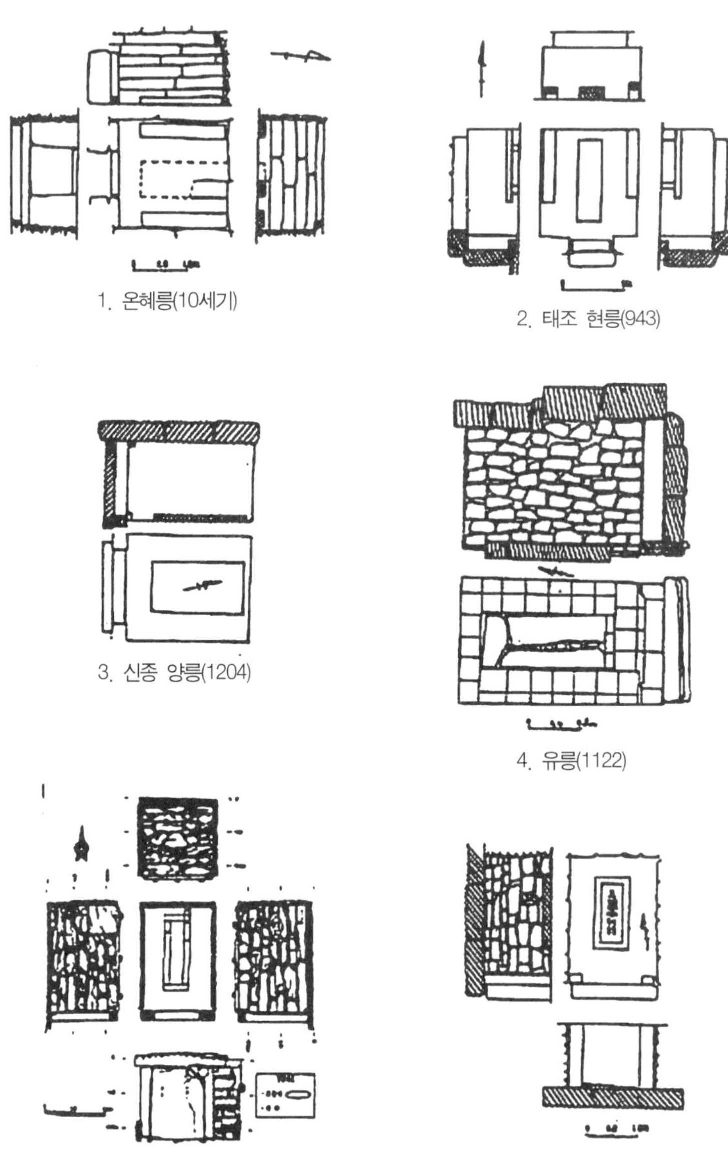

〈도면 4〉 석실묘의 변천

석실의 벽체는 보통 판석과 장대석, 할석 등으로 축조된다. 그런데 고려 전기에는 대형판석이나 장대석을 이용해 축조하지만 후기로 갈수록 할석으로 불규칙하게 쌓는 경우가 많아져 후기로 갈수록 약식, 퇴화 되어 가는 경향이 있는 것으로 보인다.

이외에도 석실바닥에 설치한 관대에서도 변화가 관찰된다. 관대는 그 형태에 따라 ① 한 장 또는 여러 장의 판돌을 붙여 만든 형식, ② 관대외 곽을 석재로 두른 뒤 내부에 흙이나 전돌을 채워 넣는 형식, ③ 무관대 등 크게 3가지로 구분된다.[11] 고려 전기에는 ① 형식이 많지만 후기로 갈수록 ②의 비율이 증가한다. 총릉과 같이 관대가 없는 경우도 있지만 일반적인 형태는 아닌 것으로 판단된다.

이처럼 고려시대 석실묘는 벽체축조나 관대 등 전반적인 축조수준과 방식에 있어 후대로 갈수록 간략화 되는 경향이 관찰된다. 지금까지의 자료에 의하면 석실분은 13세기 강화 천도기를 기점으로 점차 약식화 되는 것으로 보이며 이러한 현상은 고려 후기까지 이어진 것으로 보인다. 이와 같은 변화는 당시의 사회·경제적인 혼란과 어려움, 왕실의 권위의 저하 등에서 비롯된 현상인 것으로 이해된다.

그런데 이와 같은 석실분의 변화양상은 절대적인 것이라기보다는 시간 흐름에 따라 점차적으로 약식화 되어 가는 하나의 '경향'으로 파악된다. 예컨대 석실축조형태가 약화되는 고려 후기에도 공민왕릉과 같은 경우에서와 같이 왕의 정치적 입지에 따라 초기 왕릉보다 더 장대하고 정교하게 축조된 경우가 있어 피장자의 정치, 사회적 위치에 따라 축조형태나 정연함에 차이를 보이고 있다고 판단된다.[12]

---

11) 왕성수의 분류에 따르면 석실의 내부구조는 1. 석실중심에 관대와 주변에 부장대, 2 현실중앙에 통돌, 3. 사방에 돌을 쌓고 가운데를 흙으로 메운 형식, 4. 관대시설 없음의 4가지로 구분된다(왕성수, 1990, 「개성일대 고려왕릉에 대하여」, 『조선고고연구』90-2. 34쪽). 그는 각 형식은 시간적 선후관계를 가지는 것이 아니라 나라 국력의 강화, 사회적 환경의 복잡도를 반영하는 것으로 보았다.

12) 이희인, 2004b, 앞의 글.

〈표 1〉 고려시대 석실묘 속성표

| 구분 명칭(피장자) | 석실 | | | | | | | | 묘역 | | | 봉분 | | |
|---|---|---|---|---|---|---|---|---|---|---|---|---|---|---|
| | 석실규모(m) | 석실위치 | 벽체 | 입구 | 관대 구조 | 바닥 | 부장대 | 벽화 | 묘역 규모 | 묘역 구획 | 곡장 | 봉분규모 (지름×높이) | 병풍석 | 난간석 |
| 顯陵(태조) | 3.2×3.43×2.16 | ? | 판석 (수적) | 연도식 | 판돌식 | ? | 유 | 유 | ? | 3단 | ? | 12.8×4.4 | 유 | 유 |
| 安陵(정종) | 3.5×3.4×1.95 | 반지하 (?) | 판석 (수적) | 연도식 | 판돌식 | 석비레 | 유 | 유 | 17×? | 3단 | ? | 12×3.15 | 유 | 유 |
| 裕陵(예종) | 2.88×1.84×1.9 | 지하 | 할석 | 개방식 | 판돌식 | 벽돌 | 무 | 유 | 12×? | 3단 (?) | ? | 6.3×1.8 | ? | ? |
| 智陵(명종) | 3.6×2.88×2.13 | 지하 | 판석 (수적) | 연도식 | 판돌식 | 석비레 | 무 | 유 | ? | ? | ? | 8×1.9 | ? | ? |
| 陽陵(신종) | 3.68×3×2.26 | 지하 | 판석 (수적) | 개방식 | 판돌식 | 벽돌 | 무 | 유 | ? | ? | ? | 9×2 | ? | 유 |
| 碩陵(희종) | 3.3×2.2×2.3 | 지하 | 할석 | 개방식 | 채움식 | 석비레 | 무 | 무 | 20.5×31 | 5단 | 유 | 4×1.8 | 무 | 무 (?) |
| 洪陵(고종) | | ? | ? | ? | ? | ? | ? | ? | 17.5×35 | 4단 | 무 | 5×2 | 무 | 무 |
| 嘉陵(순경태후) | 1.7×2.55×1.75 | 지상식 | 장대석 | 개방식 | 채움식 | 석비레 | 무 | 무 | 12×25 | 3단 | 무 | 7.5×2.3 | 무 | 무 |
| 坤陵(원덕태후) | 3.3×2.2×2.3 | 지하식 | 할석 | 개방식 | 채움식 | 전돌 | 무 | 무 | 19.6×24 | 4단 | 유 | 5.2×1.9 | 무 | 무 (?) |
| 高陵(안평공주) | 3.85×3.15×2.3 | ? | 판석 (횡적) | 개방식 | 채움식 | 벽돌 | 무 | 유 | 16.5×27 | 4단 | ? | 11.5×4 | 유 | 유 |
| 聰陵(충정왕) | 3.88×2.2×1.98 | ? | 할석 | 개방식 | 무 | 석비레 | 무 | 무 | 8.5×? | 4단 | ? | 10×2.75 | 유 | 유 |
| 玄陵(공민왕) | 3×2.97×2.29 | 지하 | 판석 (수적) | 연도식 | 판돌식 | 판돌 | 유 | 유 | 46.5×59 | 4단 | 유 | 8×6.5 | 유 | 유 |

한편 판석조석곽묘는 조사된 예가 많지 않아 변천양상을 파악하기 어렵다. 판석조석곽묘는 15세기 중엽까지 지속적으로 축조되고 있는데 무덤의 구조와 형태에서 큰 변화는 없는 것으로 추정된다.

# Ⅳ. 석곽묘와 토광묘

석곽묘와 토광묘도 전술한바와 같이 시신매장을 위한 기본적인 공간만을 확보한 탓에 무덤의 구조나 형태에서 시간의 흐름에 따라 변화되는 모습은 보이지 않는다. 석곽묘의 경우 벽체 축조방식에 따라 시, 공간적 변화가 있다고 보기도 하지만 뚜렷한 경향은 아닌 듯 하다.

지금까지 자료로 볼 때 고려시대 석곽묘와 토광묘에서 시간적 흐름에 따른 변화는 두 가지로 요약될 수 있다. 첫째로 두 묘제의 비율이 후기로 갈수록 석곽묘가 감소하며, 토광묘가 증가하는 양상이 나타난다. 두 번째로 석곽묘와 토광묘에 상위묘제에서 나타나는 묘역시설이 설치되는 것이다.

우선 첫 번째 현상에 대해 살펴보도록 하자.

고려시대 전기는 기본적으로 이시기 해당하는 무덤의 수가 적어 구체적으로 석곽묘와 토광묘의 비율을 확인하기 쉽지 않지만 용인 좌항리고분군[13]과 마북리고분군,[14] 안성 매산리고분군,[15] 대전 노은동 고분군 등이 시기에 해당하는 유적들에서 석곽묘가 중심을 이루고 있어 석곽묘가 우세한 것으로 보인다.

---

13) 명지대학교박물관, 1994, 『용인 좌항리 고려분묘군 발굴조사보고서』.
14) 경기도박물관, 2001, 『용인 마북리 고려고분』.
15) 경기도박물관, 2006, 『안성 매산리 고분군』.

　11세기 중엽부터 무덤의 개체수가 급증하게 되며 12세기부터 토광묘가 본격적으로 조성되기 시작한다. 상주 청리유적[16]이나 청주 용암유적[17]등을 시작으로 마북리, 대부도 육곡, 청주 명암유적, 단월동 고분군 등 전반적인 토광묘 비율이 석곽묘에 비해 급증하는 양상이 나타난다.

　13세기 이후, 후기에는 발견되는 무덤의 양 자체가 중기에 비해 감소된다. 조사가 부족해서 나타난 현상일 수도 있는데 어쨌든 고양 더부골 고분군[18]과 같이 토광묘가 확연히 높은 비율을 보인다. 석곽묘는 안산 대부도 육곡고분군[19] 등과 같이 후기에도 지속적으로 축조되고 있기는 하지만 그 예가 매우 적어진다.

　한편 부장품에서도 시기에 따라 출토유물의 종류에도 차이가 있다. 고려시대 무덤은 부장된 청자를 기준으로 편년이 이루어지며 자기, 도기, 금속제품의 조합과 구성비율이 시기별로 차이가 나타난다. 도자사에서 청자가 크게 초기, 중기, 후기의 3단계로 변화되는 것으로 보고 있는데 단계별 양상은 초기(10세기~11세기 후반) : 해무리굽 완 중심, 중기(12세기~13세기 후반) : 청자조형의 다변화, 수요층의 저변확대, 후기(13세기 말~14세기 말) : 조형과 품질의 저하되고 단순화되는 시기 등으로 이해되고 있다.[20]

　고려 전기의 무덤에는 해무리굽 청자가 부장되는데 당시는 도자생산의 초기단계로 수요층이 제한되어 있어 일반 무덤에 부장되는 예가 많지 않다. 이 시기 부장품에서 절대적인 양도 적고, 자기류는 완과 대접 등 기종이 매우 단순하다. 12세기에 접어들면서 도자생산이 본격적으로 확대되

---

16) 한국문화재보호재단, 2000, 『상주 청리유적』.
17) 한국문화재보호재단, 2000, 『청주용암유적(Ⅰ)』.
18) 명지대학교박물관, 1993, 「더부골고분군(Ⅰ)」, 『고양중산지구문화유적』, 한양대학교・경기도.
19) 한양대학교박물관, 2002, 『안산 대부도 육곡 고려고분군 발굴조사보고서』.
20) 이종민, 2005, 「고려분묘 출토 도자연구」, 『호서사학』46집, 15~18쪽.

고 자기의 수요층도 늘어나면서 무덤에 부장되는 예가 늘어나게 된다. 여전히 자기의 비율이 높지만 청동합과 시저, 동전 등 청동제품의 비율이 급증하면서 부장품이 다양화 된다. 출토 자기의 기종은 대접과 접시가 주류를 이루지만 완, 잔, 탁잔 등 새로운 기종이 추가 된다. 13세기 고려후기로 접어들면서 전시기에 비해 부장품 자체가 줄어든다. 주된 부장품이었던 자기와 청동기와 동전, 가위 등 동제품이 감소하고, 도기류가 증가한다.

두 번째로 12세기 이후에 석곽묘와 토광묘에서 묘역시설이 설치되는 현상이다.

고려시대 석곽묘와 토광묘는 외부묘역시설의 유·무에 따라 다음과 같이 크게 두 가지 유형으로 구분할 수 있다.[21]

◎ 석곽묘
- Ⅰ유형 : 묘곽 단독 구성
- Ⅱ유형 : 묘곽전면 석단 및 주변 석렬

◎ 토광묘
- Ⅰ유형 : 묘광 단독 구성
- Ⅱ-1유형 : 곡장설치, 독립묘역구성
- Ⅱ-2유형 : 묘광전면 석단 및 주변 석렬

현재 묘역시설이 설치된 예는 경기와 충청지역에서 주로 확인되는데 석곽묘의 경우 대부도 육곡고분군의 1, 2, 3, 4호 석곽, 토광묘는 여주 매룡리 C-1호분, 안산 반월 일리 1호분, 안산 부곡동 서4호분, 고양 더부골 고분군의 36, 41, 63호분, 대부도 육곡고분군의 3, 4, 5호 토광묘 등이다 (도면 5, 6). 이 가운데 Ⅱ-1과 Ⅱ-2형으로 분류되는 천안 남산리 1호분과 여주 매룡리 C-1호분, 안산 반월 일리 1호분은 매장주체부가 토광묘이기는 하지만 일정 규모의 독립 묘역을 구성한 뒤 묘광 주변에 석실묘에서

---

21) 이희인, 2004a, 앞의 글.

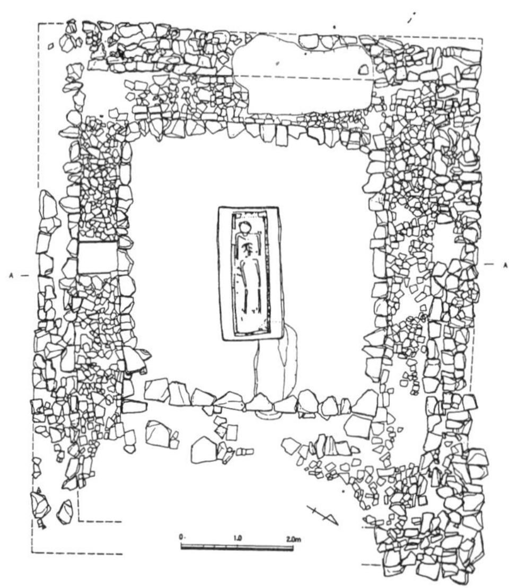

〈도면 5〉 IIa형 토광묘(천안 남산리 1호묘)

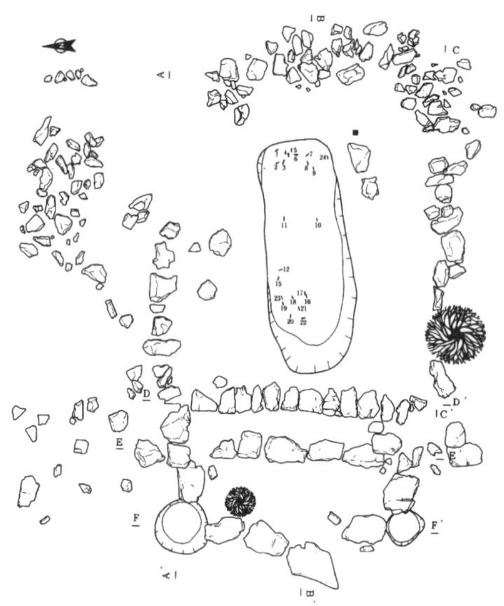

〈도면 6〉 IIb형 토광묘(대부도 육곡고분군 3호 토광묘)

볼 수 있는 정교하게 축조된 곡장을 설치하였다. 일반 토광묘와 Ⅱ-1과 Ⅱ-2유형의 토광묘를 비교할 때 매장주체부의 규모에서는 큰 차이가 없지만 축조수준에서는 토광벽과 관 사이를 숯과 백토를 섞어 보강하고 관 상부에 회다짐으로 판축을 하는 등 많은 차이를 보이고 있다.

고려시대 전기에는 묘역시설이 설치되지 않은 각각의 Ⅰ형만 확인된다. 반면 중기 이후에 해당되는 고양 더부골, 안산 부곡동, 육곡 고분군 등에서는 Ⅰ형과 함께 Ⅱ형이 등장한다. 토광묘 Ⅱa형인 천안남산리 1호분과, 여주 매룡리 C-1호분, 반월 일리 제1호묘의 경우도 편년의 주된 기준인 청자가 출토되지 않아 정확한 시기구분을 할 수 없지만, 출토 동전의 주조시기로 보았을 때 남산리 1호분은 가장 늦은 시기의 것이 皇宋元寶(1241~?)이고, 반월 1호 묘는 大觀通寶(1102~1106)로서 각각 축조의 상한이 13세기와 12세임을 알 수 있다. 그런데 반월 1호분은 동전과 공반된 청동시저의 형식을 고려했을 때 13세기 이후에 축조된 것이 거의 확실하다. 동전이 출토되지 않은 매룡리 C-1호분 역시 출토된 숟가락 형식으로 보아 14세기 이후의 것으로 판단된다. 따라서 토광묘 Ⅱa형은 모두 12세기 이후에 축조된 것으로 파악할 수 있다. 이와 같이 석곽묘와 토광묘는 전기~후기까지 Ⅰ형이 지속적으로 사용되지만, 중기 이후부터 Ⅱ유형이 출현하는 것을 알 수 있다.

석곽묘와 토광묘에서 나타나는 전면의 석단이나 곡장(석렬)시설은 앞에서 살펴본 것과 같이 최상위 묘제인 석실묘의 묘역구조에서 영향을 받은 것이다. 이러한 석실묘의 구조가 하위계층의 무덤에 영향을 미치는 것은 당시 정치, 경제, 사회 구조의 정점을 목표로 모방하는 보편적인 사회현상의 맥락에서 이해될 수 있을 것이다.

이상과 같이 시간의 흐름에 따라 석곽묘와 토광묘의 비율이 변화하고, 묘역시설이 설치되는 현상은 두 묘제의 사회경제적 관계 속에서 배경을 찾아 볼 수 있을 듯 하다.

　석곽묘와 토광묘 피장자의 관계에 대해서는 석곽묘가 토광묘보다는 피장자의 신분계층이 높을 것으로 이해 되어왔다. 좀 더 구체적으로 석곽묘가 상대적으로 축조에 많은 노력이 투입되는 구조라는 점과, 부장유물의 질적 우위 및 교구 등 신분을 상징하는 유물의 부장되는 점 등을 고려할 때 석곽묘 피장자가 계층적 우위를 보이는 것으로 파악된다.[22] 그러나 토광묘에서 석곽묘보다 양질의 청자나 주자 등의 고급기종이 부장되고 있어, 서로간의 뚜렷한 계층차이를 인식할 수 없는 경우도 많다. 석곽묘와 토광묘의 관계와 관련하여 초기에는 석곽묘 축조집단이 토광묘 축조집단보다 우위에 있었지만 점차 토광묘의 채용이 확산되는 과정으로 이해하기도 하며,[23] 묘제의 선택은 신분의 차이라기보다는 고분을 조성하는 집단 또는 지역적인 전통의 차이[24]나 경제력에 의해 좌우된다고 보기도 한다.[25] 아울러 토광묘는 중간계층의 묘제로 채용되다가 후기에 피장자의 계층이 확대되었다는 견해도 있다.[26]

　이에 대해 필자는 고려시대에 석곽묘와 토광묘가 일부 중복되는 부분도 있지만 기본적으로 처음에는 다른 계층에서 사용하다가 사회적 환경의 변화에 따라 석곽묘가 토광묘로 대체되는 과정을 겪는 것으로 파악하고자 한다. 보다 구체적으로 고려는 12세경부터 정변과 무신의 난 등에 따른 사회의 변화와 원과의 전쟁을 거치면서 사회경제적인 어려움에 봉착하게 되면서, 하층민들은[27] 석곽묘와 토광묘 중에서 상대적으로 축조

---

22) 이희인, 2004a, 앞의 글.
23) 양미옥, 2005, 『충청지역의 고려시대 무덤연구』, 한남대학교 석사학위논문.
24) 현문필, 2005, 『고려시대 고분 출토 청자연구』, 동국대학교 석사학위논문.
25) 이종민, 앞의 글.
26) 박미욱, 2006, 『고려 토광묘연구-부장양상을 중심으로』, 부산대학교 석사학위논문.
27) 석곽묘와 토광묘의 피장자가 하층민이라는 것은 상위묘제에 묻힌 상위계층에 대한 상대적 개념으로 사용했다. 또한 석곽묘와 토광묘를 사용한 하층민들은 청자 등 부장을 하기 위해서는 기본적인 경제적 능력을 갖춘 계층일 것임은 분명하다

가 쉽고 비용이 적게 드는 무덤인 토광묘를 선호하게 되었고 이에 따라 석곽묘보다는 토광묘가 하층민의 주묘제로 등장하였을 것이다.[28] 12세기 는 李資謙의 亂과 妙淸의 亂을 시작으로 고려전기의 사회 구조가 붕괴되 기 시작되었고, 무신정변을 계기로 정치·사회적으로 기존 문벌사회가 큰 타격을 받고 새로운 정치질서가 형성된 시기로 알려져 있다.[29]

한편 중기 이후 석곽묘와 토광묘에도 묘역시설이 설치되는 현상이 나 타나는 것도 같은 맥락으로 이해되는데 사회경제적 구조가 변화 속에서 묘제의 엄격성도 약화되었고 그 결과 하층민들이 상층묘제를 모방했던 현상에서 비롯된 것으로 보인다.[30]

이러한 묘제에서의 변화는 앞에서 살펴본 바와 같이 석실분의 축조에 서도 약식화 되는 현상이 나타나는 것과 같은 측면에서 이해할 수 있을 것 같다. 물론 이러한 변화의 시점은 전국적으로 동일한 시점에 이루어지 기 보다는 지역별로 사회경제적 상황과 문화의 차이로 인해 조금씩 차이 는 있을 것이다. 요컨대 고려시대에는 석곽묘 전통이 점차 사리지고 토광 묘 중심의 묘제로 전환되는 과정을 겪는 것으로 보인다.

---

(이희인, 2004a, 앞의 글, 130쪽).

28) 필자는 종전에 석곽묘와 토광묘의 전환시점을 13세기 이후 성리학의 도입에 따 른 묘제의 간소화로 석곽묘가 토광묘로 전환되는 것으로 보았으나(이희인, 2003, 『중부지방 고려시대 고분연구』, 성균관대학교 석사학위논문) 기왕의 연구 및 새 로운 자료를 살펴볼 때 묘제의 변화가 보다 일찍, 그리고 점진적으로 일어난 것 으로 이해하는 것이 적절하다고 생각된다.

29) 채웅석, 2000, 『고려시대 국가와 지방사회』, 서울대학교출판부, 201쪽.

30) 이희인, 2004a, 앞의 글, 129쪽.

# Ⅴ. 맺음말

　지금까지 고려시대 무덤의 변천과정을 묘제별로 살펴보았다. 지금까지 서술한 내용을 정리하면 다음과 같다.

　첫째, 석실묘는 석실 입구의 형태와 벽체 축조방식, 관대의 형태 등에서 시간적 흐름에 따라 축조수준이나 방식 등이 후대로 갈수록 간략화 되는 경향이 나타난다. 지금까지의 자료에 의하면 석실분은 13세기 강화 천도기를 기점으로 점차 약식화 되는 것으로 보이며 이러한 현상은 고려 후기까지 이어진 것으로 보인다. 이와 같은 변화는 당시의 사회·경제적인 혼란과 어려움, 왕실의 권위의 저하 등에서 비롯된 현상인 것으로 이해된다. 하지만 이와 같은 석실분의 변화양상은 절대적인 것이라기보다는 시간흐름에 따라 점차적으로 약화 되어 가는 하나의 '경향'으로 파악된다.

　둘째, 석곽묘와 토광묘의 비율이 시간적 흐름에 따라 석곽묘가 감소하며, 토광묘가 증가하는 양상이 나타난다. 고려 전기에는 석곽묘와 토광묘가 같이 조성되지만 중기 이후부터 석곽묘의 축조비율은 점차 감소하며 토광묘가 가장 보편적인 묘제로 자리 잡는다.

　셋째, 석곽묘와 토광묘는 묘역시설의 유무에 따라 크게 Ⅰ·Ⅱ의 두 가지 유형으로 구분되는데 Ⅰ형은 전기부터 지속적으로 축조되지만, 12세기 이후에 묘역시설이 설치된 Ⅱ형이 새롭게 등장한다. 이와 같은 현상은 고려 중기 이후 사회·경제적 환경의 변화 속에 본래의 묘제의 엄격한 질서가 무너지면서 상층 묘제를 모방하는 현상에서 비롯된 것으로 보인다.

　넷째, 시간의 흐름에 따라 석곽묘와 토광묘의 비율 변화되고 묘역시설 설치되는 유형이 등장하는 현상은 두 무덤 간의 사회·경제적 관계 속에서 배경을 찾아 볼 수 있다. 고려시대에 석곽묘와 토광묘가 일부 중복되는 부분도 있지만 기본적으로 처음에는 다른 계층에서 사용하다가 12세경부터 시작된 정변과 무신의 난 등에 따른 사회의 변화와 몽골과의 전쟁을 거치면서 사회경제적인 어려움에 봉착하게 되면서, 하층민들이 석곽묘와 토광묘 중에서 상대적으로 축조가 쉽고 비용이 적게 드는 무덤인 토광묘를 선호하게 되었고 이에 따라 석곽묘보다는 토광묘가 하층민의 주묘제로 등장하였을 것으로 보인다. 묘역시설이 설치된 석곽묘와 토광묘의 등장도 사회경제적 구조의 변화 속에서 묘제의 엄격성도 약화되었고 그 결과 하층민들이 상층묘제를 모방했던 현상에서 비롯된 것으로 보인다. 이상과 같이 고려시대에는 석곽묘 전통이 점차 사리지고 토광묘 중심의 묘제로 전환되는 양상을 보임을 알 수 있다.


〈참고 문헌〉

김인철, 2003, 『고려무덤 발굴보고』, 백산자료원.
리창언, 1990, 「고려돌칸흙무덤의 몇 가지 문제」, 『조선고고연구』90-3.
박미욱, 2006, 『고려 토광묘연구-부장양상을 중심으로』, 부산대학교 석사학위논문.
박진훈, 2006, 「고려 사람들의 죽음과 장례-관인 가족을 중심으로-」, 『한국사연구』 135, 한국사연구회.
왕성수, 1990, 「개성일대 고려왕릉에 대하여」, 『조선고고연구』90-2.
양미옥, 2005, 『충청지역의 고려시대 무덤연구』, 한남대학교 석사학위논문.
이종민, 2005, 「고려분묘 출토 도자연구」, 『호서사학』46집.
이희인, 2004a, 「중부지방 고려고분의 유형과 계층」, 『한국상고사학보』45호, 한국상고사학회.
______, 2004b, 「강화 고려고분의 유형과 구조」, 『인천문화연구』제2호, 인천광역시립박물관.
전주농, 1963, 「공민왕현릉」, 『고고학자료집』3.

정길자, 1985, 「고려귀족의 조립식석관과 그 선각화 연구」, 『역사학보』108.

채웅석, 2000, 『고려시대 국가와 지방사회』, 서울대학교출판부.

국립문화재연구소, 1993, 『파주서곡리고려벽화묘 발굴조사보고서』.

___________, 2002, 『강화 석릉』.

___________, 2007, 『강화 고려왕릉』.

경기도박물관, 2001, 『용인 마북리 고려고분』.

___________, 2006, 『안성 매산리 고분군』.

명지대학교박물관, 1993, 「더부골고분군(Ⅰ)」, 『고양중산지구문화유적』, 한양대학
　　　교·경기도.

___________, 1994, 『용인 좌항리 고려분묘군 발굴조사보고서』.

안동대학교박물관, 1981, 『서삼동벽화고분』.

충주박물관, 1996, 『단월동고려고분군 2차발굴보고서』.

한국문화재보호재단, 2000, 『상주 청리유적』.

___________, 2000, 『청주용암유적(Ⅰ)』.

한양대학교박물관, 2002, 『안산 대부도 육곡 고려고분군 발굴조사보고서』.

제6장

# 조선시대 토광묘의 변천과 편년

**김경선** _ 국립고궁박물관

## I. 머리말

朝鮮時代 묘제에 대한 연구는 2000년대 이후부터 본격적으로 시작되었다. 2000년대 이후 대단위 개발 사업의 실시로 대규모 발굴이 이루어졌고 그 결과 다양한 종류의 유적, 특히 조선시대 묘제에 관한 유구가 다량으로 확인되면서 이에 대한 고고학적 연구도 활발히 이루어지게 되었다.

조선시대 묘제, 그 가운데 토광묘에 대한 연구는 문헌 기록이 매우 소략한 편이므로, 전적으로 고고자료에 의존하여 연구가 진행되었다. 그러나 지금까지 이루어진 연구는 주로 특정유적, 특정지역에 한정되어 있는 연구이며 또한 출토 유물 중심의 분석적 연구에 치중되었다. 따라서 현재 전국적으로 토광묘에 대한 발굴 자료가 빠르게 급증하고 있는 가운데 이를 적극적으로 검토하고 분석하여 토광묘의 변화 양상을 분석할 수 있는 체계적인 형식설정이 필요하다.

이에 본고는 조선시대 토광묘의 유형분류와 편년설정에 초점을 맞추어 연구를 진행하고자 한다. 즉, 지금까지 전국에서 조사된 원상이 잘 남아 있고, 출토 유물 중 편년자료가 부장된 토광묘 843기를 대상으로 유형을 설정하고 유형별 편년을 살펴봄으로써 전체적인 변화 양상을 추론하고자 한다.

## II. 유형의 설정

### 1. 유형의 분류

조선시대 토광묘의 유형설정의 분류기준으로 묘광의 구조와 부장품의 부장위치를 삼을 수 있다. 그 이유는 이러한 분류기준이 본고의 연구목 적인 편년설정에 도움이 될 수 있을 만큼 시간성을 내포하고 있을 뿐만 아니라 상장의례의 변화와 밀접한 관계를 지니고 있다고 판단되기 때문 이다.

이러한 분류기준을 살펴보면 다음과 같다. 먼저, 토광묘의 구조는 묘광 을 굴착하는 방식에 따라 一段堀壙式과 二段堀壙式으로 대별된다. 일반 적으로 일단굴광식은 선사시대부터 보편적으로 사용되어지던 형식이며, 이단굴광식은 회곽묘1)의 구조를 모방하여 만든 모방형식이라 할 수 있

---

1) 회곽묘는 1406년 태종이 사대부들의 사치스런 장례문화를 규제하기 위해 이전까 지 사용하던 석곽묘를 금하고 회곽묘를 사용하도록 함으로써 시작된다. 1418년

다.[2] 다음으로 부장품의 부장위치는 목관과 묘광 사이의 공간, 즉 바닥면의 사방 일정한 공간에 부장품을 매납하는 棺側面副葬式, 그리고 棺 上 面 혹은 충전토의 상면에 부장품을 매납하는 棺上面副葬式, 묘광 측면의 일부분을 파서 별도의 매납 공간을 만든 壁龕副葬式으로 대별할 수 있다.

이상, 유물부장이 이루어진 것으로 확인된 토광묘를 바탕으로 유형을 설정해 보면 일단굴광측면부장식, 일단굴광상면부장식, 일단굴광벽감부장식, 이단굴광식으로 설정할 수 있다. 여기서 이단굴광식의 경우 부장위치에 근거하여 별도의 세부유형을 설정하는 것이 본고의 논지와 관련하여 큰 구별이 없다고 생각하여 별도의 세분형식을 설정하지 않고 통괄하여 이단굴광식으로 설정하였다. 이들 유형은 서술의 편의를 위하여 각각 일단측면식, 일단상면식, 일단벽감식, 이단굴광식으로 略稱하겠다.


## 1) Ⅰ유형(도 10)

Ⅰ유형은 일단측면식으로 묘광을 일단으로 堀壙한 후 관을 안치하고, 頭部, 足部, 側面을 포함한 사방에 유물을 부장하는 유형이다. 유물을 부장하고 난 뒤 묘광의 충전은 다짐이 아닌 되채우기 방식으로 메웠다. 유물은 주로 묘광의 바닥면에 바로 놓인 상태, 즉 正置된 상태로 출토되며 도자기·철기·동전·거울 등 유물조합이 비교적 다양한 편이다.

이 유형은 고려시대 토광묘의 부장방식을[3] 계승한 것으로 규정할 수

---

에는 宗親 이하의 장례에 석곽묘가 금지되고 1474년『國朝五禮儀』가 완성된 다음부터는 大夫·士庶人에 이르기까지 회곽묘가 권장된다. 회곽묘의 무덤양식은 『國朝五禮儀』에 기록처럼 묘광 안에 棺槨을 안치하고 棺槨과 묘광 사이에 회곽을 돌린 것으로 1406년 이후 조선 후기까지 사용된 것으로 보인다.

박형순, 2004, 「조선시대 무덤양식」, 『금강고고』第1輯, 충청문화재연구원, 119쪽.

2) 이단굴광형식에서 하단의 크기는 관의 크기에 딱 맞게 제작된다. 따라서 보다 넓은 상단과의 사이에 단이 형성되는데 그 단이 회곽의 형식적인 역할을 대신하고 있다고 볼 수 있다.

있다. 그 이유로는, 頭部와 足部에서 유물이 확인되는 경우 공간을 따로 만들어서 유물을 부장하는 점, 다른 유형에 비하여 유물조합이 다양하고 그 수량도 풍부한 점, 그리고 묘광과 관사이의 공간이 비교적 넓은 점, 관이 놓였던 자리에 관정이 비교적 다수 확인되는 점 등을 들 수 있다.

### 2) Ⅱ유형(도 10)

Ⅱ유형은 일단상면식으로 묘광을 일단으로 굴광한 후 관을 중앙에 안치하고, 관 주위를 파낸 흙으로 충전한 후 유물을 부장한 유형이다. 충전은 대부분 관 상면까지 다짐을 하면서 실시하고, 그 이상은 되채우기 방식으로 메웠다.

Ⅰ유형에 비하여 Ⅱ유형은 묘광과 관사이의 공간이 비교적 좁은 편으로 묘형이 세장한 장방형을 띤다. 유물은 충전토 상면에 부장된 경우 바로 놓인 상태로 출토되지만 관 위에 부장된 경우에는 도치된 상태로 확인된다. 부장유물은 도자기·철기·동전·거울 등 여전히 다양한 편이나 관정의 출토비율과 수량이 점차로 줄어든다.

이 유형은 선사시대 이래의 전통적이고 보편적인 매장방식인 바닥면부장, 즉 시신과의 수평적 부장을 지양하고, 관 주위의 부장공간을 충전토로 채우고, 그 상면을 고르게 한 후, 유물을 부장한 형식으로 새로운 매장방식이 적용되었다는 점에서 매우 주목할 만하다. 이는 새로운 매장법식의 강제와 적용으로 해석될 수 있다.

### 3) Ⅲ유형(도 10)

Ⅲ유형인 일단 벽감식의 기본적인 구조는 일단상면식과 동일하나 유물

---

3) 고현수, 2004, 『남한지역 고려 고분의 부장품 매장방식 연구』, 한양대학교 석사 학위논문, 68쪽.

의 부장을 관상면에 하지 않고, 장벽의 일부분에 腰坑과 유사한 형태의 구덩이를 횡으로 파서 그곳에 유물을 부장하였다. 이 土坑을 일반적으로 壁龕이라고 부르고 있으나, 최근에는 문헌기록을 토대로 하여 偏房이란 용어도 사용하고 있다.4) 편방은 왕릉 무덤의 조성 시에 별도의 방을 마련한 경우를 말하는 것으로 토광묘의 자그마한 토갱을 房이라 부르는 것은 적절하다고 볼 수 없다. 일반화된 용어인 腰坑이라는 개념을 차용하여 橫坑으로 부를 수도 있으나, 이 역시 국어사전에서 '땅 속에 수평으로 파 들어간 갱도'라는 의미로 사용되어 혼란을 줄 수 있는 용어라 생각된다. 따라서 기존에 사용되었던 벽감이라는 용어가 현재로서는 일반화되어 있으므로, 이 글에서는 용어의 혼란을 피하기 위하여 土坑을 偏房이란 용어 대신에 벽감으로 통일하여 사용하도록 하겠다.

이 Ⅲ유형에서의 유물은 대부분 벽감에서 부장되는데 이전 단계에 비하여 박장의 경향이 강하며 대접·접시·시저가 한 세트를 이루는 전형적인 盒匙形의 부장조합을 띤다. 시저가 주로 대접 내부에 비스듬히 세워진 채 확인되고, 그 대접의 입술부분을 접시가 덮은 상태가 일반적이다. 이는 뚜껑이 있는 밥그릇에 숟가락을 꼽아서 제삿밥을 올리는 현대의 제사와 흡사하다고 할 수 있다. 따라서 벽감과 그 속의 대접·접시·시저의 유물조합, 즉 합시형 조합은 앞에서 언급한 바와 같이 장송의례의 일면을 보여주는 것이라 할 수 있다. 그리고 이 Ⅲ유형에서의 합시형이 일반화·전형화되는 사실은 국가적인 차원에서 장송법식이 강제되고, 더 나아가 이 법식이 일반민에게까지 실질적으로 적용되었을 가능성을 시사해 준다.

이 유형의 핵심적인 속성인 벽감은 초기에는 관상면과 거의 수평 되는 위치에서 확인되나, 후기로 가면서 점차적으로 벽 중앙 혹은 묘광어깨선에 위치한다. 토광묘에서의 이런 벽감의 출현은 회곽묘의 등장과 불가분

---

4) 임인혁 옮김, 2007, 『주자가례』, 예문서원, 368쪽.

의 관계를 지닌 것이라 할 수 있다. 이처럼 벽감의 출현을 회곽묘의 등장
과 연결하는 이유는, 회곽묘는 관을 灰로써 밀폐하기 때문에 별도로 유물
을 부장할 공간이 필요했고, 그런 기능적인 이유에서 유물을 별도로 부장
할 수 있는 공간인 벽감을 묘광 벽면을 파서 만들었던 것으로 판단되기
때문이다. 이런 판단에 근거할 때, 토광묘의 벽감은 회곽묘의 벽감의 형
식적인 측면을 모방한 것이라 할 수 있으며, 더 나아가 그 출현과 매납의
식이 회곽묘의 그것과 불가분의 관계를 가졌다고 할 수 있다. 이런 판단
은 이 유형에서부터 묘광을 깊게 파는 深葬이 유행한 사실로도 뒷받침된
다. 이를 통하여 이 Ⅲ유형의 출현·성행시기와 회곽묘의 성행시기가 일
정기간 일치할 가능성을 강하게 시사해 준다.

### 4) Ⅳ유형(도 10)

이 Ⅳ유형은 이단굴광식으로 우선 지표면으로부터 수직으로 묘광을 파
내려가다가 관이 안치되는 지점에 이르러서 굴광의 범위를 관 크기에 맞
게 축소시킴으로써 묘광의 단면이 二段의 형태를 띤다. 이는 묘광을 바닥
까지 판 후, 그 빈 공간을 충전하는 일단식에 비하여 공력을 최소화한 경
제적인 묘광조성방식이라 할 수 있는데, 구조상 下段이 생토인 점이 가장
특징적이다. 조선 후기 토광묘의 대부분은 이단굴광식이 조성되었는데 유
물을 거의 부장하지 않은 까닭에 본고에서 분석대상으로 선정된 토광묘
는 전술 한 Ⅰ·Ⅱ·Ⅲ 유형에 비하여 상대적으로 적다. 유물부장을 위해
벽감을 설치하거나 유물을 관상면에 부장하는 경우는 극히 드물고, 대부
분 관 내부에 부장하였던 것으로 판단된다. 이 유형에서는 합시형뿐만 아
니라 명기의 부장도 거의 확인되지 않고, 단지 소량의 동전만이 확인될
뿐이다.

대부분의 조선 후기의 토광묘는 이 Ⅳ유형으로 축조되었다.

## 2. 유형별 자료검토

앞서 유형을 분류하고, 각 유형별 대표적인 유구를 중심으로 묘광의 구조, 부장유물의 조합과 부장위치, 축조시기의 고찰 등을 간단히 검토하였다. 이를 통하여 조선시대 묘제는 개략적으로 Ⅰ유형→Ⅱ유형→ Ⅲ유형→Ⅳ유형의 순서로 발전함을 확인할 수 있었다. 이런 개략적인 이해를 바탕으로 시간의 추이에 따라 묘제가 어떻게 발전해 나갔는지를 검토해 보고자 한다. 분석은 각 유형별로 나누어서 진행되는데, 전술했듯이 Ⅰ유형에서 Ⅳ유형까지의 설정 그 자체가 묘제의 변화를 반영한 것이므로, 분석 결과는 변화성을 반영하는 것이라 할 수 있다.

유형별 변화에 대한 분석결과를 정리해 보면 다음과 같다. 첫째로 규모면에서 Ⅰ유형에서 Ⅳ유형으로 갈수록 길이는 길어지고 깊이는 깊어지는데 비해 폭은 변화가 없다. 이런 사실은 토광묘의 굴광형태가 점차 세장하고 깊어져 갔음을 보여준다. 이런 묘광의 조성은『주자가례』喪禮의 治葬조에서 제시되었던 내용과5) 대략적으로 일치하는 점이다. 둘째로 유물조합의 변화를 살펴보면, Ⅰ유형의 경우 유물이 보다 다양하게 부장되었던 반면 Ⅱ · Ⅲ유형으로 갈수로 유물 부장이 정형화된다. 즉, Ⅰ유형의 경우 특정한 유물 조합이 우세하게 확인되지 않는 반면에 Ⅱ · Ⅲ유형으로 갈수록 유물부장 조합이 백자대접+백자접시+청동숟가락 조합으로 일반화되는 것을 확인할 수 있다. 마지막으로 평면상 유물의 부장위치를 살펴보면 Ⅰ유형의 경우 고려시대의 전통을 이은 두부 · 족부 부장6)이 여전이

---

5) 임민혁 옮김, 앞의 책, 323쪽.
사마온공이 말했다. "… 그 땅을 파는 데는 마땅히 좁고 깊어야 하니, 좁으면 무너지지 않고 깊으면 도굴꾼이 가까이하기 어렵다."
6) 고현수, 2004,『남한지역 고려 고분의 부장품 매장방식 연구』, 한양대학교대학원

지속되고 있던 것에 비해 Ⅱ·Ⅲ
유형으로 갈수록 좌측 중상부 부
장이 유행하게 되다가 Ⅳ유형에
이르면 좌우의 구별 없이 부장된
다. 한편, 유물 위치에 대한 문헌
기록을 살펴보면『주자가례』에서
는 유물을 양쪽 벽감을 조성하여
시신의 왼편에는 오곡과 술, 포,
육장을 담은 筲와 罌을 넣고, 시
신의 오른편에는 명기류를 넣도
록 하고 있다.7) 이 기록은 바로
앞에서 분석한 유물의 부장위치

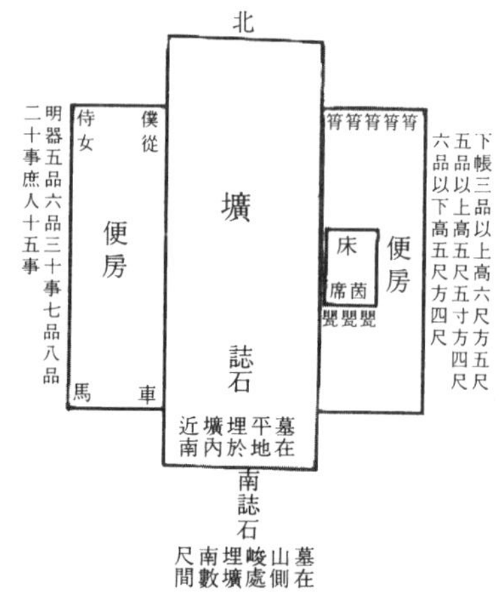

藏明器下帳苞筲罌誌石圖

와 개략적으로 일치하는데, 이는 성리학의 대표적 禮書로써『주자가례』에
서 권장하던 묘제 양식이 묘제에 반영되고 있는 것이라 할 수 있다.


# Ⅲ. 편년의 설정

## 1. 분기의 설정

조선시대 토광묘의 유형별 편년의 설정은 출토부장유물의 편년에 의지
할 수밖에 없는데, 부장유물 중에서도 본고의 모든 유형에서 확인되며 학

---

석사학위논문, 68쪽.
7) 임민혁 옮김, 앞의 책, 368쪽, 〈그림 128〉.

술적으로도 편년체계가 비교적 잘 마련되어 있는 도자기가 가장 적합한 편년유물이라 하겠다.

도자기의 속성변화에 따른 시기구분은 다음 〈표 1〉과 같이 6분기로 나눌 수 있다. 이들 분기는 분청사기의 경우 강경숙의 시기구분(강경숙, 1989)을, 명기는 이지현의 연구 성과(2000)를 참조하였다.

〈표 1〉 분기설정

| 분기 | 분기명 | 강경숙 | 이지현 | 편년설정 |
|---|---|---|---|---|
| 1 | 부분상감분청사기 | 초기:1360~1420년경 | | 1360~1420 |
| 2 | 전면인화분청사기 | 중기:1420~1480년경 | | 1420~1480 |
| 3 | 귀얄·덤벙분청사기<br>소형병중심명기백자 | 후기:1480~1540년경 | 발생:1500~1550년경 | 1480~1550 |
| 4 | 경질명기중심백자 | | 전성:1550~1600년경 | 1550~1600 |
| 5 | 조질명기중심백자 | | 쇠퇴:1600~1630년경 | 1600~1630 |
| 6 | 백자무부장 | | 소멸:1630년경 | 1630 이후 |

## 2. 분기별 자료검토

이상에서 분석을 위한 기본 작업으로 유형을 설정하였고, 또 한편으로는 편년 설정을 위한 분기를 나누어 보았다. 〈표 2〉를 통하여 우선적으로 다음과 같은 대략적인 사실을 확인할 수 있다. 즉, 1분기에는 Ⅰ유형이 성행하였고 2·3분기에는 Ⅰ·Ⅱ·Ⅲ유형, 4·5분기에는 Ⅱ·Ⅲ·Ⅳ유형이 6분기에는 Ⅳ유형이 주로 축조되었음을 알 수 있다.

이상과 같은 개략적인 내용을 염두에 두고, 각 유형의 사용 시기를 편년자료를 중심으로 검토해 보고자 한다.

강경숙의 분청사기 시기구분에 의하여 1390~1420년으로 설정된 1분기에 해당되는 토광묘는 모두 Ⅰ유형으로 총 5기이다.

<표 2> 분기별 출토 토광묘

| 분기 | 유형 | | | |
|---|---|---|---|---|
| | Ⅰ유형 | Ⅱ유형 | Ⅲ유형 | Ⅳ유형[8] |
| 1 | 청원 쌍청리 46호<br>안성 도기동 A-1호<br>용인 대덕골 10호<br>용인 대덕골 나-1호<br>청도 대진리ⅡI-108 | | | |
| 2 | 평택 토진리 5호<br>창녕 계성 1-64호<br>공주 신영리 9호<br>서천 추동리 A-67호<br>광주 고산리 I-4호<br>상주 청리Ⅴ-65호<br>상주 청리Ⅴ-146호<br>상주 청리Ⅵ-49호<br>상주 청리Ⅵ-68호 | 평택 토진리 1호<br>평택 토진리 7호<br>경주 월산리 A-1호<br>성주 차동골 14호<br>부여 중산리 3호<br>천안 용곡동눈골 31호<br>청원 만수리I A195호<br>대전 노은동 A-2 7호<br>경주 용강동 9호<br>고양 중산 51호<br>하남 덕풍동 17호<br>청도 대진리I 2호<br>청원 쌍청리 86호<br>서천 추동리 G-1호 | 용인 동백리 Ⅱ-6호 | |
| 3 | 구포 덕천동 45호<br>김해 덕산리 73호<br>김해 덕산리 76호<br>김해 덕산리 92호<br>김해 덕산리 105호<br>김해 덕산리 149호<br>창녕 계성 1-55호<br>김해 율하리 F-10호<br>창녕 우강리 7호<br>창녕 우강리 8호<br>부여 정동리 20호<br>청원 만수리I A-50호<br>청원 만수리I A-52호<br>울산 구영리Ⅲ-45호<br>울산 구영리Ⅲ-52호<br>옥천 옥각리 53호<br>울진 봉산리 21호<br>기장 방곡리 가 60호<br>기장 방곡리 가-61호<br>기장 방곡리 나-4호<br>기장 방곡리 나-15호<br>단양 현곡리 2호<br>파주 교하 3-1 6호 | 김해 덕산리 86호<br>김해 덕산리 131호<br>김해 덕산리 140호<br>김해 율하리 E-82호<br>공주 장원리 51호<br>서천 추동리A-8호<br>울산 구영리Ⅲ-39호<br>울산 구영리Ⅲ-40호<br>용인 근삼리 2호<br>제천 왕암Ⅱ-4호<br>제천 왕암Ⅳ-2호<br>고창 남산리 우평리<br>기장 방곡리 가-113호<br>기장 방곡리 가-135호<br>기장 방곡리 가-143호<br>대구 연호동 3호<br>대구 연호동 12호<br>대구 연호동 15호<br>울산 동천리 2호<br>경주 물천리 Ⅱ-41호<br>대구 내환동 17호<br>대구 내환동 212호<br>대구 내환동 214호 | 김해 율하리 E-7호<br>김천 죽현리 7호<br>김해 대청 8호<br>청도 대진리 I-15호<br>옥천 옥각리 30호<br>음성 각회리 17호<br>청주 산남동 45호<br>충주 수용리 9호<br>충주 수용리 16호<br>충주 수용리 20호<br>광주 고산리 Ⅲ-20호<br>안성 도기동 C-31호<br>청주 가경Ⅱ 17호<br>여주 교리 월송리 1호 | |

| 분기 | 유형 | | | |
|---|---|---|---|---|
| | I 유형 | II 유형 | III 유형 | IV 유형[8] |
| | 안성 도기동 C-50호<br>경산 신대부유II-83<br>경산 신대부유II-153 | 안산 도기동 C-10호<br>청도 대진리I 26호<br>청도 대진리II I-16호<br>청도 대진리II I-117<br>경산 신대부유 II-2호<br>대구 욱수동 46호<br>김천 문당동 2-69호<br>사천 선인동 154호<br>공주 우금치 1호<br>은평 진관동 220호<br>청주 용암I 금천동I-1<br>평택 옥길리 8호<br>김해 대청 12호 | | |
| 4 | | 은평 진관동 46호<br>상주 청리V 60호<br>상주 청리VI A-다 13호 | 김천 문당동1-7호 목곽<br>김천 문당동1-36호 목관<br>옥산 남촌리 M-25호<br>홍성 남장리 4호<br>홍성 남장리 91호<br>청주 용암I용정동II-132<br>청주 용암II금천동-1 92 | 천안 두정동 M-015 |
| 5 | | 전주 마전 I-6호 | 김천 문당동 1-125호 목관<br>기장 방곡리 나-12호 | 전주 유상리 I-29호 |
| 6 | | | | 화성 둔대리 나-9호<br>공주 장원리 50호<br>홍성 남장리 93호<br>진주 안간리 18호<br>천안 두정동 13호<br>진도 가계리 5호 |

    편년자료를 살펴보면 우선 청원 쌍청리 46호에서 청동합, 청동숟가락과 함께 출토된 분청사기대접이 검토대상이다. 이 분청대접에는 국화무늬가 단독 시문되었는데, 이러한 단독국화문은 고려청자의 상감국화문의 그것과 유사한 반면, 조선시대 유행하는 분청사기의 국화문과는 확연히 구별되는 특징을 보인다.

---

8) IV유형의 경우 부장품이 없어 앞서 유형설정에는 넣지 않았지만 반함으로 사용된 동전, 묘비와 같이 연대를 확인할 수 있는 토광묘를 참고자료로 활용하였다.

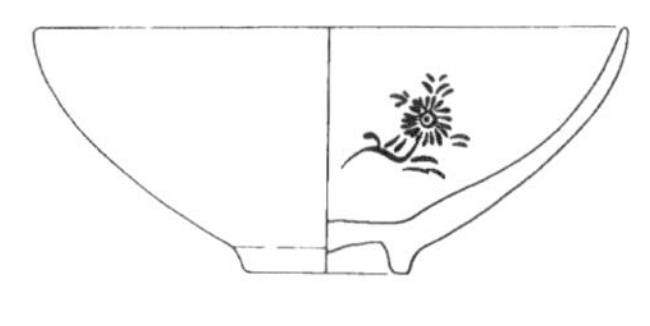

청원 쌍청리 46호　　　　　　　　　청자국화문양[9]

〈도 1〉 Ⅰ유형 출토 1분기 분청사기 문양

　　다음으로 용인 대덕골 가-10호와 대덕골 나-1호에서 출토된 분청사기를 들 수 있다. 이들 분청사기는 상감기법으로 내면 중앙에 대국화문을 시문하고 그 주위 나선형의 원을 돌렸으며 대국화문을 시문하기에 앞서 공간을 분할하여 일정구간에만 시문한 것을 볼 수 있다. 이러한 성긴 단독국화문은 인화문 발생 시기의 특징을 잘 보여주고 있다.[10] 이와 함께 대덕골 가-10호에서는 바닥면에 조선통보 8점이 공반 출토되었는데, 이 같은 동전의 다량부장은 중국동전을 포함하여 다량의 동전을 매납하는 것을 선호하였던 고려시대 부장풍습을 계승한 것이라 할 수 있다.

　　이상 1분기에는 고려시대 묘제의 특징을 보이는 Ⅰ유형의 토광묘만 확인되고 있다는 것을 알 수 있다. 따라서 이 시기에는 아직 정형화된 조선시대 묘제가 아직 등장하지 않은 시기라 할 수 있겠다.

　　2분기는 전면인화분청사기가 성행한 시기로 대략 1420~1480년으로 편년된다. 이 2분기에 해당되는 토광묘는 Ⅰ유형 9기, Ⅱ유형 14기, Ⅲ유형 1기이다.

　　2분기에는 일단상면식인 Ⅱ유형이 새롭게 등장할 뿐만 아니라 주된 묘제로 널리 축조되었다. 그럼에도 여전히 전통적인 부장방식이 적용된 이전 분기, 즉 1분기의 부장방식이 사용되었다. Ⅲ유형은 단지 1기만이 확

---

9) 정양모, 1991, 『한국의 도자기』, 문예출판사, 531쪽, 13번.
10) 강경숙, 2001, 앞의 글, 283쪽.

인될 뿐으로 매우 예외적인 경우라 할 수 있다. 더욱이 Ⅲ유형으로 분류한 용인 동백리·중리 2-6호의 벽감이 사실은 底坑일 가능성이 높은 것을 감안할 때 2분기에는 Ⅲ유형이 출현하지 않았다고 볼 수 있다. 따라서 2분기에 축조된 주된 유형은 Ⅱ유형과 Ⅰ유형이라 단정할 수 있겠다.

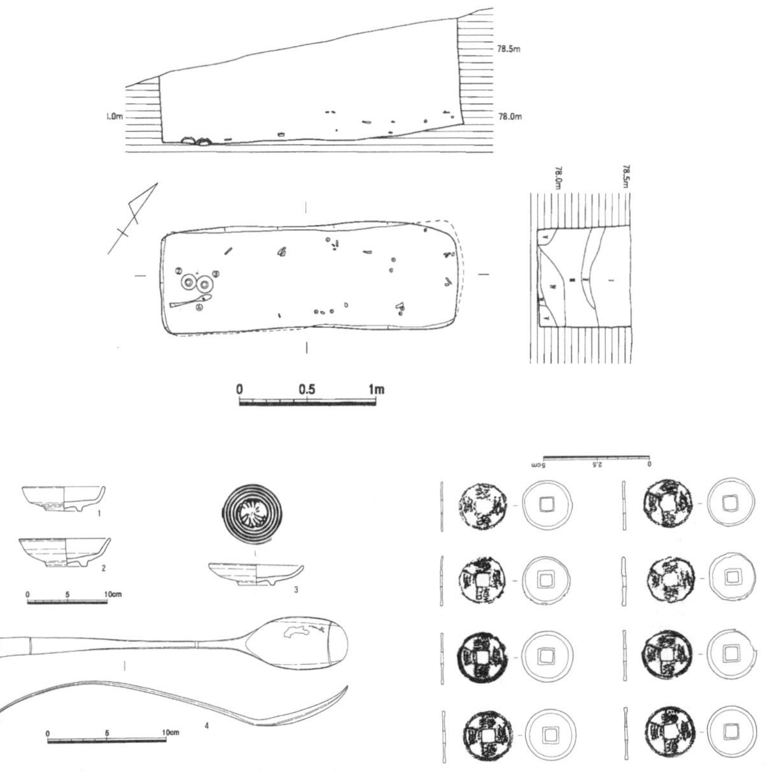

〈도 2〉 용인 대덕골 10호 토광묘 및 출토유물

Ⅰ유형에서 확인된 9기의 토광묘 가운데 대표적인 편년자료로는 창녕 계성 1-64호에서 출토된 '長興庫'銘이 쓰여진 분청사기완을 들 수 있다. 장흥고는 돗자리·油芚·紙地 등을 관리하고 궐내 여러 관청에서 쓰는

물품을 공급하는 곳으로, 태종 17년(1417) 官物盜用의 폐를 막고자 장흥고에 바치도록 된 사목기에 장흥고명을 새기기 시작하였다.[11] 출토된 분청사기의 기본적인 속성을 살펴보면 굽에는 도지미의 흔적이 있고 소국화문과 인화문를 전면으로 배치하였다. 이러한 사실들은 상기 토광묘가 2분기에 축조되었을 가능성을 보여준다.

다음 편년자료로는 공주 신영리 9호 출토 분청사기대접과 접시가 있다. 대접의 문양은 소형 국화문을 중앙에 시문하고 점열문과 호상문으로 주변을 빼곡히 돌렸다. 접시에는 집단연권문을 시문하고 단독 소형국화문을 시문하였다. 이외에도 상주 청리 146호 출토 대접 역시 이 시기를 대표하는 편년자료라 할 수 있는데, 내면 바닥 중앙의 12葉 국화문을 중심으로 하여 그 주위에 소국화문을 돌렸다.

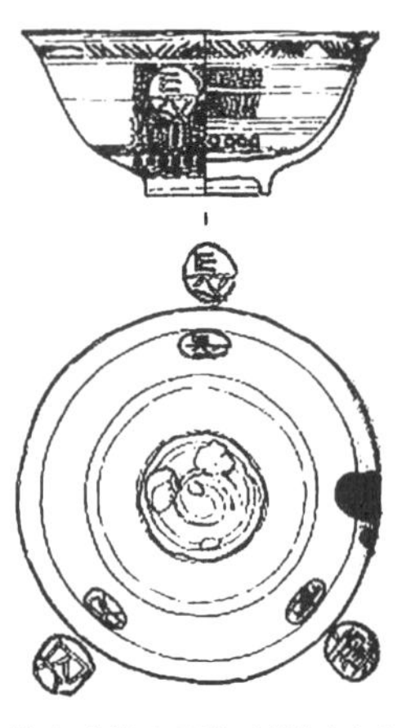

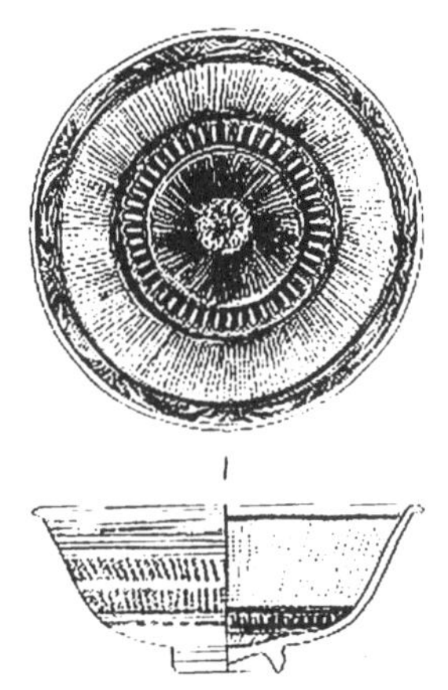

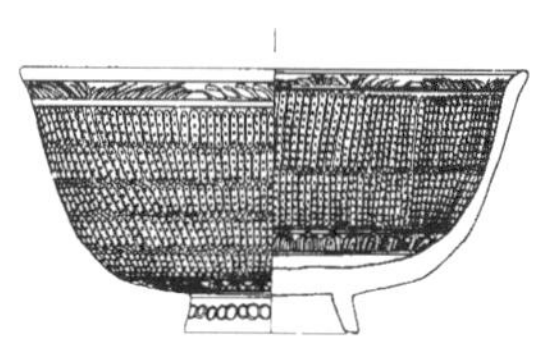

| 창녕 계성 1-64호 분청사기완 | 공주 신영리 9호 분청사기대접 | 상주 청리 146호 분청사기대접 |

〈도 3〉 2분기 Ⅰ유형 출토 분청사기

---

11) 『太宗實錄』 卷33, 太宗 17年 4月 丙子條.

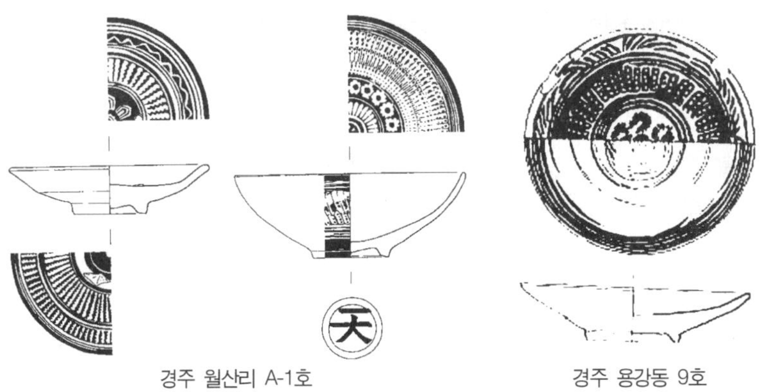



경주 월산리 A-1호                    경주 용강동 9호

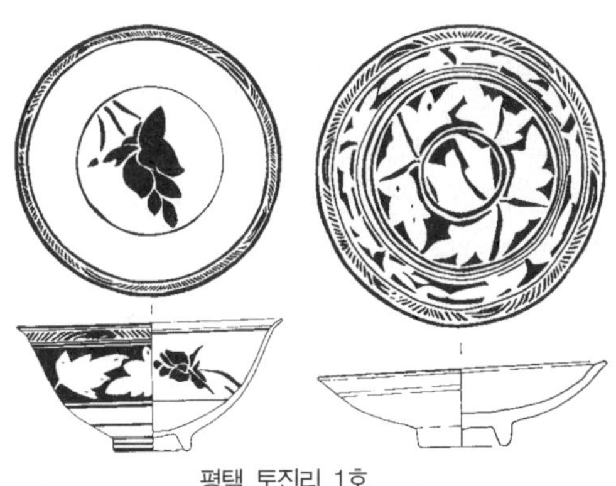

평택 토진리 1호

〈도 4〉 2분기 Ⅱ유형 출토 분청사기

Ⅱ유형으로 확인된 14기의 토광묘 가운데 대표적인 편년자료로는 경주 월산리 A-1호와 경주 용강동 9호 출토품을 들 수 있다. 월산리 A-1호에서는 분청사기대접 3점과 분청사기접시 2점과 청동숟가락이 공반 출토되었다. 분청사기에 사용된 태토는 정선된 것으로 소성상태는 양호하다. 내저면에는 횡선을 돌려 2분기의 특징인 소국화문대와 집단연권문을 시문하였다. 그리고 경주 용강동 9호에서는 분청사기접시 3점과 청동숟가락이 출토되었는데 분청사기 내면에는 중권문를 3단으로 구획한 후 바닥 중앙에 소국화문, 身部에는 4조의 집단 연권소국화문 등을 시문하였다.

다음으로는 평택 토진리 1호에서 출토된 분청사기 1점을 들 수 있는데,

초문·승렴문·점열문·우점문 등이 시문되어있다.

3분기는 강경숙의 분청사기 시기구분에 의하여 후기 1480~1540년경에 해당하는 시기와 이지현의 명기 발생기 1500~1550년경에 해당하는 시기로 본고에서는 1480~1550년경으로 설정하였다. 세조 13년(1468) 司饔房이 司饔院으로 바뀌면서 백자생산이 관요적 성격을 띠며 이때부터 백자가 본격적으로 제작되었다. 그런 반면『신증동국여지승람』의 기록을 통해 볼 때, 분청사기의 생산은 1481년부터 전국적으로 감소되고 있는 것을 알 수 있다. 따라서 1480년대를 본격적으로 분청사기가 순수귀얄분청사기로 전환하는 시점으로 파악할 수 있고, 본고에서는 이를 3분기의 상한으로 설정하였다. 3분기 하한에 있어서는 이지현의 명기 시기구분에 따라 양식적인 변화가 나타나기 시작하는 1550년으로 설정하였다.

3분기로 상정되는 토광묘는 Ⅰ유형 26기, Ⅱ유형 36기, Ⅲ유형은 14기이다. 여전히 Ⅱ유형이 유행하고 있는 점이 가장 특징적이라 할 수 있다. 이와 함께 Ⅲ유형이 새롭게 등장하여 부분적으로 축조되기 시작한다. 이 단계까지 여전히 전통적인 부장풍습을 고수하는 Ⅰ유형이 계속적으로 축조되고 그 비율도 34%에 달할 정도이다. 시신처리에 있어서도 여전히 목관에 안장하는 방식이 선호되어 전체의 81%를 차지한다. 요컨대 이 분기의 묘제와 부장풍습은 1분기와 2분기에 성행하던 Ⅰ유형과 Ⅱ유형이 성행하는 한편, 새롭게 Ⅲ유형이 등장하는 과도기적 단계라 할 수 있겠다.

Ⅰ유형의 대표적인 것으로 창녕 우강리 8호, 기장 방곡리 나-15호, 가-61등이 있다. 이 시기 분청사기는 인화·상감기법이 쇠퇴하며 문양도 간략해지는 등 전체적으로 조악해진다. 기장 방곡리 나-15호를 보면 세사립이 다량 혼입된 점토를 사용하고, 유약의 시유 용융상태도 불량하다. 또한 문양면에서도 방사상 거치선문으로 압인한 후 와상문을 시문하였다. 이러한 거치선문은 3분기에 나타나는 대표적인 문양으로 볼 수 있다.

3분기 가운데 Ⅱ유형인 토광묘는 총 36기로 이 가운데 순수귀얄분청사

기가 확인된 토광묘는 총 19기이다. 대표적인 토광묘로는 기장 방곡리 가
-113호, 김해 덕산리 131호 등이 있다. 방곡리 가-113호는 좌측상부에서
청동숟가락과 함께 분청사기대접 2점이 출토되었다. 출토된 분청사기대
접을 살펴보면 거치문으로 압인하고 내외면에 각기 2조의 침선문을 돌린
후 백토로 두텁게 귀얄하였다. 그리고 덕산리 131호 토광묘는 두부에서
분청사기대접이 한 점 출토되었다. 출토된 분청사기대접은 귀얄문 분청
사기로 굽이 좁아 불안정한 모습을 띠고 있다.

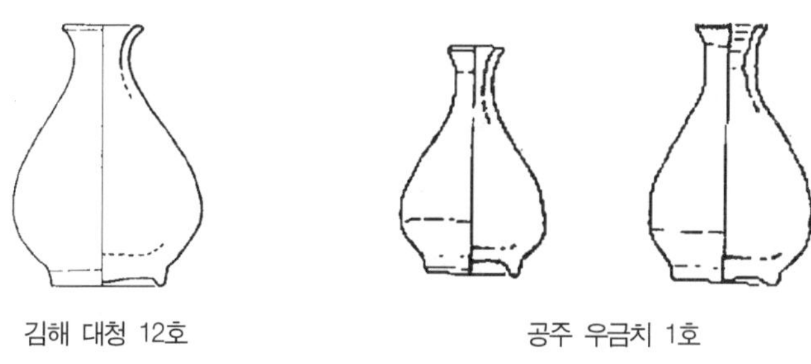

김해 대청 12호       공주 우금치 1호

〈도 5〉 3분기 Ⅱ유형 출토 백자소병

　　다음으로 3분기부터 출토되기 시작하는 백자소병이 확인된 토광묘는 7
기로, 백자소병은 대개 12cm 전후이다. 이러한 백자소병이 출토된 토광
묘로는 김해 대청 12호, 공주 우금치 1호, 평택 옥길리 8호 등이 있다. 대
청 12호의 경우 목관묘로 우측상부에서 백자소병과 청동발, 청동숟가락
이 출토되었다. 그리고 우금치 1호는 두부에서 흑갈유소병, 백자소병, 백
자접시, 청동유개합, 청동숟가락, 철제가위가 출토되었다. 이외에 옥길리
8호는 측면중앙에서 백자소병과 백자대접이 출토되었다.

　　마지막으로 3분기에서 Ⅲ유형으로 확인된 토광묘는 14기이다. 이 가운
데 순수귀얄분청사기가 확인된 토광묘는 5기로 대표적인 토광묘로는 대
청 8호가 있다. 대청 8호 토광묘는 우측 장벽 중앙에 분청사기접시와 청

동순가락이 부장된 것으로 출토된 분청사기는 귀얄로 두텁게 분장된 것이다. 그리고 백자소병이 출토된 토광묘는 음성 각회리 17호, 충주 수용리 9호 등이 있다. 각회리 17호의 경우 屍身 좌측중앙에 조성된 벽감에서 백자접시 2점, 백자종자, 백자병, 청동거울, 청동환, 인화문 소호, 백자대접 등 비교적 다양한 유물이 출토되었다. 출토된 백자를 살펴보면, 죽절굽에 태토비짐을 사용하였고 '川'자 등의 묵서명이 확인된 것으로 16세기 백자의 특징을 보인다. 이어 수용리 9호의 경우 시신의 좌측중앙에 축조된 벽감에서 청동순가락과 함께 백자병만이 단일 기종으로 출토되었다

3분기에 이어 4분기는 이지현의 명기 전성기 1550~1600년에 해당하는 시기로 경질명기중심백자가 부장되는 시기이다. 4분기에 해당되는 토광묘를 유형별로 분류해 보면, Ⅲ유형이 63%로 절대적임을 알 수 있다. 여전히 Ⅱ유형도 축조되나 단지 27%에 불과할 정도로 이전 분기에 비하여 급격하게 감소한다. 한편으로 새로운 유형인 Ⅳ유형이 등장하나 이 분기에서는 10% 정도에 불과하여, 아직은 일반적인 묘제로 축조되지 않았음을 알 수 있다. 이외에도 전통적인 부장방식이 적용된 Ⅰ유형이 완전히 사라지게 된다. 요컨대 이 4분기는 토광묘의 구조와 부장방식에 있어 劃期라 할 수 있으며, 그 내용은 획곽묘를 모방한 벽감식부장방식의 도입과, 전통적인 측면식부장방식의 소멸이라 할 수 있다. 한편, 이 분기의 시신처리는 목관묘가 91%를 차지할 정도로 절대다수임을 알 수 있다. 이를 통해 목관의 사용이 보편화되었음을 알 수 있다.

편년자료는 Ⅱ유형에 3기, Ⅲ유형에서 7기, Ⅳ유형에서 1기로 총 11기가 확인되었다. 유형별로 살펴보면 Ⅱ유형으로 확인된 토광묘는 3기로 은평 진관동 46호와 상주 청리 A-다 13호, 청리 V-60호가 있다. 진관동 46호의 경우 묘광의 평면 중앙상부에서 명기 2점과 청동순가락이 출토되었다. 그리고 청리 V-60호에서는 좌측상부에서 명기 1점과 청동순가락이 출토되었다. 출토된 명기를 살펴보면 비교적 정연한 기형에 굽처리가 되

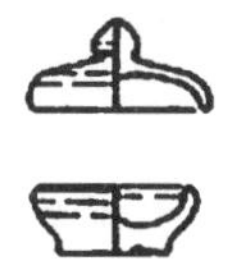
은평 진관동 46호 출토 명기

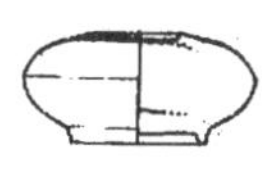
상주 청리 V-60호 출토 명기

〈도 6〉 4분기 Ⅱ유형 출토 명기

어 있는 것을 볼 수 있다.

　다음으로 Ⅲ유형으로 확인된 토광묘는 모두 7기이다. 대표적인 것을 살펴보면 김천 문당동 1-7호와 문당동 1-36호, 옥산 남촌리 M-25호 등이 있다. 먼저 문당동 1-7호 좌측중앙 벽감에서 백자명기 3점과 청동숟가락, 청동젓가락, 담뱃대, 나무빗이 출토되었다. 출토된 명기를 살펴보면 내저원각이 있고 굽접지면을 깎았다. 굽바닥에는 석립과 잡물이 묻어 있다. 다음으로 문당동 1-36호 목관묘는 좌측중앙 벽감에서 옥 3점, 명기 2점, 철제가위 2점, 청동숟가락, 철제바늘, 청자대접이 출토되었다. 출토된 명기의 경우 내저원각이 확인되고 굽접지면은 다듬어졌고 석립받침을 사용하고 있다. 마지막으로 남촌리 M-25호 목관묘는 명기 14점과 청동숟가락이 좌측중앙 벽감에서 출토되었다. 출토된 명기의 경우 정선된 점토를 사용하고 접시, 대접, 소호, 완 등 다양한 기형을 가지고 있으며 가는 모래받침을 사용하였고 내저원각이 확인되는 것을 볼 수 있다.

　마지막으로 Ⅳ유형으로 확인된 토광묘는 천안 두정동 M-015호 1기이다. 두정동 M-015목관묘는 이단 벽감식이며 좌측중앙 벽감에서 명기 한 세트가 출토되었다. 출토된 명기를 살펴보면 蓋의 경우 정선된 점토에 손잡이는 연봉형이며 구순부에 모래받침흔이 남아 있다. 壺의 경우에는 내·외면 모두 회전물손질을 하

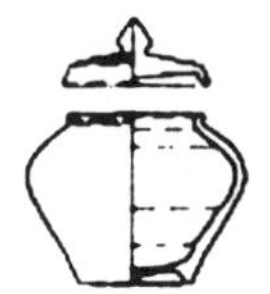
천안 두정동 M-015 출토 명기

〈도 7〉 4분기 Ⅲ유형 출토 명기

였고 태토는 정선된 점토에 내면에는 내저원각을 돌렸으며 굽은 직굽의 형태에 모래받침흔이 확인되고 있다.

5분기는 이지현의 명기시기구분 쇠퇴기 1600~1630년에 해당하는 기간이다. 이 분기에 해당되는 토광묘는 Ⅱ유형 1기, Ⅲ유형 2기, Ⅳ유형 1기로 총 4기에 불과하다. 분석자료가 단지 4기에 불과한 까닭에 통계치의 안정성이 극히 낮은 편이다. 그럼에도 묘제에 있어서 Ⅲ유형이 중심이었음을 알 수 있다. 이처럼 이 5분기에 해당되는 무덤이 4기에 불과한 사실은 이 분기를 기점으로 하여 陶瓷容器와 靑銅匙箸를 중심으로 하는 盒匙形의 부장풍습이 완전히 사라졌음을 의미한다. 또한 명기를 부장하는 경우도 급격히 줄어들고, 부장된 명기 자체도 粗惡한 것들로 이전 분기까지의 부장유물의 質에 비하여 형편없는 수준으로 떨어진다. 요컨대 이 분기가 되면서 장송의례에서 부장유물의 매납이 차지하는 비중이 급격히 저하되었음을 알 수 있다. 회곽묘 발굴성과를 참고할 때, 부장유물은 복식류가 주류임을 알 수 있는데, 이런 경향은 합시형이 중심이었던 이전 분기까지의 부장풍습과는 현격한 차이를 보이는 것이라 할 수 있다. 따라서 이 5분기 역시 토광묘의 구조와 부장방식과 관련하여 하나의 劃期로 규정할 수 있다.

이 분기의 편년자료를 살펴보면 다음과 같다. 우선, Ⅱ유형으로 해당되는 전주 마전 1-6호의 경우 평면 중앙에서 청동숟가락과 명기가 출토되었다. 출토된 명기를 살펴보면 기형이 투박하고 밋밋한 형태로 굵은 모래받침에 굽이 없는 전형적인 조질 명기의 특징을 보여주고 있다. 다음으로 Ⅲ유형에서 해당되는 편년자료로는 기장 방곡리 나-12호와 김천 문당동 1-125호가 있다. 방곡리 나-12호의 경우에는 좌측상부 벽감에서 백자명기 10점, 청동숟가락, 백자대접, 백자접시가 출토되었고, 문당동 1-125호 목관묘에서는 좌측중앙에 있는 벽감에서 명기 15점, 청동숟가락, 철제가위가 출토되었다. 출토된 명기를 살펴보면 방곡리 나-12호의 경우 우윳빛을

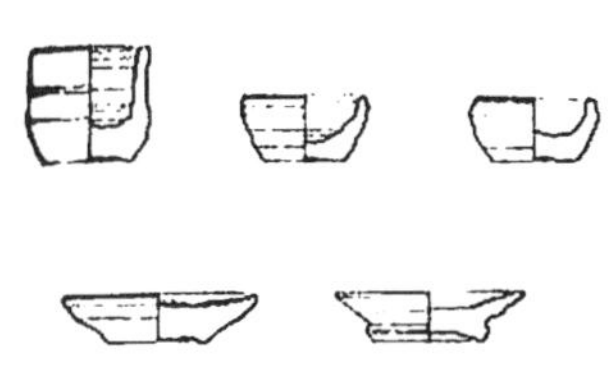

전주 마전 1-6호 출토 명기    기장 방곡리 나12호 출토 명기

전주 유상리 1-29호

〈도 8〉 5분기 Ⅱ · Ⅲ · Ⅳ유형
출토 명기

띠며, 바닥면은 점토 뭉침으로 인해 요철이 심하고 기형 또한 투박하며 조악한 것을 확인할 수 있다. 문당동 1-125호의 경우에는 굽을 깎지 않았고 석립받침에 역시 투박한 기형을 확인 할 수 있다. 마지막으로 Ⅳ유형에 해당되는 토광묘로는 전주 유상리 1-29호 목관묘가 있다. 유상리 1-29호에서는 좌측중앙 벽감에서 명기 6점이 출토되었다. 명기를 살펴보면 평저에 투박한 기형을 확인할 수 있다.

마지막 6분기에 해당되는 토광묘는 6기로 모두 Ⅳ유형이다. 전술한 바와 같이 유물이 부장되지 않은 조선 후기 토광묘의 대부분이 이 Ⅳ유형인 사실을 감안할 때, 이 6분기의 대표적인 묘제는 Ⅳ유형임을 알 수 있다. 편년자료는 飯含으로 사용된 것으로 추정되는 동전이 유일하다. 대표적인 것으로는 공주 장원리 50호를 들 수 있는데, 이 토광묘는 이단굴광에 시신만 안치한 직장묘이며 내광바닥에 常平通寶 當五錢이 1점 출토되었다. 나머지 5기의 토광묘에서 출토된 동전 또한 모두 상평통보이다. 이를 통해 이 6분기의 축조 시기는 1630년 이후부터 19세기 말까지로 장기간에 걸쳐 축조되었음을 알 수 있다.

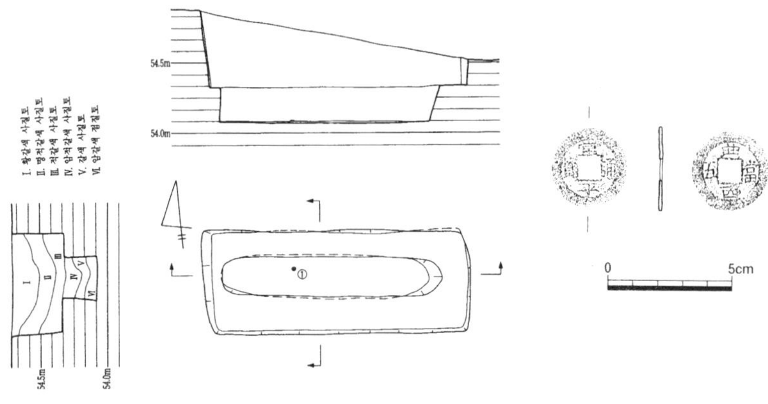

〈도 9〉 공주 장원리 50호 토광묘와 출토 동전

# IV. 단계의 설정

이상에서 조선시대 토광묘를 대상으로 묘광구조와 유물부장방식을 토대로 4가지 유형으로 나누었고, 한편으로는 도자기 편년에 기초하여 묘제의 변천을 6분기로 나누어 살펴보았다. 이런 기초적인 검토와 자료의 분석을 토대로 하여, 이 장에서 조선시대 토광묘의 발전단계를 크게 4단계로 나누고, 각 단계별 묘제와 부장풍습의 내용을 소결을 대신하여 검토해 보고자 한다.

〈도표 1〉에서 우선적으로 조선시대 토광묘는 일단측면식의 I유형에서, 일단상면식의 II유형, 일단벽감식의 III유형, 이단굴광식의 IV유형으로 점차적인 변화를 거친 것으로 파악된다.

이를 바탕으로 조선시대 토광묘의 발전양상은 크게 4단계로 설정할 수 있음을 알 수 있다.

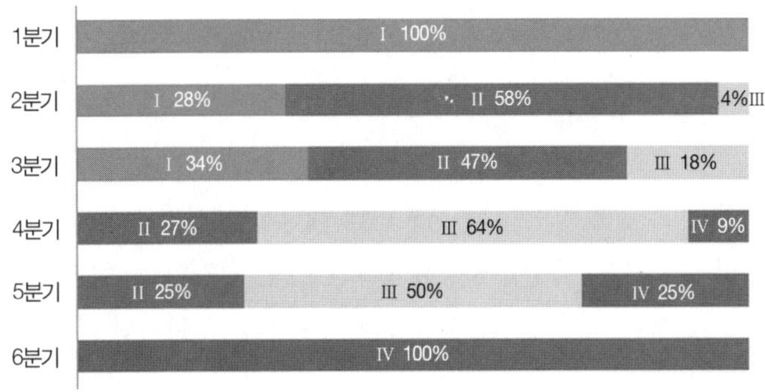


〈도표 1〉 분기별 유형 출토 비율

## 1. I 단계

I 단계는 1분기인 1392~1420년에 해당하는 시기로 묘제는 일단굴광측면부장식인 I 유형만 사용된다. 유물의 부장위치는 시신의 머리쪽과 다리쪽에 일정의 공간을 두어 그곳에 유물을 집중부장하는 頭部·足部부장이 선호되었다. 이 단계에는 관 위에 유물을 매납하는 경우가 거의 없었던 것으로 추정할 수 있는데, 이는 출토유물이 正置된 상태로 확인되는 경우가 대부분인 사실을 통하여 알 수 있다. 부장유물을 보면, 반상기류, 청동시저, 구슬류, 장신구슬류, 동전, 동경, 기타 생활용구 등 종류도 다양하고 수량도 풍부한 편이다. 묘광의 평면 형태도 상대적으로 폭이 넓은 장방형에 가까운 편이어서 다음 단계의 세장방형과는 비교된다. 이런 묘제상의 특징은 고려시대 유행한 토광묘의 전통을 계승한 것이라 할 수 있다. 따라서 이 1단계에서는 아직 조선 고유의 묘제가 확립되지 않았다고 볼 수 있으며 이는 태종 연간에 왕실에서도 석실묘와 석곽묘를 사용하고

있다는 문헌기록을 통해서도 뒷받침된다.[12]

## 2. Ⅱ단계

Ⅱ단계는 2·3분기인 1420~1550년에 해당하는 시기로 일단굴광관상면 부장식인 Ⅱ유형이 새롭게 등장하고 또 성행한 단계이다. 이전 단계의 Ⅰ유형이 여전히 축조되나 전통적인 묘제의 遺孼으로 파악할 수 있다. 묘광 구조에서의 변화는 이전 단계에 비하여 묘광의 길이와 깊이가 길어지고 깊어지는데 비해 묘광의 폭은 좁아진다. 즉 세장방형의 묘광을 깊게 파는 방식이 일반화되었다고 할 수 있다. 유물부장방식은 이전단계와 확연하게 차이를 보이는데, 유물을 묘광 바닥에 부장하지 않고 관상면이나 충진토 상면에 부장하는 방식이 널리 유행한다. 이런 유물부장상의 변화는 장송의례에서 이른바 始土祭가 시행되었음을 보여준다. 즉, 유물부장양상을 통해 묘광에 하관을 하고, 충전을 관상면까지 한 후 관상면과 충전토 상면에 부장유물을 건설하고, 상장법식에 따라 규정화된 제의를 지낸 것을 추측해 볼 수 있다. 또 더 나아가 이 단계부터 국가에서 상장법식을 마련하여 일반민에게까지 규정의 적용을 강제하였던 사실을 추측해 볼 수 있다. 이런 추측은 부장유물에서 대접과 접시가 한 세트가 된 盒과 청동시저를 함께 부장하는 盒匙形이 정형화되는 경향을 통해서도 뒷받침된다.

이 단계는 시기적으로 조선왕조가 건국을 하고 난 뒤 왕권 교체의 혼란기를 지나 안정기에 접어든 시기로 왕권의 기반을 다지고 강화해 가기

---

12) 성리학을 기본 윤리로 유교적 질서에 따라 사회전반을 재정비 하고자했던 태종 6년 (1406)에 대신들의 예장에 있어서 고려식 묘제인 석실을 쓰는 것을 금할 것을 하명 하였으나 대신들의 반발이 심하여 태상왕의 산릉을 고려 때와 같이 석실로 지었다. 『태종실록』 12권, 6년 閏7월 28일(乙酉).

시작한 기간이다. 따라서 이 단계는 고려적 遺習을 지닌 묘제에서 벗어나 유교적 상장법식에 입각한 묘제가 요구되었던 시기라 할 수 있다. 이는 세종이 禮樂制度를 확립하고자 명한 『國朝五禮儀』가 성종 5년(1474)에 비로소 완성된 사실과, 『國朝五禮儀』와 함께 『經國大典』(1485)의 간행됨 으로 성리학적인 喪禮가 법제화된 사실을 통해 알 수 있다.

결국 이 단계의 묘제와 부장풍습은 조선왕조가 유교적 통치이념을 구 현하기 위한 목적 중의 하나로 법제화한 喪禮法式의 결과를 반영한 것이 라 할 수 있겠다.


## 3. Ⅲ단계


Ⅲ단계는 4·5분기에 해당하는 시기로 1550~1630년으로 연대를 설정 해 볼 수 있다. 이 단계에서는 유물을 묘광 바닥이나 관상면에 부장하는 방식과는 확연한 차이를 보이는 일단굴광벽감부장식, 즉 Ⅲ유형이 성행 하고 일반화되는 시기이다. 이 단계가 되면 전통적인 유물부장방식인 Ⅰ 유형이 거의 사라지고, Ⅱ유형은 유습으로 계속 축조되나 주된 묘제의 위 상은 사라진다. 한편으로는 회곽묘의 구조를 간편화한 이단굴광식(Ⅳ유 형)이 등장한다. 여기서 벽감식과 이단굴광식의 등장은 동시기 사대부의 주묘제인 회곽묘를 모방한 결과라 판단된다. 즉, 회곽묘의 구조상 유물의 부장을 측벽면에 벽감을 두어서 할 수밖에 없었고, 이런 회곽묘의 부장방 식을 그대로 채용한 것이 이 단계에 유행한 Ⅲ유형이라 할 수 있다. 또한 피장자 가계의 재력이 뒷받침되어야 조성할 수 있는 회곽묘를[13] 모방하

---

13) 석회는 공신들이 사망하였을 경우 국왕의 부의품으로 하사하였을 정도로 귀한 물건이었다.

여 적은 공력으로 축조한 것이 이단굴광식이라 할 수 있다. 이런 판단은 회곽묘가 사대부계층의 묘제로 널리 축조된 것에 비하여 토광묘는 일반민의 묘제로 사용된 점으로도 뒷받침된다. 한편, 유물부장은 백자대접, 백자접시, 청동시저를 한 세트로 하는 전형적인 匙箸形을 벽감에 넣어 매납하는 방식이 이 3단계가 되면서 매우 정형화된다. 이와 함께 재력이 뒷받침되는 경우에는 명기세트를 부장하는 예도 소수 확인된다.

이런 묘제상의 획기적인 변화의 배경으로는 16세기 중엽을 기점으로 성리학적 예법이 일반민까지 철저하게 적용된 시대적 상황을 들 수 있다. 즉, 16세기 중엽에 이르면 사회적으로 향약과 서원의 건립으로 인해 성리학적 묘제가 향촌에까지 파급되어 喪葬禮가 이제는 법적인 강제성을 띤다. 따라서 주자가례가 철저하게 상례에 영향을 미치고 일반민의 묘제에까지 적용되었던 것이라 할 수 있다.

한편, 17세기에 이르면 임진왜란(1592~1598), 정유재란(1597), 병자호란(1636~1637) 등 국가적 재난이 계속됨에 따라 산업이 피폐해지고, 그 결과 묘제의 구조는 간략화되고 유물의 부장은 超薄葬으로 변화하게 된다. 이는 17세기 이후 이단굴광식이 성행하게 되고, 유물을 부장하는 예도 극소수에 불과한 사실로 쉽게 입증된다. 물론 유물의 질도 급격하게 떨어져 명기의 경우 조질백자가 주로 부장되었다.

## 4. Ⅳ단계

Ⅳ단계는 6분기에 해당하는 시기로 1630~1897년으로 연대를 설정하였다. 이 단계에서는 가장 단순하고 공력이 가장 적게 드는 이단굴광식, 즉

---

『成宗實錄』7卷, 1年, 9月 13日, 戊子 ; 151卷, 14年, 2月 21日, 甲申 ; 176卷, 16年, 3月 23日 甲辰 ; 199卷, 18年, 1月, 19日, 庚申 등등.

Ⅳ유형이 사용되는 시기이다. 유물부장을 위한 벽감을 설치한 경우도 극히 드물고 별도의 부장구를 마련하지도 않았다. 부장유물로는 반함으로 사용된 것으로 볼 수 있는 동전 몇 점 정도가 전부라 할 수 있다.[14] 이때 부장된 동전은 대부분 묘광 바닥의 중상부에서 1점 정도만 확인되는데, 상평통보[15]가 절대적이다. 발굴조사에서 조선시대 토광묘의 절반 이상에 이 단계에 축조된 것임에도 불구하고, 편년자료가 될 수 있는 유물을 부장한 무덤이 7기에 불과한 사실은 이 단계에 유물부장의 풍습이 극히 박장이었음을 단적으로 보여준다고 할 수 있다.


## Ⅴ. 맺음말


　지금까지 조선시대 토광묘의 변화단계를 토광묘의 형식분류와 편년설정을 통해 다음과 같은 4단계로 살펴볼 수 있었다.

---

14) 조선 후기 현실에 맞춰 정리된 대표하는 예서인『사례편람』(1844년 간행)의 기록을 통해 이 시기 명기부장에 대한 明器條가 완전히 사라진 것과 飯含條에서 시신의 입에 쌀과 함께 동전을 사용한다는 것을 알 수 있다. 이를 통해 이 시기 상례를 추정해 볼 수 있다.
　　이재원 저·이수영 편역, 1999,『국역 사례편람』, 이화문화출판사, 75~90·123~130·141~146쪽.
15) 상평통보는 肅宗 4년(1678) 국가의 유일한 법화로 다량 주조하여 유통된 이후 조선시대 말기까지 명목화폐로서 사용된다. 발행시기에 따라 단자전, 당이전, 중형전, 당오전, 당백전으로 나누어진다. 이러한 시기적 분류 이외에도 동전 뒷면에 새겨진 주전소의 약칭·천자문·오행의 글자, 숫자, 각종 부호 등에 따라서도 세분된다.
　　계명대학교, 2000,『전석길 교수 기증 화폐 특별전』.

먼저 Ⅰ단계는 고려식 묘제가 지속적으로 사용되는 시기로 두부와 족부부장이 성행하고 Ⅰ유형이 중심적으로 사용된다. 그리고 Ⅱ단계는 고려식 묘제에서 조선식의 묘제로 변화하는 단계이다. Ⅰ유형과 함께 Ⅱ유형과 Ⅲ유형이 사용되며 주로 Ⅱ유형이 중심적으로 사용된다. 부장유물에 있어서도 명기를 모방한 백자소병 부장과 함께 박장 풍습이 나타나기 시작하며, 백자 부장에 있어서도 대접+접시+청동숟가락의 조합부장으로 단순화된다. 이러한 박장 부장은 성리학의 검약 정신이 묘제에 적용된 것으로 보여진다. 이러한 조선식 묘제는 Ⅲ단계에 이르면 더욱더 강제성을 띠며 일반화되는 것을 볼 수 있다. Ⅱ·Ⅲ유형과 함께 Ⅳ유형이 등장하며 부장유물에 있어서도 명기부장이 많이 나타난다. 17세기에 이르러 임진왜란, 정유재란, 병자호란 등 국가적 재난이 계속되면서 산업이 피폐화되자 Ⅲ유형을 형식화한 Ⅳ유형의 사용이 증가하게 된다. 또한 유물부장 특히 명기제작에 있어서 조질화 현상이 나타난다. 마지막 Ⅳ단계는 Ⅳ유형으로 대표되는 묘제가 기본적인 형식이 되는 단계로 19세기까지 지속되는 것을 알 수 있다.

| 도면 \ 단계 | 토광묘 | | | |
|---|---|---|---|---|
| | I 유형 | II 유형 | III유형 | IV유형 |
| I 단계 | 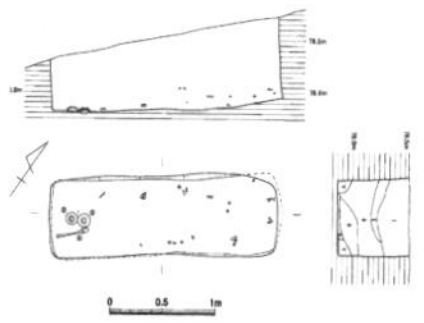 용인 대덕골 10호 | | | |
| II 단계 | 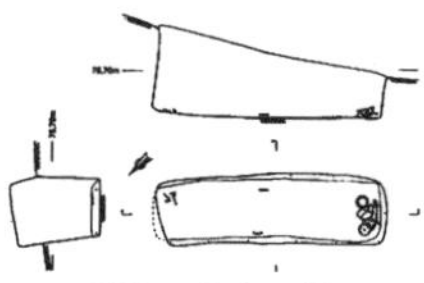 광주 고산리 1-4호 | 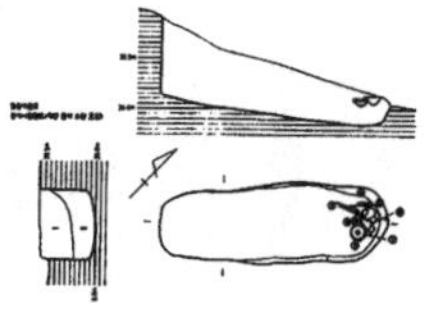 평택 토진리 1호 | 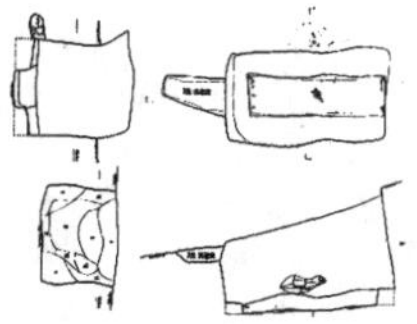 용인 동백리 II-6호 | |
| III 단계 | | 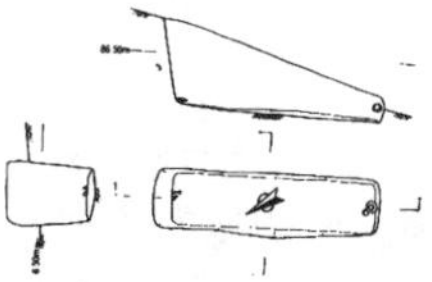 상주 청리IV A-다 13호 | 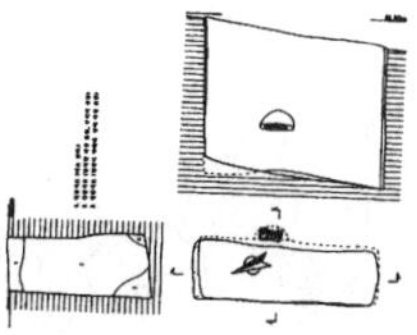 옥산 남촌리 M-25호 | 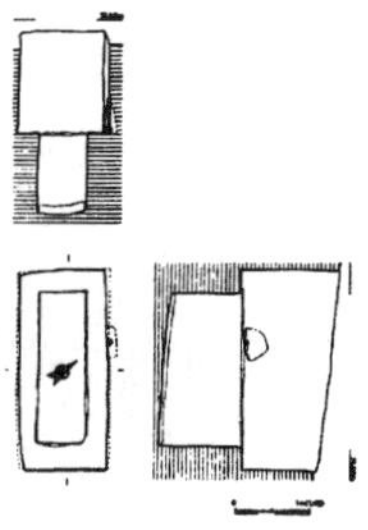 천안 두정동 M-015 |
| IV 단계 | | | | 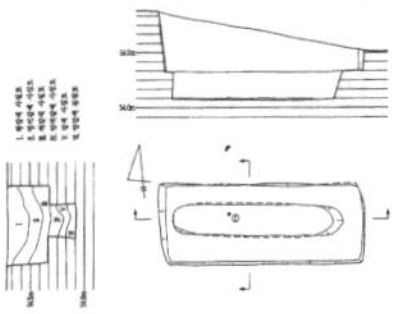 공주 장원리 50호 |

제6장 조선시대 토광묘의 변천과 편년 _ 299

| 도면<br>단계 | 출토유물 | | | |
| --- | --- | --- | --- | --- |
| | Ⅰ유형 | Ⅱ유형 | Ⅲ유형 | Ⅳ유형 |
| Ⅰ<br>단계 | 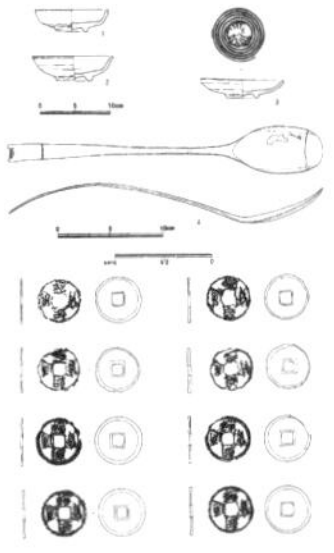 용인 대덕골 10호 | | | |
| Ⅱ<br>단계 | 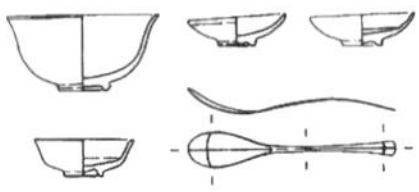 광주 고산리 1-4호 | 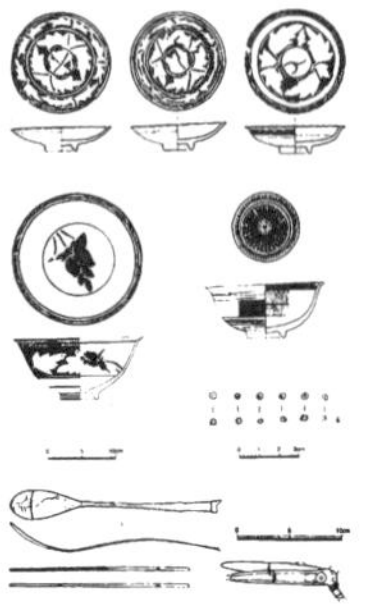 평택 토진리 1호 | 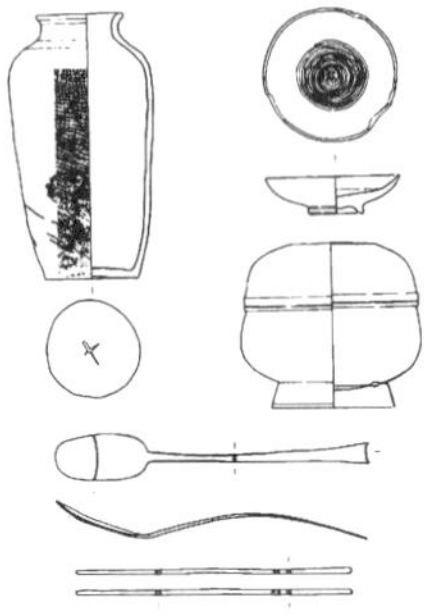 용인 동백리 Ⅱ-6호 | |
| Ⅲ<br>단계 | | 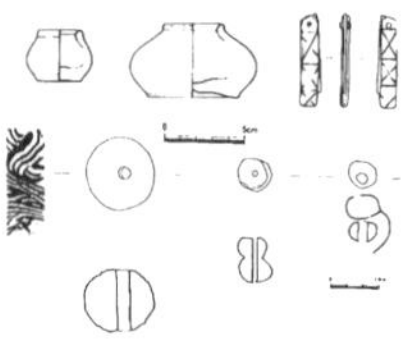 상주 청리Ⅳ A-다 13호 | 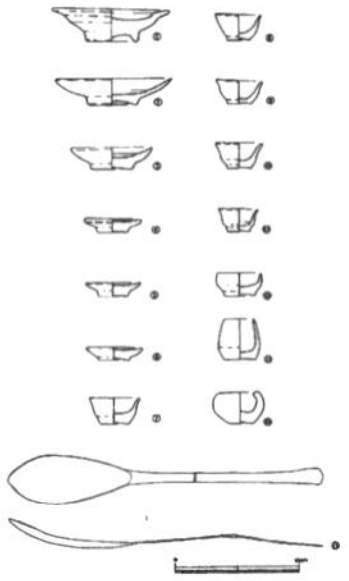 옥산 남촌리 M-25호 | 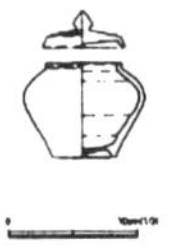 천안 두정동 M-015 |
| Ⅳ<br>단계 | | | | 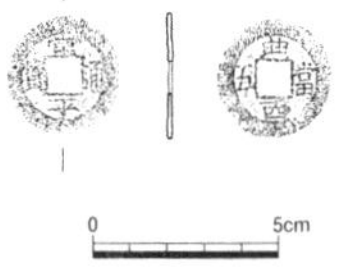 공주 장원리 50호 |

〈참고 문헌〉

강경숙, 1986,『분청사기 연구』, 일지사.
______, 1988,「조선전기 도자소고」,『불교미술』9권.
______, 1989,『한국도자사』, 일지사.
계명대학교 박물관, 2000,『전석길 교수 기증 화폐 특별전』.
고현수, 2004,『남한지역 고려 고분의 부장품 매장방식 연구』, 한양대학교 석사학위 논문.
국립중앙박물관, 2003,『조선 성리학의 세계-사유와 실천-』.
김영아, 2005,『안동지역의 조선시대 묘제연구』, 안동대학교대학원 석사학위논문.
김영애, 2002,『조선조 백자병의 특성에 관한 연구』, 숙명여자대학교대학원 석사학 위논문.
김재홍, 2006,『조선시대 영남지역 묘제연구』, 동아대학교대학원 석사학위논문.
김종진, 2007,『조선시대 목관묘의 유물부장형태에 관한 고찰』, 동아대학교대학원 석사학위논문.
문화공보부, 1989,『중요발견이장문화재도록』I, 문화재관리국.
민소리, 2008,『서울·경기지역 조선시대 중·후기 회곽묘 연구』, 고려대학교 석사 학위논문.
박형순, 2005,「조선시대 무덤 양식」,『금강고고』제2집.
오경택, 2004,『경기북부지역 14~16세기 토광묘 연구』명지대학교대학원 석사학위 논문.
원유한, 2007,「조선시대 화폐사 시기구분론」,『역사와 실학』, 대호 이융조 교수 정 념기념호.
이지현, 2000,『조선시대 명기의 연구』, 홍익대학교대학원 석사학위논문.
임민혁 옮김, 2007,『주자가례』, 예문서원.
정양모, 1991,『한국의 도자기』, 문예출판사.
조명래, 2007,『영남지역 조선시대 회탄묘 연구』, 동아대학교대학원 석사학위논문.
허남진, 1991,「조선초기의 성리학연구」,『국사관논총』제26집, 국사편찬위원회.